刘白璐 ◎著

RESEARCH ON
DIVIDEND POLICY OF
CHINESE FAMILY
LISTED ENTERPRISES

中国家族上市企业股利政策研究

—— 基于家族特殊资产的视角

復旦大學出版社

PREFACE 引言

与西方成熟资本市场中上市公司稳定的股利分配活动不同，我国上市公司的股利分配乱象频出，构成了中国特色的"股利之谜"。近年来，监管部门不断出台各种规范制度，但由于未能正确分析和识别上市公司的股利分配动机，部分政策并未真正有效地帮助上市公司树立正确的股东回报意识。与此同时，在我国众多经济主体中，起步较晚的家族企业后来居上，不仅创造了大量经济价值，也承担了重要的社会责任。然而，关于我国家族企业股利政策的研究不仅数量有限，而且多直接套用国外研究范式，未考虑到我国家族企业面临的独特制度背景，也未体现出家族企业的本质特征。因此，本书尝试重新建立关于家族企业股利政策的研究框架，从家族特殊资产的视角进行深入地剖析和解读，为我国家族企业的现金股利行为提供新的解释。

家族企业与非家族企业的最本质区别在于家族的涉入及随之而来的家族特殊资产。虽然它能够为企业带来积极效应、提高公司价值，但限制了家族企业的信息披露透明度，加剧了企业内外信息不对称的程度。同时，根据股利信号理论，股利政策具有信息传递作用。因此，以"基业长青"为最终经营目标的家族企业有动机将现金股利作为新的信息传递媒介。企业通过股利政策向外部投资者传递积极信号的方式，解决由家族特殊资产导致的信息披露不足的问题，维持经营活力和竞争力。

本书以2006—2014年我国A股民营上市公司为研究样本，

分别从家族企业与非家族企业的对比、家族企业内部的对比两个层面展开讨论和检验。在与非家族企业的对比中，本书发现：首先，家族企业的现金股利预案公告披露产生的市场反应显著高于非家族企业；其次，家族企业的现金股利政策比非家族企业更加稳定；最后，家族企业的现金股利支付率与股利收益率比非家族企业更高。上述结果从股利公告市场反应、股利平稳性和股利水平三个角度验证了家族企业的股利政策具有信号传递作用。

进一步检验发现：首先，当外部投资者面临的信息不对称程度降低时，家族企业对股利信号传递作用的需求降低；其次，家族企业的股利水平所传递的信息不仅仅是公司的当期经营信息，还有新的增量信息；再次，家族企业未来公司价值会随着现金股利水平的提高而提高；最后，结合现有股利政策的主要研究成果，本书还对可能的三种竞争性假说进行检验和排除。

在家族企业内部的对比中，本书分别从家族成员所有权集中度、管理权集中度、是否发生代际传承和所在行业是否属于管制行业四个角度间接度量了家族特殊资产对企业的影响力。研究发现，随家族企业对家族特殊资产依赖度的提高，现金股利支付率和现金股利收益率更高，证明了家族特殊资产是影响家族企业的股利政策的关键因素。

本书的贡献主要有以下四点。

首先，本书将"家族特殊资产"的概念引入股利政策研究框架，为股利的信号传递机制补充了新的研究内容和证据，丰富了现有股利政策的研究成果。

其次，本书从家族企业的"家族"属性出发，研究家族特殊资产如何影响企业股利政策，拓展了现有家族企业的研究方向和内容。同时，本书拓展了Fan等（2012）关于家族特殊资产的研究，提出可以从家族成员所有权集中度、家族成员管理权集中度、所在行业管理制度三个角度度量家族特殊资产对企业的影响。

再次,本书的研究发现为目前处于"新兴加转轨"资本市场中的我国家族企业的股利政策提供了新的研究框架和经验证据。2005年以来,在经历过股权分置改革、次贷危机、半强制分红政策的出台和创业板市场的开放等重要事件后,家族企业所处的市场环境较早年已有显著差异,企业内部实际控制人的控股结构和利益追求倾向也相应进行调整。学者们需要结合当前我国资本市场和家族企业的发展现状,重新认识和分析家族企业的现金股利政策。

最后,本书的研究结果不仅有助于家族企业制定合理的股利政策,也有助于监管层深入了解我国上市公司的股利分配动机,从而制定有针对性的规范准则,促进我国资本市场的健康有序发展。

CONTENTS 目录

第 1 章 导论 ………………………………………… 001
  1.1 研究背景 ……………………………………… 002
  1.2 研究问题 ……………………………………… 008
  1.3 研究框架 ……………………………………… 010
  1.4 主要研究发现 ………………………………… 012
  1.5 研究贡献 ……………………………………… 014
  1.6 相关概念 ……………………………………… 015

第 2 章 理论基础与文献综述 ……………………… 020
  2.1 股利理论 ……………………………………… 021
  2.2 股利的研究文献 ……………………………… 029
  2.3 家族企业现金股利研究 ……………………… 057
  2.4 家族企业特殊资产研究 ……………………… 062
  2.5 文献述评 ……………………………………… 068

第 3 章 我国家族企业股利政策研究：与非家族企业的比较
………………………………………………………… 071
  3.1 理论分析与假设提出 ………………………… 072
  3.2 假设 1 的实证检验 …………………………… 078
  3.3 假设 2 的实证检验 …………………………… 097

3.4 假设 3 的实证检验 ·················· 107
3.5 进一步检验 ······················ 139
3.6 竞争性假说 ······················ 156

第 4 章 我国家族企业股利政策研究：家族企业内部的比较
·································· 178
4.1 理论分析与假设提出 ················ 179
4.2 研究设计 ······················· 183
4.3 实证检验结果 ···················· 194
4.4 稳健性检验 ····················· 212
4.5 本章小结 ······················· 232

第 5 章 结论 ························ 234
5.1 本书主要研究结论 ·················· 235
5.2 研究不足与未来研究方向 ·············· 238

参考文献 ··························· 240

TABLE OF CONTENTS 图表目录

表 1-1　按控股类型分类企业法人单位数年度表 …………… 004
表 1-2　我国家族上市公司数年度表 ……………………… 004
表 1-3　各经济类型就业人数趋势表 ……………………… 005
表 3-1　假设 1 检验样本的年度分布表 …………………… 080
表 3-2　假设 1 检验样本的行业分布表 …………………… 081
表 3-3　假设 1 主要变量定义表 …………………………… 084
表 3-4　假设 1 主要变量描述性统计 ……………………… 086
表 3-5　假设 1 分企业类型的主要变量均值检验表 ……… 087
表 3-6　假设 1 相关系数表 ………………………………… 088
表 3-7　企业类型与年度股利预案公告市场反应 ………… 090
表 3-8　变更家族企业定义的假设 1 稳健性检验 ………… 092
表 3-9　变更窗口期的假设 1 稳健性检验 ………………… 093
表 3-10　所有股利预案的假设 1 稳健性检验 …………… 094
表 3-11　年度股利实施方案公告的假设 1 稳健性检验 … 095
表 3-12　假设 2 检验样本的年度分布表 ………………… 098
表 3-13　假设 2 检验样本的行业分布表 ………………… 098
表 3-14　假设 2 主要变量定义表 ………………………… 102
表 3-15　假设 2 主要变量的描述性统计 ………………… 103
表 3-16　企业类型与每股现金股利 ……………………… 103

表 3-17	企业类型与股利稳定性	104
表 3-18	变更家族企业定义的假设 2 稳健性检验	105
表 3-19	连续 6 年分配现金股利样本的假设 2 稳健性检验	106
表 3-20	假设 3 检验样本的年度分布表	107
表 3-21	假设 3 检验样本的行业分布表	108
表 3-22	企业类型与现金股利分配意愿	111
表 3-23	假设 3 主要变量的定义表	114
表 3-24	假设 3 主要变量的描述性统计	116
表 3-25	假设 3 的相关系数表	118
表 3-26	假设 3 分企业类型的主要变量均值检验表	119
表 3-27	各企业类型股利支付率 *divrt* 年度趋势表	120
表 3-28	各企业类型股利收益率 *divyd* 年度趋势表	122
表 3-29	按企业类型、业绩分组的会计业绩 *roa* 均值表	124
表 3-30	按企业类型、业绩分组的股利支付率 *divrt* 均值表	125
表 3-31	按企业类型、业绩分组的股利收益率 *divyd* 均值表	125
表 3-32	企业类型与现金股利水平	127
表 3-33	变更家族企业定义的假设 3 稳健性检验	129
表 3-34	考虑家族企业内生性问题的假设 3 稳健性检验	132
表 3-35	剔除非理性分红观测的假设 3 稳健性检验	135
表 3-36	被解释变量的假设 3 稳健性检验	137
表 3-37	OLS 模型的假设 3 稳健性检验	139
表 3-38	分析师的关注度与现金股利水平	142

表 3-39	所在地区制度环境与现金股利水平	146
表 3-40	信息披露考核等级与现金股利水平	149
表 3-41	低业绩家族企业与非家族企业均值检验	151
表 3-42	当期盈余与现金股利水平	152
表 3-43	未来公司价值与现金股利水平	154
表 3-44	自由现金流假说的检验	158
表 3-45	分企业类型实际控制人总持股年度表	160
表 3-46	基于股权结构的利益侵占假说检验	162
表 3-47	分企业类型实际控制人两权分离度年度表	164
表 3-48	基于两权分离度的利益侵占假说检验	165
表 3-49	基于后股权分置改革期的利益侵占假说检验	168
表 3-50	2008 年"半强制分红"政策因素检验	172
表 3-51	证监发〔2012〕37 号文的政策因素检验	174
表 4-1	假设 4 检验样本的年度分布表	185
表 4-2	假设 4 检验样本的行业分布表	185
表 4-3	假设 4 主要变量定义表	191
表 4-4	假设 4 主要变量的描述性统计	195
表 4-5	假设 4 的相关系数表	197
表 4-6	家族成员所有权集中度与现金股利水平	200
表 4-7	家族成员管理权集中度与现金股利水平	203
表 4-8	代际传承与现金股利水平	206
表 4-9	非管制行业与现金股利水平	209
表 4-10	变更家族企业定义的假设 4 稳健性检验	213
表 4-11	考虑家族所有权结构内生性问题的假设 4 稳健性检验	218

表 4-12　剔除非理性分红观测的假设 4 稳健性检验 ………· 221
表 4-13　家族成员持股集中度变量的假设 4 稳健性检验 …… 224
表 4-14　家族传承变量的假设 4 稳健性检验 ………………· 226
表 4-15　OLS 模型的假设 4 稳健性检验 …………………· 229

图 1-1　研究框架 …………………………………… 012
图 3-1　各年度现金股利支付率变化曲线图 …………… 121
图 3-2　各年度现金股利收益率变化曲线图 …………… 123

第 1 章
CHAPTER 1

导　论

1.1 研究背景

1.1.1 现实背景

作为上市公司三大重要财务决策之一的股利政策，不仅关系到投资者是否能够获得合理的投资回报，还关系着上市公司未来发展动力是否充足，以及资本市场是否能够健康有序地发展。因此，无论是在实务界还是在学术界，股利政策一直是人们关注的重心和焦点。

与西方成熟资本市场中企业的股利政策不同，我国资本市场中上市公司的股利分配一直备受诟病。上市公司辅仁药业（600781）自2000年起连续15年未进行股利分配，佛山照明（000541）持续支付高水平现金股利却未得到市场的认可，天富热电（600509）在2013年2月定向增发后于同年6月又以超过每股经营活动现金净额近7倍的水平进行分红派现。2017年1月，和邦生物（603077）更因同时披露的高送转利润分配计划和控股股东减持计划而收到证监会的问询函[1]。这些奇特的股利分配行为都反映出我国上市公司股利分配存在严重不规范的问题，同时也构成了具有中国特色的"股利之谜"。

如何帮助上市公司树立正确的股东回报意识、规范和鼓励持续稳定的现金分红行为以保护广大投资者的合法权益，成为监管层的重中之重。中国证监会先后出台了一系列股利监管政策，如

---

[1] 和邦生物于2017年1月19日同时公布《2016年度利润分配预案的预披露公告》和《股东减持股份计划公告》。公司拟向全体股东按每10股转增10股、送红股2股（含税）、派现金红利每股0.1元（含税）的标准进行利润分配；同时，控股股东和邦集团拟在未来6个月内择机通过大宗交易方式减持不超过3亿股，占公司总股本的7.47%。

分别于 2001 年、2004 年、2006 年和 2008 年出台的"半强制分红"政策、2012 年发布的《关于进一步落实上市公司现金分红有关事项的通知》、2013 年发布的《上市公司监管指引第 3 号——上市公司现金分红》以及联合财政部、国资委和银监会在 2015 年发布的《关于鼓励上市公司兼并重组、现金分红及回购股份的通知》。这些股利管制政策既凸显了监管层对规范公司股利分配行为的决心，也反映了解决不合理股利分配现象的紧迫性。如何正确看待上市公司的股利政策、识别公司股利分配动机，不仅有助于投资者合理选择投资对象、保护自身合法权益，也有助于监管层有针对性地制定政策规范，避免出现"监管悖论"。

从早期农耕文化时代以家族村落为单元的生产经营模式，到近现代工业化时代诸如福特、丰田、沃尔玛等家族经营模式，世界经济的发展离不开家族企业的崛起。由于历史的原因，我国的家族企业起步较晚。但是，从 1970 年开始出现的社队企业，到改革开放以后如雨后春笋般地冒出的个体、私营经济，我国家族企业发展和壮大的速度远超其他国家。尤其是分别于 2004 年和 2010 年开放的中小板市场和创业板市场，以及中央政府先后于 2005 年和 2008 年出台的关于鼓励和引导非公经济发展的政策文件，为我国家族企业的繁荣提供了足够的发展空间和舞台。表 1-1 是不同控股类型企业法人单位数年度表。如表所示，主要由家族企业构成的私人控股企业法人单位数在 2010 年约为 512.64 万个，占全国企业法人单位数约 78.65%，而 2015 年单位数增至 1 067.76 万个，较 2010 年时增长了约 108.29%，占当年全国企业法人单位数约 84.79%。

表1-1 按控股类型分类企业法人单位数年度表

时间 (年份)	企业法人 单位数 (万个)	国有控股企业法人		私人控股企业法人	
		单位数 (万个)	占比	单位数 (万个)	占比
2010	651.77	24.96	3.83%	512.64	78.65%
2011	733.12	26.19	3.57%	579.21	79.01%
2012	828.67	27.85	3.36%	655.20	79.07%
2013	820.83	22.05	2.69%	706.00	86.01%
2014	1 061.72	26.33	2.48%	902.77	85.03%
2015	1 259.33	29.13	2.31%	1 067.76	84.79%

注：根据国家统计局公布的数据整理；本表只统计了国有控股和私人控股两类企业法人，未统计集体控股、港、澳、台商控股、外商控股和其他类型的企业法人数据，故各年占比总和不为100%。

同样，在直接参与资本市场活动的上市公司方面，家族企业的比重也是迅速增长。表1-2是根据福布斯（中文版）发布的《中国现代家族企业调查报告》[1]整理的我国家族上市公司数年度表。截至2010年6月30日，我国上市家族企业仅305家，占全部A股上市公司总数的16.33%；经过6年的发展，截至2016年6月30日，我国上市家族企业有912家，占全部A股上市公司总数的31.8%。

表1-2 我国家族上市公司数年度表

统计截止日期	A股上市公司总数	家族企业	占比
2010年6月30日	1 868	305	16.33%
2011年9月30日	2 272	460	20.25%

---

[1] 调查范围包括沪深两地上市的民营家族企业和在港交所上市的内地民营家族企业，其中，家族企业的定义为企业所有权或控制权归家族所有，以及至少有两名或两名以上的家族成员在实际参与经营管理的企业。

(续表)

统计截止日期	A股上市公司总数	家族企业	占比
2012年7月15日	2 422	684	28.24%
2013年7月31日	2 470	711	28.79%
2014年7月31日	2 528	747	29.55%
2015年6月30日	2 780	884	31.80%
2016年6月30日	2 868	912	31.80%

注：根据2010—2016年期间福布斯（中文版）每年发布的《中国现代家族企业调查报告》中相关数据整理，其中，2010年度"A股上市公司总数"的数据由于报告中没有公布，故由CSMAR数据库补充。

家族企业不但在资本市场为我国创造巨大的经济价值，而且还提供大量的就业岗位、提高社会整体的就业率。表1-3是各经济类型就业人数趋势表。相较于国有单位就业人数占总就业人数的比重稳定在8%~9%，私营、个体单位就业人数占比从2006年的15.66%迅速增长到2015年的36.25%。由此可见，作为我国国民经济中不可或缺的一份子，家族企业不仅在经济活动中推动着我国经济的发展，而且在社会生活中承担着重要的社会责任。

表1-3 各经济类型就业人数趋势表

时间（年份）	总就业人数	国有单元		私营、个体单元	
		就业人数	占比	就业人数	占比
2006	74 978	6 430	8.58%	11 745.2	15.66%
2007	75 321	6 424	8.53%	12 750	16.93%
2008	75 564	6 447	8.53%	13 680	18.10%
2009	75 828	6 420	8.47%	15 192.4	20.04%
2010	76 105	6 516	8.56%	16 424.8	21.58%
2011	76 420	6 704	8.77%	18 299.1	23.95%

(续表)

时间 (年份)	总就业人数	国有单元		私营、个体单元	
		就业人数	占比	就业人数	占比
2012	76 704	6 839	8.92%	19 925	25.98%
2013	76 977	6 365	8.27%	21 856	28.39%
2014	77 253	6 312	8.17%	24 974	32.33%
2015	77 451	6 208	8.02%	28 077.5	36.25%

注：根据国家统计局公布数据整理；本表只统计了国有单位和私营、个体单位两类经济类型，未统计城镇集体单位、股份合作单位、联营单位等其他经济类型数据，故各年占比总和不为100%。

不过，在家族企业繁荣发展并且为我国市场化进程不断注入新活力的同时，还有许多诸如中大集团、海鑫钢铁的家族企业最终走向破产。如何维持家族企业的经营活力和竞争力，是一个值得探索和深思的问题。与其他类型企业相比，家族企业最大的不同是家族的涉入和随之而来的家族特殊资产。这种依托于家族成员而存在的多维度专业性资产不同于其他一般资产，是影响甚至决定家族企业经营成败的关键因素（范博宏，2012）。2005年，香港首富李嘉诚因病入院治疗期间，其创办和管理的香港长江实业集团旗下上市公司股价大跌，反映出市场对公司可能失去李嘉诚及其所拥有的特殊资产的担忧。

基于我国上市公司股利分配乱象频出，而家族企业已逐渐成为我国经济重要组成部分的现实背景，从家族企业的本质特征——家族特殊资产的角度认识和剖析我国家族企业的股利分配政策是非常有必要的。

1.1.2 理论背景

现代股利理论起源于Miller和Modigliani（1961）提出的股利无关论（又称MM理论）。该理论认为，在完全和完美的资本市场中，公司是否分配现金股利以及分配力度均不会影响公司价值。然而，该理论是建立在一系列严格假设前提的基础上，在现实生活中难以实现。因此，后续学者通过不断放松MM理论中有关信息对称性、交易成本、市场有效性等假设条件，提出了诸如股利代理理论、股利信号理论等可以影响公司价值的股利相关论，并得到了丰富的研究成果。然而，每种理论均具有一定的适用性和局限性，无法解释所有上市公司的股利政策行为。

对于家族企业的股利政策，目前国内外相关研究并没有一致性结论。部分研究发现，家族企业的现金股利支付意愿和支付水平显著低于非家族企业。学者们从股利代理理论（Gugler, 2003; Setia-Atmaja, Tanewski and Skully, 2009; De Cesari, 2012）的角度进行解释。自由现金流假说认为家族控制能够有效降低第一层代理问题，因而家族企业无需通过股利分配降低公司的自由现金流（Gugler, 2003）；利益侵占假说认为家族控制会恶化第二层代理问题，使得企业不愿分配股利（Attig et al., 2016）。Vandemaele和Vancauteren（2015）使用社会情感财富理论解释了家族企业的低现金股利政策。Rasheed和Yoshikawa（2010）和Isakov和Weisskopf（2015）分别以日本和瑞士家族上市公司为研究样本，均发现家族企业的现金股利支付意愿和支付水平显著高于非家族企业，前者认为这是家族利益侵占的手段，后者则提出这是维护家族声誉和满足家族成员收入的途径。

仅有的几篇关于中国家族企业股利政策的研究多采用股利代理理论进行解释。如邓建平、曾勇（2005）认为家族企业中第二层代理问题更严重，因此，企业的股利政策是家族利益最大化的结果；Wei等（2011）与魏志华、吴育辉和李常青（2012）则认为家族控制会进一步恶化家族大股东与管理层之间的代理问题，因此，我国家族企业采取消极的股利政策。这三篇文献虽然都是以我国家族上市公司为研究对象，且都是从股利代理理论的角度进行研究，但仍然没有一致性的结论。究其原因，主要是因为这些研究并没有从家族企业的本质特征解读股利政策，而是将西方研究中常用的股利代理理论直接"嫁接"到我国家族企业的情景中。因此，在中国制度背景下，从家族企业的本质特征出发重新认识和分析我国家族企业的股利政策是非常有必要的。

与其他民营上市公司相比，家族企业除了拥有一般企业都具有的"企业"属性外，最重要特征还是同时具有"家族"属性及由此产生的家族特殊资产。然而，学者们研究发现，家族特殊资产对企业而言是一把双刃剑。在帮助企业降低交易成本、提高经营效率和公司价值（Xu, Xu and Yuan, 2013；夏立军、郭建展、陆铭，2012）的同时，家族特殊资产也可能导致信息披露不透明、会计信息质量低等负面问题（Raman and Shahrur, 2011；Fan, Wong and Zhang, 2012）。这些负面效应增大了企业外部投资者与内部人之间的信息不对称程度，阻碍了家族企业经营绩效和竞争力的提高，不利于实现企业的"永续经营"。因此，家族企业有强烈的动机希望找到一种信号传递机制，以降低家族特殊资产对企业的负面效应。

鉴于目前关于家族企业股利政策和家族特殊资产的研究现状，本书尝试从家族特殊资产的角度对我国家族企业的现金股利政策进行剖析。

1.2 研究问题

本书按照"家族特殊资产会加剧家族企业内外信息不对称

程度，股利政策具有信号传递作用"的研究思路，通过比较家族企业与非家族企业、不同类型家族企业的现金股利政策差异，尝试从家族特殊资产的角度解读我国家族企业的股利政策。

1.2.1 研究问题一

为了实现家族企业"基业长青"的经营目的，家族在享受家族特殊资产带来的积极效应的同时，也需采取相应措施应对企业信息披露受限、公司内外信息不对称程度加剧的问题。已有研究发现，股利具有信号传递作用（Bhattacharya，1979；Miller and Rock，1985；John et al.，2011）。因此，家族企业是否会将股利作为新的信号传递媒介向外部投资者传递更多公司信息，以弥补由于家族特殊资产导致的信息不对称问题呢？

在主要问题的基础上，本书还提出三个需要进一步检验的问题。第一，家族企业利用现金股利传递信息的这种动机是否会随着外部信息不对称程度的减小而减小？第二，家族企业的股利政策是否只传递了与公司当期盈余相关的信息？第三，家族企业采用的股利政策是否有助于帮助企业提高公司未来价值？

1.2.2 研究问题二

在家族企业内部，不同家族企业对家族特殊资产的依赖程度不同。当家族企业更加依赖于家族特殊资产时，后者带来的信息披露不透明的问题也可能更严重，进而提高了公司将股利作为信号媒介的需求，反之亦然。因此，本书在家族企业内部，检验了当企业对家族特殊资产依赖程度存在差异时，家族企业使用高水平的现金股利向外部投资者传递信息的动机是否也存在差异？

通过与非家族企业的对比，研究问题一主要关注在家族特殊资产导致传统会计信息传递能力不足的情况下，家族企业是否具有将股利作为增量信息的传递途径的动机；通过与其他家族企业的对比，研究问题二主要关注随着企业对家族特殊资产依赖程度的改变，家族企业的现金股利信号动机是否也会进行相应调整。这两个问题分别从家族企业外部、家族企业内部两个层面，从家族特殊资产的视角对企业股利分配政策进行分析和讨论，既各有侧重点，又紧密相连。

1.3 研究框架

根据本书的研究思路和研究问题，本书主要由五个章节构成，各章节的主要内容如下：

第一章是导论。该章首先从现实背景和理论背景两个层面阐述了本书的研究背景，并提出研究问题，接着说明本书的研究框架，最后总结了主要研究发现和研究贡献。

第二章是理论基础与文献综述。该章首先介绍了现代股利理论，包括股利无关论、税差理论和追随者效应理论、股利代理理论、股利信号理论和股利迎合理论，接着对与上述理论相关的国内外股利研究文献，尤其是家族企业股利研究文献进行梳理归纳，最后搜集整理国内外关于家族特殊资产的研究文献。通过对股利理论和国内外研究成果进行总结述评，不仅有助于理清股利理论的发展历程，还有助于总结现有研究的主要观点和分歧点，发现研究不足和局限性以及本书可能的研究贡献，为后文的实证研究提供理论基础和经验证据。

第三章是我国家族企业股利政策研究：与非家族企业的比较。该章首先对家族企业的特征产物"家族特殊资产"以及由此导致的信息披露不足的问题进行讨论，提出家族特殊资产会加剧公司内外信息不对称程度。接着，基于股利信号理论，该章提出股利政策具有信号传递作用，可以用来降低外部人与公司管理层之间的信息不对称度。基于上述观点，该章最终提出家族企业有动机将现金股利作为信号传递机制的观点，并通过单变量检验和多元回归的方法从现金股利预案公告的市场反应、现金股利的平稳度和现金股利水平三个方面进行实证验证，还进一步检验了家族企业的现金股利水平与外部信息不对称程度、当期盈余和未来公司价值之间的关系。最后，该章检验和排除了自由现金流假说、利益侵占假说和监管政策影响这三种现有股利政策研究中主要的竞争性假说。该章主要实证结果均通过了稳健性检验，以保证研究结论的可信性。

第四章是我国家族企业股利政策研究：家族企业内部的比较。首先，该章提出在家族企业内部，企业利用股利政策传递信息的动机会受到家族特殊资产对会计信息披露影响程度的不同而存在差异。当企业对家族特殊资产依赖程度更高时，即家族特殊资产导致的信息披露不足问题更严重时，家族企业更需要将股利政策作为信号传递媒介，提高股利支付水平。接着，该章在 Fan 等（2012）利用代际传承事件研究家族特殊资产的基础上，提出可以从家族成员所有权结构、管理权结构、所处行业管制度三个方面展开研究。该章通过多元回归的实证方法，并通过稳健性检验，在家族企业内部进一步论证了家族特殊资产如何影响股利政策，与第三章相呼应。

第五章是结论。该章主要总结了本书的研究问题和研究发现，指出研究中存在的不足和未来可能的研究方向。

图 1-1 为本书的研究框架图。

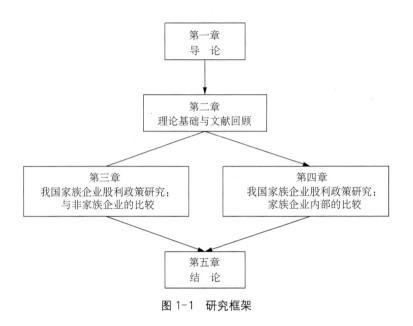

图 1-1 研究框架

1.4 主要研究发现

针对本书提出的两个主要研究问题,主要研究发现如下:

首先,本书在我国民营上市公司中对比了家族企业与非家族企业的股利公告市场反应、股利平稳性和股利水平,以检验家族特殊资产如何影响家族企业的现金股利政策。在现金股利公告的市场反应方面,家族企业披露年度利润分配预案产生的市场反应显著高于非家族企业;在股利平稳性方面,家族企业的股利调整速度显著低于非家族企业,即家族企业的股利政策更稳定;在现金股利水平方面,家族企业的现金股利支付率和股利收益率均显著高于非家族企业。以上结果说明,由于家族特殊资产的存在,家族企业的确有动机利用股利的信号传递作用,以解决由此产生的信息不对称问题。

其次，本书进一步检验了家族企业现金股利水平与外部信息不对称程度、当期盈余和未来公司价值之间的关系。实证结果表明：①当公司外部信息不对称程度减小时，如分析师对上市公司的关注度越高、所在地区市场化程度越高以及信息披露考核等级越高时，家族企业利用股利信号作用的动机减小，现金股利水平降低；②即使存在部分家族企业的业绩表现显著劣于非家族企业，但是前者的股利支付率与股利收益率仍显著高于后者，说明家族企业的股利政策不仅包含了公司当期盈余信息，还包含了其他增量信息；③家族企业未来公司价值会随现金股利水平的提高而提高。

再次，本书根据现有股利政策的研究成果，对自由现金流假说、利益侵占假说和监管政策影响三个重要的竞争性假说进行分析。实证结果发现，家族企业现金股利政策并不能用以上三个假说进行解释。

最后，本书在家族上市公司内部检验了家族特殊资产依赖度对现金股利政策的影响。随着企业对家族特殊资产依赖度的提高，会计信息披露更容易受到它的限制程度，加剧了公司内外的信息不对称问题，从而提高了家族企业利用股利政策信号作用的动机，表现出高股利的特征；反之亦然。鉴于家族特殊资产依托于家族成员，且不同行业对家族特殊资产的需求存在差异，家族对其的依赖度可以从家族成员在企业中的影响力、所在行业特征两种角度进行衡量。基于此，本书不仅从 Fan 等（2012）提出的家族是否代际传承的角度，还分别从家族成员所有权结构、家族成员管理权结构、家族所处行业管制度的角度，检验了不同依赖度情况下，家族特殊资产与股利政策的关系。实证结果表明，随着家族成员所有权集中度、家族成员管理权集中度的提高，家族企业的现金股利水平提高；当家族已经经过代际传承或家族所处行业为非管制行业时，家族企业的现金股利水平降低。

1.5　研究贡献

本书的研究贡献主要有以下四点。

第一，本书的研究丰富了现有股利政策尤其是股利信号理论的研究成果。以往国内外学者多集中于从自由现金流假说、利益侵占动机或监管政策影响的角度解释上市公司的股利政策，但是基于目前我国家族企业的发展现状和制度背景，这些理论无法解释我国家族上市公司的现金股利政策。本书将家族企业特有产物"家族特殊资产"的概念引入股利政策研究框架，从企业本质特征的角度为股利的信号传递机制补充了新的研究内容和证据。

第二，本书尝试从家族特殊资产的角度为我国家族企业的股利政策提供新的解释，有助于扩展有关家族企业的研究内容和研究框架。首先，目前关于家族企业股利政策的研究多采用与大样本研究一致的研究思路和框架，缺少对家族企业本质特征的讨论。其次，目前国内外关于家族特殊资产的研究，多集中于讨论家族特殊资产在企业经营效率、代际传承方面的影响，并未有文献讨论家族特殊资产与股利分配行为。除了 Fan 等（2012）提出的可以从家族企业是否传承的角度研究家族特殊资产外，本书提出可以从家族成员所有权集中度、家族成员管理权集中度、所在行业管制度三个角度讨论家族特殊资产在企业中的影响力。

第三，本书的研究发现为目前处于"新兴加转轨"资本市场中的我国家族企业的股利政策提供了新的研究框架和解释。首先，考虑到历史原因和制度背景因素，早期关于我国家族企业股利政策的研究普遍认为股利是控股股东掏空公司、转移公司资源的一种利益侵占手段（原红旗，2001；陈信元、陈冬华、时旭，2003）。然而，在经历过股权分置改革、次贷危机、半强制分红政策的出台和创业板市场的开放等重要事件后，家族企业所处的外部资本市场环境已发生显著变化，企业内部也会进行相应调整。以往文献中关于"家族大股东有强烈掏空动机"的前提是否依旧成立值得商榷。基于这个背景下，运用股利代理理论解释我国家族企业的现金股利政策可能存在不妥。因此，学者们需要结合当前我国资本市场和家族企业的发展现状，重新认识和分析家族企业的现金股利政策。

第四，本书的研究结果不仅有助于家族企业制定合理的股利分配政策，也有助于监管层加深对我国上市公司股利分配行为的认识，有针对性地制定相应的规范准则，促进我国资本市场的健康有序发展。

1.6 相关概念

1.6.1 家族企业

Villalonga 和 Amit（2006，2009）、Miller 等（2007）等研究均发现，使用不同的家族企业定义可能产生不同的研究结论。因此，为了正确认识和分析我国家族企业中家族特殊资产与股利政策的关系，本书首先需要明确家族企业的定义。

目前，国内外学者对于家族企业的具体定义并没有一致性的观点。Villalonga 和 Amit（2010）一文按照自然人（或家族）是否为创始人、家族是否完成代际传承以及家族成员是否直接参与企业管理，总结了4种不同类型的家族企业定义，分别是：

① 创始人及其家族成员所有型家族企业，即当企业创始人

或者与其有亲缘、姻亲关系的个人或团体是上市公司大股东时,该企业为家族企业;

② 创始人家族所有和管理型家族企业,除了满足创始人及其家族成员所有型家族企业的要求外,还需同时满足企业已经经过代际传承和后代家族成员出任管理层的关键岗位(如 CEO)两个条件。

③ 自然人或家族控股型家族企业,即当自然人或家族成员为上市公司大股东且持股超过 5% 以上时,该企业为家族企业;

④ 家族控股和管理型家族企业,在满足自然人或家族控股型家族企业定义的情况下,同时满足企业已经经过代际传承和后代家族成员出任管理层的关键岗位(如 CEO)两个条件;

可以发现,前两种家族企业的定义并未对家族持股水平设置下限,后两种定义不仅对家族持股水平设置了最低要求,还放松了"自然人(或家族)是创始人"的条件;第 2 类和第 4 类家族企业比另外两种定义多了"家族已经完成代际传承"的要求,强调了后代家族成员在家族企业中的重要性。

首先,与西方家族企业通常已经经历过代际传承的现状不同,目前我国家族企业大部分仍是家族一代控制型企业,只有部分公司开始或已经完成向家族二代成员传承企业的事宜。因此,本书所讨论的家族企业并不要求"至少完成一次代际传承"。其次,虽然近年来创业型家族企业越来越多,但是受早年经济体制的影响,我国部分家族企业是通过国企改制、管理层收购等方式形成的。因此,本书的研究并不要求"家族企业必须是由家族成员创始或建立"。最后,西方家族企业在经历过代际传承后,家族企业的股权结构分散,使用 5% 作为家族持股下限存在一定合理性,但是我国上市公司中普遍存在股权集中的现象,需要适当提高这一比例才能真正体现出家族对企业的实质控制权。

因此，参考现有关于家族企业的研究文献（Anderson and Reeb，2003；Villalonga and Amit，2006，2009；许静静、吕长江，2011；黄海杰、吕长江、丁慧，2016；刘白璐、吕长江，2016），本书从家族对企业控制权、所有权和管理权三个维度将家族企业定义如下：上市公司的实际控制人为自然人或家族，且实际控制人对上市公司拥有实质控制权（即实际控制人通过直接或间接的方式持有上市公司至少10%的投票权）。

在实证研究的稳健性检验部分，本书会适当对上述家族企业的定义进行调整，以确保本书的实证结果并不受到家族企业定义的局限。

1.6.2 家族特殊资产

参考范博宏（2012）和 Bennedsen 等（2015），本书将家族特殊资产（family specialized assets）定义如下：家族特殊资产是在家族企业内部依赖于单个或部分家族成员的一类多维度的专用性资产[1]，既包括个体层面的单个家族成员（尤其是企业创始人）所具有的个人兴趣、品牌声誉、人格魅力、专业技能和管理经验、所持有的产品秘方等，也包括群体层面的家族成员之间的亲缘或姻亲关系、家族成员与企业外部利益相关者之间的各种关系网络。

多维度的家族特殊资产与独立的创始人效应、政治关系、社交网络等单维度专业性资产既有联系、也有区别。在家族企业中，这些单维度的专业性资产是构成家族特殊资产的重要组成部

---

[1] 专用性资产（specialized asset）最早由 Klein，Crawford 和 Alchian（1978）提出，并由 Williamson 进一步对其内涵进行解释和研究。按照 Williamson 的观点，在不改变一项资产的生产价值的前提下，一旦变更该项资产的既定用途或资产使用者带来的变更成本过高时，该项资产就属于专用性资产。

分，但是没有一种单维度的专业性资产可以完全替代或者度量家族特殊资产。因此，直接使用现有关于创始人效应、政治关系、社交网络等常见度量方式度量家族特殊资产是"有偏的"。

在实证检验中，本书并没有直接度量家族特殊资产，而是通过对比拥有家族特殊资产的家族企业和不拥有家族特殊资产的非家族企业，以及对家族特殊资产依赖度不同的家族企业，间接地对家族特殊资产进行度量。

1.6.3 股利政策

上市公司的股利分配方式按照股利形式可以分为现金股利和股票股利两种，其中，股票股利又可以进一步区分为转增股和送红股。现金股利是在公司有足够的未分配利润和留存现金时，将公司利润以现金的方式直接分配给股东；送红股也要求公司有足够的未分配利润，但是是以股票的方式分配给股东，对公司现金水平没有要求；转增股对公司未分配利润和现金水平均没有要求，而是通过将资本公积按权益折算后分配给股东。

本书主要研究上市公司的现金股利政策，主要原因有三点：第一，转增股仅是将公司资本公积转为股本，股东实际上并没有分享公司利润；第二，虽然派红股的方式更加受到上市公司和投资者的欢迎（李常青，1999；魏刚，1998；俞乔、程滢，2001），但是现金股利才能帮助投资者真正分享上市公司利润、获得投资收益；第三，由于早期我国上市公司的现金分红意识薄弱，监管层出台多份政策文件促使上市公司建立合理的股东回报意识，提高企业分红派现比例，说明了现金股利政策的重要性。

考虑到其他利润分配方式可能会影响公司的现金股利政策，本书的实证检验也会对上市公司的其他利润分配方式进行控制。

此外，一般情况下，上市公司当年利润分配预案随公司年报在下一年度的 1—4 月披露，并经股东大会通过后实施分配。虽然股利分配的实施期在下一年，实际上属于对当年利润的分配活动。因此，本书以利润分配所属的财政年度作为股利政策所属年份。

第 2 章
CHAPTER 2

理论基础与文献综述

本章主要从现代股利理论、股利政策研究和家族企业特殊资产研究三个方面对已有文献进行整理归纳,在总结已有研究结论和分歧点的基础上,发现现有研究的不足和局限性,找到本书可能的研究空间和贡献,并为本书后续章节的研究假设提供理论支持和经验证据。

2.1 股利理论

现代股利理论按照股利政策是否会影响公司价值可细分为两大类。以 Miller 和 Modigliani 为代表的股利无关论(也被称为 MM 理论)认为,在完全、完美且有效的资本市场中,无论公司采用何种股利政策,公司价值都不会因其发生改变。通过放松 MM 理论中有关信息对称性、交易成本、税收成本、投资者理性等假设条件,学者们提出了股利相关论。

2.1.1 股利无关论

股利无关论(即"MM 理论")是 1961 年由 Miller 和 Modigliani 在《商业期刊》(*The Journal of Business*)发表的《股利政策、公司成长和股票价值》(Dividend Policy, Growth, and the Valuation of Shares)一文中首次提出。在文章中,他们运用规范研究的方法,在严格的假设前提下,通过建立模型发现股利政策对公司价值的影响途径不仅仅有当期股利水平,还有同时期内公司融资稀释股份时出售给外部投资者的股票价值。因此,在给定公司投资方案的情况下,公司价值是否能够提高取决于公司提高股利水平带来的价值提高是否足以抵消同时期出现的股票剩余价值(terminal value)的减损。在完美理性情况下,公司的最优策略是将股利的这两种效应刚好相互抵消，即股利政策并不会影响公司的价值。

MM 理论成立需要三个非常严格的假设前提，分别是：①完美和完全的资本市场（perfect markets），即不存在足以影响市场价格的市场参与者和所有市场参与者都均等且无成本地获知市场中影响股票价值的任何信息，且无交易成本和税收差异；②理性投资者（rational behavior），即投资者偏好更多的财富但是对财富增长的具体模式（如现金价值或持有股票的市场价值）无偏好；③完美的确定性（perfect certainty），即投资者都确定未来投资项目以及公司未来盈利水平。

虽然后续研究对上述理论进行了验证（如 Black and Scholes，1974），但学者们也指出 MM 理论的假设过于严格，难以在现实的市场交易活动中实现。

2.1.2 税差理论和追随者效应理论

Farrar 和 Selwyn（1967）最早放松了 MM 理论中有关"无税收成本"的假说，并提出了税差理论。他们使用局部均衡的方法，假设当个人所得税和公司所得税存在且市场中所有投资者的税率水平无差异，且市场中的投资者个人为资本利得和股利收入缴纳的税率存在差异时，投资者对上市公司的股利政策态度不同，进而影响公司价值。当投资者需要为股利收入缴纳更高的个人所得税时，投资者更希望上市公司将利润留存在公司内部，为公司未来投资活动提供资金支持以实现股价的提高，而不是在当期将利润通过股利的方式直接进行分配。Brennan（1970）在他们的基础上，考虑了投资者边际税率的差异性并建立了一般均衡。他们指出，只要市场的有效税率大于 0，投资者权益就会因为股利分配而减损。

另一类通过放松税收假说得到的股利相关论是由 Elton 和 Gruber 于 1970 年提出的追随者效应理论。与税差理论相比,追随者效应理论更强调了不同投资者的边际税率的差异导致对不同类型的股利政策的偏好也存在差异。由于投资者可以通过不同方式获得个人收入,如从上市公司直接获得股利收入、通过买卖公司股票获得资本收入,且需要为不同收入支付的税率存在差异,公司留存盈余的成本实际上是投资者边际税率等级的函数。当投资者的边际税率水平较高时,他们更倾向通过直接买卖公司股票获得收入,而不是为股利收入支付高额税负;当投资者的边际水平较低时,即无需为股利支付高额个人所得税时,他们更希望上市公司直接进行利润分配。因此,投资者可以根据自身的边际税率水平,选择是否要进行股票投资以及选择何种股利政策的公司进行投资。此时,市场中的投资者都可以找到自己认为股利政策最优的一个投资者对象。同理,公司可以通过调整股利政策,找到一群愿意"追随"自己的投资者。Elton 和 Gruber(1970)提出,如果边际税率等级会产生"追随者效应",通过观测除息日前后投资者是否卖出股票的行为应该可以推测出边际税率等级。利用在美国纽约证券交易上市的公司在 1966 年 4 月 1 日—1967 年 3 月 31 日的交易数据得出的实证结果支持了他们的推断。

2.1.3 股利代理理论

基于代理理论(Jensen and Meckling,1976)和信息不对称理论(Akerlof,1970;Spence,1973),Rozeff(1982)率先将代理理论延伸至公司的股利分配行为,为存在不同代理问题公司的股利分配政策提供了新的研究视角。Rozeff 认为,由于公司派发现金股利后需要依赖于外部融资以支持公司现阶段和未来的投资活动，且融资资金提供者至少需要获得所筹资金使用对象等信息，这不仅有助于帮助公司股东了解融资资金的去向和来源，还能帮助他们获得有关管理层意图的更多信息。同时，他也指出由于存在外部融资代理成本和对外融资产生的交易成本这两种类型市场不完美，公司提高股利分配水平虽然可以使得代理成本减少，但是也使得交易成本较未提高股利分配水平时增加。因此，公司应该在综合考虑改变股利政策可能对两种成本产生的影响后再决定最优股利水平。

根据代理理论，公司存在两种类型的代理问题。第一层代理问题指的是在股权分散的情况下，由于存在信息不对称，委托人所有者无法有效监督代理人管理层的行为，致使管理层因自利动机而采取机会主义行为所产生的问题；第二层代理问题是在股权高度集中的情况下，由于存在信息不对称，委托人中小股东无法有效监督代理人大股东的行为，使得大股东有较强的自利动机并采取机会主义行为而带来的一系列利益侵占问题。Rozeff 的研究虽然将代理理论与股利政策结合在一起，但并未明确指出股利政策如何降低公司的代理成本。在 Rozeff 研究的基础上，后续学者从不同类型代理问题的角度进一步深化股利代理理论。

（1）第一层代理问题与股利政策

在现代企业结构中，公司所有权属于股东，管理权属于管理层，但两者的利益目标函数并不是完全相同。尤其是在信息不对称的情况下，公司所有者无法获取管理层行为的充分信息，为管理层的自利行为提供空间和机会，增加了公司的代理成本。Easterbrook（1984）提出了股利政策可以降低代理成本的两种路径。他认为，公司所有者与管理层之间的代理成本主要有两种，分别是监督管理层产生的监督成本和管理层由于风险厌恶产生的代理成本[1]。由于公司分配股利后需要通过外部融资获得资金补充，这一方面将公司置于融资对象的直接监督之下，降低了管理层的监督成本，另一方面也调整了公司债务的权益比，降低了管理层需要承担的风险[2]。因此，公司可以通过调整股利分配政策达到降低代理成本的目的。

随后，Jensen（1986）从公司支付现金股利可以降低公司内部留存现金流水平的角度，提出了著名的自由现金流量假说。根据该假说，由于公司规模的提高可以为管理层带来更高的管理权力（如可以使用和管理更多的资源）和薪酬水平（Murphy，1985），管理层有动机不断扩张公司规模，甚至超过其最优规模。当上市公司内部的自由现金流水平提高时，管理层可以使用在无效率投资活动中的资源也提高，所有者与管理层之间的代理成本同时增加。因此，通过分配现金股利，将这部分现金通过直接分配给股东的方式"挤压"出来，可以有效减少管理层能够控制和使用的自由现金流水平，约束管理层行为，从而降低代理成本。Kallapur（1994）通过检验发现了股利与盈余反应系数（earnings response coefficients）的正相关关系，支持了自由现金流假说。

（2）第二层代理问题与股利政策

早期代理理论都是基于股权高度分散的公司所提出的（Berle and Means，1932；Grossman and Hart，1980；Jensen and Meckling，1976）。然而，越来越多的研究发现，部分上市公司

---

[1] Easterbrook（1984）认为，相比于投资者（股东）的多元化投资组合，公司管理者的个人财富通常与公司价值紧密地绑定在一起。因此，管理者会因为风险厌恶而倾向投资一些预期收益较低但稳健的投资项目，从而与投资者（股东）的投资偏好产生分歧。

[2] Easterbrook（1984）指出，通过降低公司债务权益比，公司破产的风险降低，管理层因为担心公司破产致使自己财富损失的风险也随之降低。

中存在着大股东持股集中的现象（Shleifer and Vishny, 1986; Morck et al., 1988; La Porta et al., 1998, 1999），尤其是在东亚国家（Claessens, Djankov and Lang, 2000）。因此，大股东与小股东之间的代理问题成为公司中另外一种重要的代理问题。

从控股股东与中小股东之间的关系研究股利分配政策的角度主要有三类。第一类是 Shleifer 和 Vishny（1986）基于小股东的角度，提出股利分配是弥补控股股东监督成本的一种补偿机制。与中小股东更加倾向通过资本利得获得投资收益不同，通常为公司属性的控股股东们更加倾向直接从股利分配中获得收益。由于无法直接监督管理层行为，中小股东们必须依靠大股东的有效监督。所以，股利分配政策成为小股东"拉拢"控股股东维持上市公司控制权的方式，以便后者能够有效监督管理层行为。这一类研究虽然考虑了控股股东与小股东不同的利益偏好，但最终仍是将股利作为解决第一层代理问题的手段。

第二类则是从控股股东股权结构的角度研究股利分配政策。Shleifer 和 Vishny（1997）发现，随着控股股东所拥有的投票权以及投票权和控制权分离程度的提高，控股股东不仅有更强的偏好而且也有能力通过特殊股利分配的方式或与控股公司一起侵占其他利益相关者的合法权益，而不是按照持股比例向股东正常分配股利。他们的研究首次提出了控股股东可以通过提高股利水平达到侵占中小股东合法权益的可能性。

第三类则是引入投资者保护力度、司法体系等外部制度因素后对控股股东、小股东与现金股利政策之间关系的研究。La Porta 等（2000）通过引入投资者保护力度这个法律概念，提出了两种不同的股利代理模型。在第一种模型中，随着法律体制的健全和对投资者保护力度的提高，中小股东可以利用法律手段保护自己的合法权益，迫使公司分配更多的现金股利，即公司的股利政策是有效投资者保护的结果。在第二种模型中，由于法律体制不健全和投资者保护力度不足，股利成为中小股东保护自己合法权益的替代手段，即在投资者保护力度不足时公司分配更多的股利。La Porta 等人以 33 个投资者保护力度不同的国家的公司为研究对象，发现"结果模型"得到支持，从而证明了股利分配可以起到解决控股股东与中小股东之间利益冲突的作用。

2.1.4 股利信号理论

以信息不对称理论为基础的股利信号理论是另一种重要的股利理论。Lintne（1956）通过对 28 家大型公司 7 年共 196 个公司年度观测研究以及公司管理层的调查访问，发现公司现阶段的股利支付水平是管理层制定公司股利政策的重要标尺，且由于投资者倾向稳定的股利政策，管理层既不愿轻易降低也不愿轻易提高现阶段的股利水平，以尽可能地避免股利政策出现变动。Fama 和 Babiak（1968）通过研究个体公司的股利政策为进一步支持 Lintner（1956）的观点提供了经验证据。Lintne（1956）为后续学者们从不同角度研究股利信号理论奠定了基础。

以外部投资者无法获知公司内部信息且现金股利的税率高于资本利得的税率为假设前提，Bhattacharya（1979）指出股利水平是期望现金流水平的信号。这是因为，由于投资者无法了解投资项目的真实情况，若投资项目的预期现金流足以支付高水平的现金股利，管理层可以在当期承诺高水平现金股利以吸引投资者和提高公司价值，并在未来期间实现承诺；若投资项目的预期现金流水平较低，管理层需要通过外部融资的方式获得足够资金履行股利承诺，此时，管理层需要在融资成本与承诺高水平现金股利带来的价值提升之间进行权衡。因此，基于投资项目预期现金流水平的差异，公司可以调整股利政策，从而实现股利的信号传递作用。

Miller 和 Rock（1985）将公司在投资决策中放弃最优投资项目的机会成本视为股利的信号成本。通过建立一个两阶段、无税负的不确定模型，他们发现，投资者无法了解投资项目的真实情况为拥有劣质投资项目的公司创造了套利空间。因此，拥有好投资项目的公司应该提高股利支付水平，直到其他公司从套利活动中获得的收益不足以支付增加的现金股利。

John 和 Williams（1985）在一个极端不利于股利信号传递的环境下研究股利信号均衡。他们的模型基于三个前提：只有股利需要缴税；发行、赎回或买卖股票不存在交易成本；公司外部投资者可以无成本地通过公众审计师获取公司所有关于筹资来源和使用对象的信息。基于这三个假设，John 和 Williams 将股利的税收劣势作为股利的信号成本，提出当且仅当公司和当期股东对现金的需求超过内部资金时，公司管理层才会进行股利分配。这是因为，无论公司以直接发行新股还是赎回部分已发行股票的方式为投资项目筹集资金，还是投资者直接卖出公司股票为个人筹集资金，当期股东所持有的公司股份都会被稀释。当公司内部信息更有利时，降低上述稀释效应对当期股东更有价值。因此，当公司内部信息更积极时，公司管理层从股东利益出发，会通过股利分配抬高公司股价，以减少股东的股份稀释。

2.1.5 股利迎合理论

除了代理理论和信号不对称理论，也有学者从行为学理论的角度解释公司的股利政策。Long（1978）以 Citizens Utilities 公司的股利分配政策为案例，发现投资者为现金股利支付的价格高于为股票股利支付的价格，即投资者会为现金股利支付溢价。现金股利溢价的发现开启了后续学者们对公司股利迎合行为的研究。

Baker 和 Wurgler（2004a）首次提出了股利迎合理论。该理论主要包括三个方面：①由于心理或制度因素等原因，一些投资者存在盲目或可能不停变化的现金股利需求；②在有效套利中，由于一般投资者（category investors）会产生将不支付现金股利的公司视为成长型公司的误解，支付现金股利公司与未支付现金股利公司的相对价值存在差异；③理性的管理层会制定不同的股利政策以迎合投资者需求，即在投资者的现金股利溢价较高时进行股利分配，否则，就不进行股利分配。

Baker 和 Wurgler（2004b）通过 Fama 和 French（2001）的方法发现 1963—2000 年美国公众公司股利政策的四次发展趋势，并运用迎合理论进行解释。他们发现，当股票市场中股利溢价为正时，公司现金股利支付意愿提高；当股利溢价为负时，公司现金股利支付意愿降低。

Li 和 Lie（2006）在 Baker 和 Wurgler（2004a）的基础上进一步深化了股利迎合理论。与 Baker 和 Wurgler（2004a）仅将公司分为股利支付类与无股利支付类不同，他们研究了公司是否决定改变股利支付水平以及股利变化幅度与股利溢价的关系。他们发现，当公司股利溢价较高时，管理层更倾向增加股利，且股利增长幅度的增加会进一步提高该股利变动事件的市场反应；反之，管理层更倾向回购股票或降低股利，且股利减少幅度的增加会提高该股利变动事件的市场反应。

2.2 股利的研究文献

2.2.1 股利代理理论的研究

（1）基于第一层代理问题

早期学者通过研究公司股权结构与股利政策的关系，分析股利是否有助于解决所有者与管理层之间的代理问题。Alli 等（1993）和 Jensen 等（1992）均发现公司股利支付水平与内部人持股显著负相关。随后，学者们利用不同国家的样本也发现大股东持股比例与股利水平显著负相关的关系，如 Maury 和 Pajuste（2002）以芬兰公司为研究样本，发现随控股股东持股比例的提高，公司股利水平下降，且这个下降趋势会在公司中存在其他大股东时增大。

在国内研究中，谢军（2006）从大股东持股和公司成长性的角度研究了股利与第一层代理问题。实证结果发现，无论第一大股东是国家股东、法人股东或者流通股东，随着第一大股东持股比例的提高，公司现金股利支付率和现金股利收益率均会提高，且这种促进效应在低成长性公司中更显著，说明当公司投资机会多、成长性好的时候，第一大股东更倾向将资金留在公司内用于公司发展。这一经验结果与利益侵占假说不符，更支持了股利的自由现金流假说。

张海燕和陈晓（2008）研究了我国上市公司第一大股东股权结构对公司股利政策的影响。他们发现，总经理和董事长两职兼任以及董事会中管理层人数比例越高时，公司股利水平会降低，但是第一大股东持股比例有助于缓解这种负面影响。这说明公司所有者与管理层之间的代理问题会影响股利政策，而对管理层实施有力的监督则能够改善代理问题对股利政策的负面影响。

随着自由现金流假说的提出，学者们开始从管理层激励（包括管理层薪酬、管理层持股、股权激励计划等）的角度研究股利代理理论。Agrawal 和 Jayaraman（1994）将五年内没有长期负债的公司视为全权益公司，并与按照行业、公司规模配对后的负债公司进行对比，发现全权益公司的股利收益率和股利支付率均显著高于负债公司。进一步研究发现，在全权益公司中，管理层持股水平与公司股利支付率水平显著负相关。这说明随着管理层持股水平的提高，即管理层和所有者利益一致性提高时，公司无需支付高水平的现金股利用以解决两者之间的代理问题。这一实证发现为股利能够有效降低所有者与管理者之间的代理成本提供了证据。

White（1996）以代理成本高的石油气业、国防航空业和食品制造业公司为研究对象，第一个研究了高管薪酬契约中设定的股利条款是如何影响公司股利政策的。他发现，通过在高管薪酬契约中设定与股利相关的条款，将高管薪酬水平与管理水平直接绑定在一起，不仅可以显著提高公司股利支付率和股利收益率，还可提高股利的绝对值水平。他还发现，预期成长减缓的大型公司更有可能在高管薪酬契约中设计股利条款，同时，在有这类型条款的情况下，外部独立董事对管理层的监督作用降低。基于上述实证结果，White 提出，将高管薪酬与股利绑定在一起可以有效减少股东与管理层在股利政策上的分歧。

Fenn 和 Liang（2001）以 1993—1997 年 1 000 多家非金融类公司为研究样本，研究了管理层持股是如何影响公司股利政策。他们发现，在管理层持股低且公司成长性低或自由现金流水平高的公司中，管理层持股数量与公司股利分配水平呈显著正相关关系，而在其他公司中未发现两者的显著关系；同时，在控制了自由现金流水平后，管理层股权激励方案会影响公司的分红形式，即有管理层股权激励方案的公司更倾向股票回购的分红方式，而排斥现金分红。他们的研究证明，在所有者与管理者代理问题严重的公司中，股利可以有效降低代理成本。廖理和方芳（2005）以我国上市公司为研究样本，也得到类似结论。刘星、魏锋和戴玉光（2004）发现，管理层有动机通过支付一定水平的现金股利获取私人利益，而公司所拥有的投资机会、国有股东持股比例和管理层自身持股水平这三个因素会影响管理层决定的股利水平。

Lambert 等（1989）首次将高管股权激励与股利政策联系在一起。他们研究了高管股权激励计划实施前后公司股利政策的变化趋势。他们提出，由于股利分配会降低股票期权的价值，提高管理层分配股利的边际成本，所以，当管理层被授予股票期权后，公司的股利水平会降低。Kouki（2009）、吕长江和张海平（2012）分别对加拿大股权激励公司和我国股权激励公司的股利政策进行研究，得到类似的结论。通过进一步将股权激励划分为福利型股权激励计划和激励型股权激励计划，吕长江和张海平（2012）还发现上述现象在福利型股权激励公司中更显著。他们的研究说明，公司股利政策会受到管理层个人利益动机的影响。

除了高管薪酬，公司的投资效率（如是否过度投资或投资不足）也是学者们研究自由现金流假说的一个重要角度。Lang 和 Litzenberger（1989）首先按照托宾 Q 是否小于 1，将公司划分为过度投资公司与未过度投资公司，接着对比了这两类公司股利变动时的市场反应。他们发现，相较于未过度投资公司，过度投资公司股利变动带来的平均收益率显著更高。这说明，投资者认为发放更多股利可以有效降低公司内留存的自由现金流水平，所以，当过度投资公司的股利水平提高时会提高公司价值。廖理和方芳（2005）采用类似的研究方法并结合我国上市公司特有的股权结构特征，发现过度投资公司的股利分配行为更加受到市场的欢迎。

Officer（2011）发现托宾 Q 低于行业中位数、经营活动现金流高于行业中位数的公司（即成长性水平低但现金流水平高的公司）首次发放股利公告会产生平均约为 5.1% 的异常回报率，显著高于其他公司首次发放股利公告带来的公司价值的提高。进一步研究发现，在 2003 年降低股利所得税税率法案实施后，公司治理水平或监督力度不足的公司首次股利公告产生的异常回报率更高，而且成长性水平低但现金流水平高的公司在首次分配股利后会降低现金流持有量，直到与行业内其他公司无显著差异。

魏明海和柳建华（2007）从国有企业的过度投资行为和股利分红两者关系的角度支持了自由现金流假说。通过对 2001—2004 年我国国有上市公司的股利水平与过度投资关系进行研究，他们发现，较低的股利水平为管理层预留大量自由现金流，提高了国有企业的过度投资水平。通过补充检验，他们还进一步排除了国有企业不分配或者少分配股利是为了应对融资约束的可能性。肖珉（2010）、孔东民和冯曦（2010）均发现股利分配有利于缓解自由现金流充足的公司中过度投资的问题，但是肖珉（2010）未发现分配股利可以改善自由现金流不足的公司投资不足的问题。

王茂林、何玉润和林慧婷（2014）从管理层权力的角度研究了股利分配政策与公司非效率投资行为。他们提出，随着管理层权力越提高，他们越不倾向分配现金股利，而是将资金留在公司内部，以便其操控现金流进行自利活动；虽然提高现金股利水平有助于缓解内部自由现金流充足且投资过度公司的过度投资问题，但加剧了内部自由现金流不足且投资不足公司的投资不足问题；不过，因为管理层权力的提高会减少公司股利分配水平，股利分配对非效率投资的影响相应减少。实证结果支持了他们的观点，从侧面证明了股利政策的确有助于减少公司自由现金流水平。

刘银国、焦健和张琛（2015）通过对 2006—2013 年我国 412 家国有上市公司的公司治理、现金分红与投资活动进行分析，发现在国有企业中现金股利分配有助于降低公司自由现金流水平，起到限制国有企业过度投资的作用，而且这种抑制作用随公司治理水平的不断完善进一步增强。

罗宏和黄文华（2008）将管理层在职消费作为所有者与管理层之间代理成本的替代变量，研究了国有企业股利政策与管理层在职消费之间的关系。实证结果表明，相对于非国有上市公司，随着股利支付率或每股股利的提高，国有上市公司管理层在职消费水平显著减少，公司价值显著提高。这说明国有企业分红可以有效降低管理层的代理成本，支持了股利代理理论。

（2）基于第二层代理问题

Mancinelli 和 Ozkan（2006）以意大利上市公司为研究样本，分析了股权集中度与股利分配之间的关系。他们不仅发现现金股利水平随第一大股东持股比例的提高而提高，还发现大股东之间可能存在"合谋"倾向，进而提高了公司现金股利支付水平。

早期由于股权分置的原因，我国上市公司的控股股东大部分属于非流通股股东。在公司内部，控股股东持股集中，公司治理水平有限；在公司外部，有限的市场化程度和不健全的司法体系无法充分维护中小投资者的合法权益。在这种"内忧外患"的背景下，我国上市公司大股东转移公司资产的"掏空"动机强烈。Lee 和 Xiao（2002）研究了我国上市公司的现金股利分红行为。他们发现，我国上市公司股利分红行为具有惯性，即以往派现的公司会持续派现，而不派现的公司会持股不派现，但这种惯性作用在逐年减弱；现金股利水平总体上呈逐年下降趋势。他们进一步指出，上市公司控股股东是影响股利行为的重要因素：股权分散的公司倾向利用股利向投资者传递信息；股权制衡的公司会在关联交易和现金股利这两种利益侵占途径之间权衡；股权集中的公司则会利用现金股利实现控股股东利益侵占的目的。

　　陈信元、陈冬华和时旭（2003）以持续高额分配股利的佛山照明为案例研究对象，在分析了公司股权结构、现金股利政策和融资历程等背景后，结合股利公告时的市场反应发现佛山照明的高股利并没有得到投资者的认可，而是沦为控股大股东转移上市公司资金的手段。与有国资背景的佛山照明不同，蒋东生（2009）以同样分配高额股利、但本质上被内部人控制的民营公司宇通客车为案例研究对象，也发现内部人会通过支付高水平的现金股利转移上市公司资金。刘峰和贺建刚（2004）从利益输送的角度，采用案例和实证相结合的方法，验证了我国上市公司的高派现行为已经成为除直接或间接占用、关联交易等传统"掏空"手段外另一种常见且便捷的利益输送途径。

　　强国令（2014）基于"半强制分红"的政策背景，讨论了我国上市公司"边派现边融资"的现象。实证结果发现，高派现公司的经营业绩更差，实际控制人持股比例更高，且派现后公司未来期间的业绩显著更糟糕。这说明，意在鼓励合理派现的"半强制分红"政策并没有有效地引导我国上市公司建立正确的股利分配动机，而且由于绑定了再融资资格，部分上市公司陷入"派现—融资—再派现—再融资"的循环中，使得股利分配成为公司大股东资金套现和融资圈钱的手段。

　　部分学者通过研究控股股东的股权结构与现金股利政策之间的关系，对股利的利益侵占假说进行验证和讨论。王化成、李春玲和卢闯（2007）发现，相比较非集团式公司，集团式公司现金股利的分配意愿和分配水平均显著更低，且随控股股东投票权与控制权两权分离度的提高，公司现金分红的意愿和水平也会更低。他们的研究结果与 Faccio、Lang 和 Young（2001）并不一致，对此，他们认为这是因为我国司法体系不完善，投资者保护力度不足，投资者并没有意识到控股股东存在利用股利转移上市公司资产的动机。

许文彬和刘猛（2009）按照控股股东与其他大股东的股权结构将公司划分为绝对控制型公司、相对控股型公司和股权制衡型公司，对比了这三种公司股权分置改革前后的股利分配政策。他们发现，相较于股权制衡型公司，绝对控制型公司的股利分配水平始终更高；股改前，绝对控制型公司的股利水平最高，股权制衡型公司的股利水平最低，股改后，股权制衡型公司的股利水平最高，其次为绝对控制型公司。他们的研究结果说明，股权分置改革短时间内并不能解决控股大股东侵占中小股东利益的问题，而其他大股东的存在能够在一定程度上缓解上述问题。

刘孟晖（2011）将我国上市公司按照控制模式划分为股东控制类公司和管理层控制类公司，其中，股东控制类公司又可以进一步分为强式股东、半强式股东和弱式股东三种，发现不同控制类型公司的股利政策存在显著差异。与管理层控制类公司倾向将盈余留存在公司内部以便进行寻租活动、从而减少现金股利支付水平不同，股东控制类公司更倾向分配高水平的现金股利，甚至于非理性分红。

鉴于资金侵占和股利分配是控股股东可以采用的两种主要"掏空"手段，也有学者研究了二者的关系。马曙光、黄志忠和薛云奎（2005）发现在股权分置的背景下，现金股利仅能够决定非流通股价值，而不影响流通股价值，且资金侵占与现金股利之间存在相互替代的关系。邓建平、曾勇和何佳（2007）从国有企业股份改制模式的角度，发现与非完整改制模式国企控股股东更倾向直接占用上市公司的资金不同，完整改制模式国企的控股股东更倾向通过分配高水平现金股利获取控制权私利。

还有学者对比并阐述了自由现金流假说和利益侵占假说哪个

更能解释我国上市公司的股利政策。杨熠和沈艺峰（2004）以我国上市公司 1994—2001 年共 962 次现金股利公告为研究样本，检验了自由现金流假说与利益侵占两种假说在我国上市公司中的适用程度。他们发现，虽然从股利公告的市场反应看，自由现金流假说和股利信号理论均得到支持，但是进一步对期后经营业绩和资本支出进行检验后，发现未预期股利与业绩变动之间无显著关系，但低成长公司分配股利后下一年度的资本支出降低，不符合股利信号理论。因此，他们的结果最终支持了自由现金流假说。肖珉（2005）、吕长江和周县华（2005）则发现在我国上市公司中，股利的代理成本与利益侵占两种假说均同时存在。吕长江和周县华（2005）通过实证检验发现这两种假说分别适用于不同类型的公司。具体来说，由于集团控制类公司可以采取多种利益转移方式，而支付现金股利成本太高，所以，在这种类型公司中支付现金股利更多解决的是所有者与管理层之间的代理问题；而政府控制类公司难以通过资金占用、关联交易等传统方式侵占中小股东利益，其股利分配动机更有可能是为了满足其利益侵占的目的。

（3）制度环境与股利政策

Faccio、Lang 和 Young（2001）通过对比东亚和西欧国家中公司的股利政策，进一步支持了 La Porta 等（2000）的研究。他们发现，虽然这两类国家的公司都面临严重的控股股东侵占中小股东利益的问题，但是由于国家司法体制和投资者保护水平的显著不同，两类国家中的公司在现金股利分配上存在显著差异。具体来说，西欧国家中集团关联公司的股利水平显著高于东亚国家中同类型的公司；同时，在均存在控股大股东的情况下，西欧国家中的公司股利水平提高，东亚国家中的公司股利水平则降低。

Hail、Tahoun 和 Wang（2014）以 49 个国家为研究样本，研究了各国强制采用国际会计准则和首次颁布内部交易法这两个会影响公司所处信息环境的外生事件前后的股利政策。他们发现，在这两个外生事件发生后，公司更不倾向分配现金股利或提高每股股利（包括首发现金股利），但更倾向降低每股股利（包括停发现金股利），且股利公告产生的累积超额回报率也降低。这说明，随着外部信息环境的改善，投资者可以从市场上获知更多公司信息，公司也无需再使用直接分配现金这种高成本的方式向投资者作出承诺，股利包含的信息含量减少。

Brockman、Tresl 和 Unlu（2014）主要讨论了在内部交易法体系完善程度不同的国家中公司的股利分配行为，发现在内部交易法体系薄弱的国家中，公司的现金股利分红意愿更强，分红水平更高，股利水平也更稳定，这些国家中公司的股利价值也更高，说明所在地区司法制度会影响公司的股利政策。

王信（2002）通过对比 A 股公司、H 股公司和红筹公司的股利分配行为，研究了法律环境与我国上市公司股利政策的关系。由于 H 股公司和红筹公司所在地香港的法律制度更完善，投资者保护力度更强，中小股东可以利用法律手段促使上市公司提高股利分配水平；而内地司法体系不完善，股东保护力度有限，使得 A 股公司控股股东有动机和机会攫取中小股东权益，降低了现金股利的分配水平。

雷光勇和刘慧龙（2007）从市场化进程研究了我国上市公司的股利分配政策。在控制其他可能的影响因素后，他们提出，一方面，在市场化发展程度高的地区，公司采用其他手段"转移资产"的边际成本提高，因此，更倾向通过股利侵占公司资源；另一方面，公司所在地市场化发展程度高时，公司所面临的融资约束较低，公司无需将大量资金利润留在公司内部，因而提高股利分配力度。实证结果支持了他们的推测，发现所在地区市场化程度越高的公司的股利分配水平越高，而且这种现象在非国有上市公司中更突出。

杨兴全、张丽平和陈旭东（2014）进一步研究了市场化程度与股利水平的正相关关系究竟是因为缓解了融资约束，还是因为改善了公司治理水平。他们采用2005—2011年我国沪深A股上市公司为研究样本，实证检验发现，相比于所在地市场化程度高的公司，所在地市场化程度低的公司若提高现金股利水平则公司价值会降低，从而支持了市场化进程能够缓解融资约束的路径。

张纯和吕伟（2009）提出由于公司所处的信息环境会影响公司的融资成本，从而影响公司对内部资金的依赖度，因此，在不同的信息环境下，公司的股利政策也会存在差异。他们以分析师跟踪人数作为信息环境的度量变量，发现分析师跟踪人数越多，公司的现金—现金流敏感度越低，但股利支付意愿和股利支付越高。他们的结果说明，作为金融市场的信息中介，分析师能够有效地降低公司内外信息不对称的程度，缓解公司所面临的的融资约束，促使公司将更多利润直接分配给公司外部股东。

程子健、张俊瑞（2015）和覃家琦、邵新建、肖立晟（2016）研究了交叉上市公司的现金股利政策，进一步比较了股利的"替代模型"和"结果模型"。程子健和张俊瑞（2015）将我国A股上市公司按照是否交叉上市以及交叉上市地点进一步分为纯A股上市公司、A＋B股上市公司、A＋H股上市公司和A＋H＋N股上市公司四大类，并利用倾向得分匹配法（PSM）对样本进行匹配。实证结果表明，相比于仅在A股市场上市的公司，同时在A、B两个市场上市的公司以及同时在A股和香港上市的公司的现金股利水平更低，且随着B股和H股股东持股比例的提高而进一步减少；同时在A股、香港和美国市场上市的 A+H+N 股上市公司的现金股利水平比仅在内地 A 股和香港上市的 A+H 股上市公司低。他们的研究结果表明，虽然交叉上市有助于改善公司的治理水平，提高投资者保护力度，通过"结果效应"提高股利分配水平，也因为公司高成长需求和海外融资约束，迫使股利的"替代效应"占优于"结果效应"，致使交叉上市公司的最终股利水平低于未交叉上市公司。覃家琦、邵新建和肖立晟（2016）以先发行 H 股、后发行 A 股的上市公司为研究对象，发现由于受到政府干预的影响，这类型公司降低了股利水平。

（4）地理因素与股利政策

John、Knyazeva 和 Knyazeva（2011）尝试从公司地理位置的角度研究代理成本与股利政策。他们提出，对于处在边远区域的公司而言，公司股东监督管理层的能力有限，降低了管理层投资行为的可观测性，从而提高了管理层进行自利行为损害公司价值的可能性。因此，为了降低由于不利地理位置而提高的代理成本，这些公司比处在中心区域的公司更有动机分配高水平现金股利，以降低公司内部管理层可以使用的现金流资源。通过使用不同方式度量地理位置，实证结果支持了他们的推测，即边远区域公司的现金股利水平显著更低，尤其是那些自由现金流水平更高的公司。

王志强和张玮婷（2015）进一步指出，地理因素不仅会影响公司内外部信息不对称度，使得公司需要提高现金股利水平以更好地传递公司信息，也会影响公司所处环境的信息不对称度，使得公司因为更高的融资约束而降低现金股利水平。他们以 2001—2010 年为研究期间对我国 A 股上市公司的股利政策与地域因素两者的关系进行考察，实证结果支持了地理因素的第二种效应。具体来说，他们发现当公司所在地为边远地区时，由于融资约束更严重，公司更依赖于银行借债融资，致使公司剩余举债能力不足；同时，为了维持企业的财务灵活性，公司需要降低现金股利水平，以保证有充足的内部资金应对不时之需。

2.2.2 股利信号理论的研究

关于股利信号理论的实证研究主要分为两大主题：第一个主题主要讨论股利的信号作用，即研究股利是否符合信号机制的要求、具有信号传递的作用；第二个主题主要讨论股利的信息内涵，即研究股利中究竟包含什么信息，如是当期盈余的信息还是未来盈余的信息，抑或者别的信息内涵。

Pettit（1972）首先观测到股利公告确实能够传递信息。他发现，提高股利水平的股利公告的市场反应更积极，而降低股利水平的股利公告的市场反应更消极。Aharony 和 Swary（1980）通过研究同季度内未同时公布的季度股利公告与季度盈余公告的市场反应，发现季度股利公告包含除季度盈余公告已经有的信息以外其他有用的信息，而且提高股利的季度股利公告无论是在盈余公告公布前还是公布后才公布，投资者均可以在股利公告日和盈余公告日获得超额市场回报，即公司股价随非预期股利的提高而提高。他们的实证结果不仅支持了公司股利具有信息含量，而且也支持了半强势有效市场的观点，即市场能够对股利公告中蕴含的信息含量有所反应。他们的研究只是证明了股利可以传递信息，但是这个信息具体是什么（如未来预期盈余等）并未得到验证。类似地，Woolridge（1983）指出以往研究发现股利变更公告产生的市场反应既可能是股利信号效应，也可能仅是股利财富转移效应。他们通过研究未预期股利变动对普通股股价、优先股股价和债券价格的影响，排除了股东财富转移效应，支持了股利信号效应。

Asquith 和 Mullins（1983）通过研究 168 个第一次分配股利或时隔 10 年以上再次分配股利的公司的股利政策，从股东财富的角度分析了股利的信号作用。与以往股利研究相比，他们发现这类公司股利公告带来的超额股票回报更高，且随着股利分配水平的提高，超额股票回报也更高。他们也对这些样本以后期间的股利政策进行研究。相较于首次股利分配带来的股东财富的提高，后续股利继续提高产生的超额股票回报更高。他们的研究证明，无论是首次股利分配还是后续股利分配，都包含对投资者而言独特且有价值的信息。

Venkatesh（1989）对比了季度盈余公告和股利公告的信号含量。他们发现，在股利公告公布后，公司季度盈余公告的信息含量降低，说明股利公告在一定程度上包含了盈余公告的信息内容。他们还发现，股利分配后公司日回报率的波动性降低，且这种降低大部分归功于公司特有波动性的降低。他们认为，这是因为股利分配后，投资者更依赖股利的信号作用而降低了对其他信息信号的依赖，从而使得可观测的公司波动性减小。

Kalay 和 Loewenstein（1986）首次从股利公告时机选择的角度研究了股利的信息含量。由于市场投资者预期晚披露的公告通常都是"坏消息"，因此，即使总体上股利公告日当天的超额股票回报率显著为正，那些晚披露的股利公告的超额股票回报率不显著或者显著为负；而且，晚披露股利公告的公司中降低股利水平的公司比重和股利下降幅度更大。

Denis、Denis 和 Sarin（1994）在同时控制了标准化后的股利变动水平、股利收益率和托宾 Q 后，发现股利公告发布期间的超额回报率仅与股利变动水平和股利收益率正相关，而与托宾 Q 水平无显著关系。他们还进一步检验了公告后公司分析师盈余预测调整和公司资本支出的变化，发现分析师会根据股利变化相应调整其盈余预测,支持了股利的信号传递作用;他们也发现,当股利水平提高时,低成长公司会在未来期间增加资本支出,当股利水平降低时,低成长公司在未来期间则会降低资本支出,与自由现金流假说预测的情况刚好相反。

Floyd、Li 和 Skinner(2015)比较了过去 30 年美国工业企业与银行业企业的股利政策。他们发现,在金融危机前,工业企业与银行业企业的股利水平都处于不断增长的趋势,但是两类企业股利政策发展过程存在差异。在工业企业中,支付高额现金股利的公司往往同时也在进行股票回购,说明这类企业之所以进行现金股利分配,主要是为了降低公司内部的自由现金流水平和约束管理层行为;银行业企业的股利支付意愿和提高股利支付水平的意愿始终高于工业企业,且在金融危机期间也拒绝降低股利水平,说明银行业企业支付股利更多是为了传递银行财力的信号,以满足监管者的监管要求。

股利的信号传递作用在不同国家、不同信息环境下存在差异。Dewenter 和 Warther(1998)对比了日本和美国上市公司中的股利变动与市场回报之间的关系,发现由于日本企业多为财团性质,日本企业信息不对称程度和代理问题较美国企业更低,因此,当日本企业发布股利变更公告或股利取消公告时,市场反应更弱,即股利的信号传递作用在日本公司中更弱。

除了讨论股利的信号作用,学者们也对股利具体的信息内涵展开研究。Aharony 和 Swary(1980)、Venkatesh(1989)通过对比盈余公告和股利公告的市场反应,发现股利公告中包含一些盈余公告中所没有的信息含量。

Healy 和 Palepu(1988)仅对首次股利分配公告和停止股利分配公告进行研究,发现在股利政策变动前后,首次股利分配公司始终有正向的盈余变动,停止股利分配公司则有负向的盈余变动,而且未来盈余变动幅度越大,股利公告的市场反应也越高,说明投资者可以从管理层发布的首发股利公告或停发股利公告中获取管理层对未来盈余变动预测的信息,支持了股利信号理论。Michaely、Thaler 和 Womack（1995）进一步研究发现,首次股利分配公告和停止股利分配公告的市场反应并不对称。平均来看,首次股利分配公告时的累积超额收益率约为 3.4%,而停止股利分配公告的累积超额收益率为-7.0%,说明市场对停止分红的行为更加悲观。此外,他们还发现这两种股利变更公告会对股票价格产生长期影响。

Yoon 和 Starks（1995）通过研究股利变动公告时的市场反应和公司投资机会之间的关系,对股利变动所传递的信息进行分析。按照自由现金流假说,股利变动所传递的信息是管理层是否浪费公司现金流进行无效率的投资活动,而按照股利信号理论,股利变动所传递的信息是公司当期或未来现金流水平。他们的实证结果发现,当期股利增长通常伴随着下一期资本支出的增加,而当期股利的减少则伴随着下一期资本支出的减少,从而支持了股利的信号理论。

Brav 等（2005）通过对 384 名财务总监问卷调查的方式,研究了公司制定股利政策时的影响因素。他们发现,虽然超过 2/3 的财务总监认为未来盈余的稳定性依然是影响当期股利水平的一个因素,但两者之间的相关性已经逐渐减弱。

Amihud 和 Murgia（1997）研究了德国公司的股利政策。与美国高股利税率不同,德国投资者为股利收入支付的税率并不高,甚至低于资本利得的税率。由于以往股利信号理论的研究将高额税负视为信号成本,在德国低股利税率的情况下,股利的信号作用很有可能会失效。Amihud 和 Murgia 通过实证检验发现,德国公司股利政策变更仍会影响股票价格,说明除税收因素以外，股利的信号含量应该还受其他因素的影响。

Grullon、Michaely 和 Swaminathan（2002）研究了另外一种股利可能包含的信息含量——公司系统风险。通过对 1967—1993 年共 7 642 份股利变更公告的研究，他们发现股利增长公司的系统风险显著减少，而股利减少公司的系统风险显著提高。进一步研究发现，股利增长公司的资产收益率又显著下降。因此，他们提出公司股利包含的并不是未来现金流或盈余等传统股利信号理论所认为的信息，而是由公司系统风险反应出来的公司生命周期变动的信息。

Caskey 和 Hanlon（2013）指出，虽然相关研究未发现股利传递了有关公司未来盈余的信息，但并不意味着股利就没有信息含量。通过对过去 30 年美国上市公司的股利政策及盈余质量进行分析，他们发现无论公司支付了多少现金股利，进行现金股利分配的公司的当期盈余与未来期间盈余之间的相关性要比未进行现金股利分配的公司更强。进一步对比了现金股利与股票回购后，他们还发现，虽然相比较偶尔分配股票股利的公司，定期分配股票股利的公司的盈余持续性更强，但是股票股利作为信号机制的可信度仍然低于现金股利。He、Kim 和 Zhang（2017）研究了上市公司股利政策与盈余管理活动的关系。他们发现，相比较于未分配现金股利的公司，分配现金股利的公司的盈余管理程度更低，而且在上市公司再融资前，现金股利水平会提高；同时，这两个发现均在投资者保护力度不足时更加显著。

当然，也有实证研究不支持股利的信号传递作用。DeAngelo、DeAngelo 和 Skinner（1996）通过对在纳斯达克上市的且至少连续 9 年盈余下降的上市公司的股利政策进行研究，并未发现股利能够帮助投资者筛选出未来盈余更高的公司的证据。他们认为股利失去信号传递作用的主要原因有两点：首先，即便公司发展前景黯淡,诸如过度乐观等行为偏差会使得管理层依然高估公司未来盈余;其次,当管理层增加现金股利时,管理层并没有同时提供有力的资金保证。他们的后续研究 DeAngelo、DeAngelo 和 Skinner(2000)在对逐渐消失的特殊股利研究后发现,股利的信号传递作用仅在股利可以向投资人清楚传递信息时才有效。当上市公司同时使用特殊股利和常规股利两种股利分配方式时,投资者无法正确区分两者的差异,易造成信息混淆。这使得公司逐渐抛弃特殊股利,而仅仅使用常规股利进行利润分配。

Khang 和 King(2006)通过对 1982—2003 年报告给美国证监会的内部交易事件计算出相应的内部交易报酬率,并将其作为衡量公司管理层与外部投资者信息不对称程度的变量,对不同信息不对称程度下公司的股利政策进行研究。他们发现,内部交易报酬率与公司股利水平之间存在显著负相关关系。具体来说,当公司内部交易报酬率低(即信息不对称程度较低)时,公司的股利水平更高;当公司内部交易报酬率高(即信息不对称程度较高)时,公司的股利水平更低。他们的研究结果虽然并不支持股利可以降低信息不对称程度的观点,但是支持了股利是具有信息含量的发现。Li 和 Zhao(2008)以分析师盈余预测误差和分析师盈余预测分散度作为信息不对称程度的度量变量,发现股利分配公司的信息不对称度低于未股利分配的公司,与股利信号理论中有关股利可以传递公司信息、缓解不对称问题的预测不一致。他们的发现在考虑了样本选择、股票回购行为和其他可能解释股利政策的因素后依然成立。

Watts(1973)较早发现股利中包含的未来盈余信息含量非常有限。他发现,即使平均来看未来盈余变动与当期非预期股利变动之间是正相关关系,但是从未来盈余变动的绝对值水平来看这种信息含量非常小。Benartzi、Michaely 和 Thaler(1997)以

1979—1991年在美国市场至少上市满2年的公司为研究样本，研究了当期股利变动与上一期、当期、未来期间未预期盈余之间的关系。若股利包含未来期间未预期盈余的信息，当当期股利提高时，下一期未预期盈余应该也提高，且随着当期股利提高幅度的增加，未来未预期盈余也应该更高。然而，实证结果并未支持股利信号理论。不过，他们也发现股利增加的公司在未来期间出现盈余大跌的可能性低于维持原股利水平的公司。

在国内学者的研究中，通过对1998年我国上市公司公布利润分配公告时的市场反应进行检验，魏刚（1998）通过实证发现，与西方资本市场投资者更喜欢现金股利分红不同，我国市场中的投资者更偏好送红股。

陈晓、陈小悦和倪凡（1998）将首次股利公告按照股利具体形式区分为现金股利公告、股票股利公告和混合股利公告，并对这三种类型首次股利公告后的短期市场反应进行检验。实证结果表明，虽然三种类型首次股利公告在公布时的市场反应均显著大于0，即三种类型股利均具有信息传递作用，但是不同类型股利的信号传递作用存在差异。具体来说，现金股利公告的信号传递效果最弱，而股票股利公告和混合股利公告的信号传递效果较高。陈浪南和姚正春（2000）对所有股利分配公告进行研究，也仅发现股票股利的信号传递作用。

何涛和陈晓（2000）仅对非首次分配现金股利的股利公告进行研究，发现未预期盈余与公告时产生的超额累积市场回报率显著正相关，但未发现未预期股利与市场反应的显著关系。俞乔和程滢（2001）不仅研究了首次分红，也同时研究了一般年度分红。在控制了除息日因素和风险因素后，他们也发现虽然总体上股利公告公布时市场反应显著为正，但是现金股利公告产生的累积异常收益率低于另外两种类型股利公告。

孔小文和于笑坤（2003）不仅检验了股利公告时的市场反应，也检验了在不同股利政策公司中股利水平与当期、未来盈余之间的关系。他们发现，虽然现金股利、股票股利或混合股利方案公布时的市场反应均显著为正，但是没有发现不同类型股利方案与未来盈余之间的显著关系。他们的结果意味着虽然股利公告向市场传递了新信息，但是公司并没有通过股利的具体形式向投资者传递有关企业未来业绩的信息。

祝继高和王春飞（2013）通过研究金融危机前后我国上市公司的现金股利政策差异，发现虽然在金融危机期间，公司为了应对未来不确定性倾向降低现金股利水平，但是在此期间当公司支付更多的现金股利时，公司更受到投资者的欢迎和认可，即分配方案宣告日当天的市场反应更积极。这说明，在金融危机期间，通过支付更多的现金股利，公司可以向市场传递出有关企业财务状况、经营活动等方面的积极信息。

由于以上国内学者的研究多基于股利分配公告或分红派息公告，但股利分配公告通常与公司年报同时发布或者年报中已经披露了具体股利预案，因此，上述研究可能存在年报效应偏差。为了解决这一不足，吕长江和许静静（2010）通过对上市公司发布的股利变更公告前后两天的市场反应进行分析，检验了股利信号传递机制在我国上市公司中的适用性。他们发现，相比于现金股利，市场投资者对股票股利的变动事件更为敏感。而且，公司现金流和盈利水平在提高或降低现金股利水平的公司中并没有显著差异，但是股票股利调低公司的盈余显著低于股票股利调高公司。由此，他们提出，在我国资本市场中，现金股利并没有信号传递作用，而股票股利在一定程度上传递了公司当期盈余的信息。

对于股利信息内涵，国内研究虽然普遍发现了股利与盈余之间的正相关关系（吕长江、王克敏，1999；孔小文、于笑坤，2003；王化成、李春玲、卢闯，2007；雷光勇、刘慧龙，2007），但包含的是公司当期盈余信息还是未来盈余信息并没有一致的结论。李常青和沈艺峰（2001）使用随机游走模型来估计未预期股利变化，发现未预期股利变化仅与公司当期盈余水平相关，即未发现股利传递未来盈余信息的作用。吕长江和王克敏（1999）利用 Lintner 模型研究了我国上市公司股利水平与公司特征、财务状况、股权结构等因素的关系，发现当期股利水平不仅取决于上一期股利，还取决于当期盈余及当期盈余变化。李卓和宋玉（2007）从盈余持续性的角度研究了股利信息与盈余之间的关系。他们发现，分配现金股利的公司的盈余持续性显著高于未分配现金股利的公司；在分配现金股利的公司中，虽然未发现高股利支付率公司的盈余持续性更高，但是低股利支付率公司的盈余持续性更低；最后，未发现高股利支付率且高持股比例的公司盈余持续性与其他公司有显著差异。他们的研究结果表明，我国上市公司的现金股利包含了有关盈余持续性的信息。

娄芳、李玉博和原红旗（2010）进一步研究了新会计准则实施对盈余与股利水平之间关系的影响。他们发现，在股权集中的公司中，新会计准则实施后每股股利与公允价值变动损益显著为正，在股权分散的公司中则没有类似现象，表明新会计准则实施后股权集中公司的股利更依赖于投资收益，而不是常规经营活动收益，从侧面反映出公司利用股利进行利益输送的问题。

2.2.3 股利迎合理论的研究

除了在美国市场中检验股利迎合理论（Baker and Wurgler，2004a，2004b）外，学者们也在其他国家对股利迎合理论进行了实证检验。Ferris、Sen 和 Yui（2006）通过研究 1988—2002 年英国公司的股利政策，发现支付股利的英国公司比重逐年降低。基于一系列检验，他们排除了股利回购、税收因素等可能原因，发现变化的迎合动机是导致这种趋势的主要原因。Larkin、Leary 和 Michaely（2016）从股利平滑度研究了公司管理层迎合投资者的行为。他们发现，相对于散户投资者更少持有股利平滑的公司股份，机构投资者则更偏好这类公司；不过，他们未发现股利平滑度与公司股票的预期回报率、市场价值之间任何可观测到的关系。这说明，虽然管理层可以通过调整股利平滑度以吸引不同的投资者，但这种迎合并不会对公司价值产生实质影响。

Eije 和 Megginson（2008）、Denis 和 Osobov（2008）的国际化研究样本并未支持股利迎合理论。Denis 和 Osobov（2008）研究了美国、加拿大、英国、法国和日本共 5 个国家 1994—2002 年上市公司的股利政策，发现虽然在观测期内大部分国家出现了股利减少的迹象，这主要是因为那些新上市公司并未按预期分配股利导致的；每个国家的总体股利水平并未降低，且多集中于规模大、盈利水平高的公司；除美国以外，他们未在其他国家发现股利支付意愿与支付股利公司和不支付股利公司相对价格之间的正相关关系。类似地，Eije 和 Megginson（2008）以欧盟 15 个国家为研究样本，通过对各国上市公司股利政策进行分析和检验，并未发现股利迎合动机。不过，他们发现公司总部所在地的法律体系会影响现金股利的支付意愿，如在普通法系国家的公司比在大陆法系国家的公司的现金股利支付意愿更高，但股票回购意愿并无差异。

Ferris、Jayaraman 和 Sabherwal（2009）进一步研究了国家法律体系与公司股利政策之间的关系。通过对全球 23 个国家上市公司的研究，他们在普通法系国家中发现了股利迎合动机，但是在大陆法系国家内未有发现。造成这种现象的原因，主要是不同法系国家的司法体系和投资者保护制度存在差异。在普通法系国家中,股东通常可以享受到更大范围的权力和保护,可以有效监督管理层的行为;所以,这些国家中公司管理层为了防止自己被解雇,需要更加对股东负责和迎合他们的需求。在大陆法系国家中,因为投资者保护力度有限,公司管理层只会受到控股股东的监管和约束,而不关心中小投资者的偏好,因此,缺乏股利迎合动机。

黄娟娟和沈艺峰(2007)对我国上市公司的股利迎合动机进行检验。在 Baker 和 Wurgler(2004a)的基础上,他们提出上市公司的股权结构可能影响公司的股利迎合动机。我国上市公司中同时存在流通股与非流通股两种类型股份,且非流通股不能在市场中交易买卖。这使得市场中可以观测的股利溢价仅限于非流通股东的偏好,控股股东(通常也是非流通股股东)的偏好则无法通过股利溢价体现出来。因此,公司管理层即使有迎合股东的动机,迎合的也不一定是全体股东。通过实证研究股利溢价、控股股东的股权集中结构与股利支付意愿的关系,黄娟娟和沈艺峰(2007)发现,我国上市公司的股利政策迎合控股股东,而非全体股东,这与一般的股利迎合理论不同。

支晓强等(2014a)以 2001—2014 年在我国沪深 A 股上市公司为研究样本,对比了股权分置改革前后我国上市公司现金股利和股票股利的迎合动机。利用分年度描述性统计、对时间序列数据和混合数据的检验,他们发现,在现金股利政策中,股权分置改革前现金股利支付意愿与现金股利支付溢价之间无显著关系,股权分置改革后两者之间为显著正相关关系;在股票股利政策中,股票股利支付意愿与股票股利支付溢价始终保持显著正相关关系。他们的实证结果说明,股权分置改革前,上市公司的现金股利政策对中小投资者的利益偏好并没有足够重视;股权分置改革后，上市公司的现金股利政策会主动迎合中小投资者的利益偏好，说明股权分置改革有助于保护中小投资者利益；不过，上市公司的股票股利政策却始终与中小投资者的利益偏好相关。

李心丹等（2014）利用迎合理论研究了我国资本市场中常见的高送转现象。他们提出，虽然高送转形式的股票股利对上市公司基本面不会有实质性的改变，却因为除权后使得公司股票价格下降，投资者易产生公司股票价格上升空间更大的"价格幻觉"问题，进而更加偏好这类型公司股票。因此，公司管理层有动机迎合投资者这种不理性的投资偏好，使用高送转形式的股利而非现金股利，并且提高高送转的比例。他们进一步研究发现，由于高送转公司未来期间公司绩效和股票超额收益显著减少，投资者对高送转型公司的偏好是不理性的。

支晓强等（2014b）利用我国某大型券商的投资者交易数据，研究了1996—2011年我国上市公司的股利政策与投资者偏好的关系。他们发现，在短期市场反应中，无论是在净利润高增长组中还是在净利润低增长组中，相对于未分配现金股利公司，高现金股利公司和低现金股利公司的股利公告市场反应无差别，但高送转公司、低送转公司的股利公告市场反应均显著高于无股票股利公司；在长期市场表现中，控制了当期和下一期盈利增长率后，当期现金股利的估值溢价不显著，而股票股利估值依然显著为正，说明公司长期价值与公司现金股利不存在显著关系。支晓强等（2014b）还进一步研究了在股利公告公布前后60天内专业机构投资者和散户的交易行为，发现两种类型的投资者对现金股利分红均无显著偏好。不过，他们也发现不同特征的投资者对现金股利分红的偏好程度存在差异。

除了迎合投资者外，我国学者结合我国独有的"半强制分红"背景，发现上市公司还会迎合股利管制政策。王志强、张玮婷(2012)以我国分别在 2006 年和 2008 年出台将现金股利分红水平与公司再融资资格绑定在一起的半强制分红政策为研究背景,并将公司支付现金股利水平超过或刚好满足政策要求最低标准时或公司在考察期内分配股票股利识别为公司两种股利迎合策略后,对我国上市公司的股利分配动机进行研究。研究发现,随公司财务灵活性边际价值的提高,上市公司更倾向采用股利迎合策略;而且在 2008 年政策出台后,公司成长性水平与采用股利迎合策略动机之间为显著负相关关系,说明可能出现高成长性公司由于内部资金不足而无法按照政策要求支付一定水平的现金股利,进而失去再融资资格的可能性。

2.2.4 税差理论的研究

2003 年,美国进行税收制度改革,将个人收入(包括普通收入、股利收入、资本利得收入等)的税率由原来的 38.1% 降低为 15%。这一事件为学者们研究税收因素与股利政策的关系提供了研究契机。Chetty 和 Saez(2005)发现,2003 年美国税收制度改革后,分配现金股利公司数在连续 20 年下降后首次出现提高,同时,改革前已分配现金股利的公司的股利水平在改革后显著提高。Blouin 等(2004)研究了改革后公司第一次季度股利方案,发现总体上股利水平增长约 9%,而且随个人持股比例和管理层持股比例的提高,股利增长幅度增大。不过,他们也发现,这种股利增长更常见于那些制定大规模特殊股利的公司,而没有发现普通季度股利增长的明显证据。Brown 等(2007)从管理层持股的角度研究了 2003 年税收改革对公司股利行为的影响,也发现在税率降低以后,公司现金股利水平会随着管理层持股比例的提高而提高。

2003 年税收改革制度中降低税率的条款原定于 2010 年

12月31日到期,并在2010年12月17日宣布延期两年,即在2010年和2012年期间市场都预期下一年的个人所得税税率会恢复至原有水平。学者们利用两次预期税率提高的背景,研究了投资者个人税率与公司股利分配行为。Hanlon和Hoopes(2014)分别在2010年和2012年最后一个月发现特别股利激增的现象,还发现在预期税率调整前公司会调整股利分配时间,将通常在1月份分配的股利提前至上一年度的12月进行分配。Buchanan(2017)也基于这个背景,从公司所面临的不确定性角度研究了公司的股利政策。他们认为,相对于2010年税率恢复的不确定性,2012年的预期税率恢复的不确定性更低,此时,公司更倾向采用特别股利以利用最后时刻的税收优惠而不是对常规股利作出长期承诺。

虽然由于我国税收体系和美国存在显著差异,股利理论中的税差理论并不适用于我国国情,但我国学者还是从其他方面研究了税收与股利分配政策,其中,最主流的研究角度是2005年和2012年两次对股息红利税进行调整的事件。曾亚敏和张俊生(2005)、杨宝和袁天荣(2013)研究了2005年股息红利税降低事件,发现在该事件发生后,随上市公司实际(或预期)派现能力的提高,公司累积异常回报率也会提高。贾凡胜等(2016)则以2012年的股息红利税调整事件为"自然实验",也发现预期现金支付水平越高的公司,其市场反应越好。他们还发现,虽然股利红利税调整有利于降低所有者与管理层之间的代理问题,但也使得大股东与中小股东之间的代理成本增加。

2.2.5 股利管制政策与股利政策的研究

从我国制度背景出发,股利管制政策是我国学者研究的一个重要话题。由于早期我国上市公司普遍存在"股利支付率低且不分配公司逐年增加"的问题（李常青，1999），监管层颁布了多项股利管制措施，其中最重要的一类就是在 2001 年、2004 年、2006 年和 2008 年先后 4 次出台的将上市公司再融资资格与现金分红比例绑定在一起的"半强制分红"政策。李常青等（2010）以 2008 年 10 月 9 日中国证监会颁布的《关于修改上市公司现金分红若干规定的决定》为研究对象，发现该政策颁布前后 5 个交易日内市场的累积超额回报率为倒 U 型结构，说明投资者对该政策表现出"先欢迎后失望"的特征；而且，有融资需求或者有潜在融资需求的公司的市场反应显著更差。基于此，他们提出"半强制分红"政策虽然旨在鼓励那些有分红能力却不分红或者少分红的公司更多进行股利分红，但实际上却使得没有分红能力、需要融资的公司不得不分红，即目前的"半强制分红"政策出现了"监管悖论"。

魏志华等（2014）研究了 4 次半强制分红政策实施期间我国上市公司的股利政策，发现虽然总体上在各个时期该政策均显著提高了上市公司的现金股利分配意愿和分配水平，但也导致一系列不合理分红现象的出现，如迫使高成长性且有再融资动机的公司在内部资金匮乏的情况下仍然需要对外派现以获得再融资资格，同时，一些本来高派现公司在政策出台后主动降低了现金股利支付水平。此外，他们还发现半强制分红政策对"铁公鸡"公司的督促效果有限，"铁公鸡"公司的数量并未显著下降。总的来说，他们认为半强制分红政策在促进我国上市公司合理分红的作用上仍有需要进一步完善的空间。

陈艳等（2015）从投资效率和股利分配水平是否改善的角度，检验了半强制分红政策的效果。通过区分公司是否有再融资动机，他们发现，在有融资动机的公司中，半强制分红政策带来的"过度分红"会提高公司面临的融资约束，恶化了公司投资不足的问题;在无融资动机的公司中,该政策不会改变公司的融资约束,但是公司会仅支付"门槛现金股利",无法抑制由于公司自有现金流充足导致的过度投资问题。

除了王志强和张玮婷(2012)在该政策背景下研究了我国公司现金股利分配的迎合策略外,刘星等(2016)研究了该政策对公司治理水平与股利政策两者关系的影响。他们发现,虽然该政策提高了公司支付现金股利的意愿,但现金股利支付水平并没有显著提高,且该政策对公司股利行为的影响在不同治理水平的公司中存在差异。

2.2.6 其他股利研究

除了以上对股利理论和股利行为的研究外,学者还从其他角度研究了公司股利支付决策及其对公司其他经营活动、决策的影响,如股票回购与现金股利的关系(Brav et al.,2005;Skinner,2008;Eije and Megginson,2008)、董事会构成(Chen et al.,2017)、机构投资者(Firth et al.,2016;Huang and Pau,2017;翁洪波、吴世农,2007;靳庆鲁等,2016)、私募股权(王会娟等,2014)、宏观经济因素(全怡,2016)等。Ramalingegowda等(2013)从财务报告质量的角度研究了现金分红与投资效率的关系。他们提出,高质量的公司财务报告有助于减少融资约束程度,以应对公司现金分红导致的投资不足问题,而且这种降低作用在高成长性公司中更加明显。他们的推测得到了实证结果的支持,说明公司高质量的财务报告,有助于降低公司内外部信息不对称。John等(2015)讨论了公司如何通过向外部利益相关者承诺分配现金以应对公司治理水平不足的问题。他们发现,当代理问题严重时,治理水平有限的公司更加倾向使用定期季度股利这种更有力的承诺方法,而不是股票回购或特殊股利;在具体分配方式上，公司更倾向使用现金股利加债务股利的组合股利方式或单独使用现金股利，而不倾向单独使用债务股利。

David 和 Ginglinger（2016）发现比起单纯削减现金股利的做法，当公司投资者同时提供现金股利或等价的新股股票股利这两种可选的利润分配方案时，投资者并不会将公司这种"变相"减少现金股利的做法视为坏消息。而且，在他们的研究样本中，55%的投资者会在这两种分配方案中选择股票股利。

2.3 家族企业现金股利研究

Gallo 和 Vilaseca（1996）以 1992 年一份针对西班牙家族企业的调查问卷，研究了包括股利政策在内的家族企业财务行为。然而，他们并没有发现公司业绩的改善会带来股利水平的增长。同时，他们也指出家族企业的现金股利政策需要一个明确的"界定"，否则可能促使那些在家族企业中未任职的家族股东出售家族股份或者"挑战"管理层。他们的研究强调了股利政策对家族企业中家族与企业之间和谐关系的重要影响。

在家族企业股利支付倾向方面，学者们从不同的角度得到了不一致的结论。一类学者认为，由于家族企业中家族所有者与管理者之间的代理成本较小，故不需要支付高水平股利限制管理层可能的寻租行为，因此，家族企业的股利水平较低。

Gugler（2003）从股权结构的角度对比了国有上市公司与家族上市公司的股利平滑度。他们认为，由于家族成员的参与，家族企业中控股股东与管理层之间既不存在利益冲突也不存在严重的信息不对称问题，家族控股股东也有动机直接对管理层进行监督，而无需调整股利政策"间接"监督管理层。因此，相较于国有公司，家族公司可以在需要的时候随时调整股利政策，而无需过多考虑股利的平滑度。

有学者提出家族企业的低现金股利是为了防止分配股利后公司再融资导致的家族控制权流失。Vandemaele 和 Vancauteren (2015) 从社会财富理论的角度研究了家族企业的现金股利政策。除了正常经济意义上的财富外,因为有家族成员的参与,家族企业也非常重视非经济财富,如家族声誉、家族对企业的控制权和企业的传承等。因此,家族企业在制定和执行自己的股利政策时,有动机减少股利水平,以避免企业外部融资造成家族股权被稀释等问题。同时,由于家族企业中 CEO 身份、家族在董事会的影响力以及不同代家族成员对企业情感绑定的程度存在差异,家族对社会财富的重视程度存在差异,进而也造成不同家族企业的股利政策不同。通过对 501 家比利时家族企业的问卷调查数据和财务数据研究后,他们发现当家族成员担任 CEO 或者董事会中大部分为家族成员时,家族企业支付的现金股利更少,且这种现象在家族早期世代阶段(early generation stage)更明显。

也有学者从控股股东与中小股东利益冲突的角度,解释家族企业的低现金股利政策。Setia-Atmaja 等(2009)利用股利支付可以降低公司自由现金流水平的作用,将股利分配视为公司治理的一种机制,研究了在澳大利亚这个投资者保护力度强的国家中的家族企业的股利政策、债务结构和董事会结构、第二层代理问题的关系。他们发现,澳大利亚家族企业的现金股利水平和债务水平显著高于非家族企业,而董事会独立性显著更低。他们的结果说明,不同的公司治理机制在解决第二层代理问题时发挥的作用不同。

De Cesari (2012) 以 1999—2004 年 276 家意大利家族上市公司为研究对象,讨论了在这些家族企业中分配股利是否能够起到保护中小股东合法权益免于被大股东侵占的作用。实证结果表明，随着家族控股股东持有的投票权比例的提高，家族分配的总股利（包括现金股利和股票回购）减少；但是随着家族控股股东持有投票权与控制权分离度的提高，家族总股利增加。他们的结果更支持 La Porta 等（2000）提出的替代模型，即在外部投资者利益更容易受到侵占时，投资者会要求分配更多股利，此时，公司的股利水平更高。他们研究的另一个贡献是对比了现金股利和股票回购两种股利形式，发现在大股东利益侵占问题更严重时，家族企业更倾向使用现金股利进行利润分配，而不是股票回购。

还有学者提出家族控股股东有动机将利润留存在公司内部，并使用其他途径进行转移。Attig 等（2016）提出家族企业的现金股利政策有两种可能的解释。一方面，家族企业比非家族企业的代理问题少，家族企业会支付更多现金股利；另一方面，凭借控制权强化机制和对董事会超额控制权，家族企业的代理问题可能更严重，因此，会支付更少现金股利。分析新整理的 9 个东亚国家公司的实际控制人股权结构数据，他们发现家族控制会降低公司的现金股利支付率，且家族企业比非家族企业更倾向降低或停发股利，而不是提高股利水平，且这种倾向在全球金融危机期间更严重。进一步研究发现，即使盈利改善，家族企业的现金持有量和投资也都会减少，说明家族企业采用其他途径将企业内部留存资金转移。

不过，部分学者研究发现家族企业比非家族企业的股利支付意愿和股利支付水平更高。Rasheed 和 Yoshikawa（2010）以日本上市公司为研究样本，研究了日本家族企业中家族控制与企业现金股利政策、业绩之间的关系，发现高水平现金股利间接反映了家族大股东与中小股东之间的利益冲突。具体来说，虽然家族控制能够提高公司的股利水平，但对企业业绩没有明显改善；进一步加入银行持股和外资持股后，仅发现外资持股比例的提高可以抑制家族企业高水平现金股利并提高企业业绩,而银行持股会进一步促使家族企业支付更多现金股利,说明银行股东并没有充分发挥其监督作用。

Isakov 和 Weisskopf（2015）以瑞士上市公司 2003—2010 年的股利政策为研究样本,从代理成本、家族声誉和家族收入三个方面提出了家族企业可能的股利政策制定动机。首先,家族企业中家族控股股东更有动机和能力实施自利行为,进而损害公司价值,因此,股利水平低于非家族企业；其次,家族企业有动机支付更多的现金股利以维持家族声誉；最后,家族企业有动机支付更多的现金股利以满足家族成员的收入需求。通过实证检验,他们发现家族企业比非家族企业支付更多的现金股利,且后两个动机得到验证。

还有学者发现家族参与对股利政策的影响是非线性的,且不同形式的家族参与产生的效应也是不同的。Chen 等（2005）对 412 家香港上市公司 1995—1998 年的股利政策进行研究后发现,家族持股比例与股利支付率、股利收益率之间的相关性非常弱,仅在市值规模小的公司中,当家族持股小于 10% 时提高家族持股会降低股利水平,当家族持股介于 10%～35% 时提高家族持股则会提高股利水平。他们还发现董事会结构不会影响家族企业的股利政策。不过,他们的研究并没有区分造成上述现象的原因,究竟是投资者预期控股股东可能侵占公司资源所以要求更多的现金股利,还是控股股东将现金股利作为利益侵占的途径。

González 等（2014）以 458 个哥伦比亚公司为研究样本,研究了存在大股东与中小股东代理问题时家族参与如何影响企业的股利政策。他们发现不同类型的家族参与形式会使得企业的股利支付意愿和股利支付水平存在显著差异。首先,家族参与管理对企业股利政策没有显著影响,说明家族 CEO 并不能缓解或者加剧大股东与中小股东之间的利益冲突；其次，家族持股能够加强对 CEO 的监督，减少其自利行为，因此，不需要通过支付更多的股利来约束管理层行为，即家族持股越高，家族企业越不愿意支付现金股利且股利水平越低；最后，因为金字塔结构中存在的其他股东可以对管理层实施监督，所以，通过金字塔结构控制的家族企业的现金股利水平更低，同时，当存在超额家族董事时，投资者为了防止家族控股股东利益转移，也会要求更多现金股利，即存在超额家族董事的家族企业的现金股利更高。

关于我国家族企业股利政策研究的主要是邓建平和曾勇（2005）、Wei 等（2011）、魏志华等（2012）、张俭和石本仁（2014）。邓建平和曾勇（2005）通过对我国早期家族上市公司样本和数据建立模型和实证检验，发现最大化自身利益是家族大股东制定股利政策的核心，即家族企业会根据自身股权结构特征采取不同的股利分配方案。当家族控股股东投票权增加时，家族大股东侵占小股东利益的激励减小，此时，他们更愿意通过支付更高水平的现金股利与其他小股东一起共享投资回报；当控股股东的控制权与投票权两权分离程度减小时，家族大股东侵占小股东合法权益的成本增加而缺少"掏空"动机，此时，家族大股东愿意和其他中小股东一起分享利益，反之，他们更倾向将公司利润留存在内部并通过其他途径进行侵占，从而不支付或者少支付现金股利。张俭和石本仁（2014）进一步研究发现，当外部制度环境发展得越完善时，家族大股东两权分离度与现金股利支付意愿和水平之间的负相关关系会削弱。

Wei 等（2011）结合我国制度背景，发现我国家族上市企业的股利分配意愿和股利分配水平显著低于非家族上市企业，且当制度环境发展不健全时两者的差异更大。与以往研究文献中普遍认为家族企业的代理问题主要是大股东与中小股东的利益冲突不同，他们发现我国家族企业中的代理问题主要是所有者与管理层之间的第一类代理问题，从而致使企业的现金股利支付意愿和支付水平更低。魏志华等（2012）承接了 Wei 等（2011）的研究思路，进一步讨论了第一类代理冲突如何限制家族企业积极分配现金股利。

2.4　家族企业特殊资产研究

已有关于家族特殊资产的研究主要有两大类。第一类是研究特殊资产整体对家族企业的重要性和影响力。Fan 等（2008）从家族企业代际传承的角度研究了家族特殊资产的重要性。通过分析家族企业代际传承后的企业业绩，他们发现传承后 5 年内企业的平均长期持有股票回报率为 -0.56。这说明，由于家族特殊资产的高转移成本，代际传承后的家族企业不得不失去这部分资产，企业价值因此降低。同时，他们还研究了家族特殊资产对家族所有权结构和继承人选择的影响，发现家族特殊资产会促使家族股权集中和选择家族成员成为继承人。

Fan 等（2012）还从家族企业传承前后会计信息质量变化的角度研究了特殊资产对家族企业的负面影响。他们以 231 个中国香港、中国台湾和新加坡的家族企业为研究样本，比较了 1987—2005 年这些企业代际传承前后的应计质量。他们提出，创始人特殊资产的存在会使得家族企业会计信息模式更倾向为内部人系统，限制了应计质量；而一旦家族企业失去这部分特殊资产，会计信息模式将转变为外部人模式，进而改善企业的会计信息质量。实证结果支持了他们的观点，发现在代际传承以后，家族企业的应计质量得到提高。

第二类是研究某种特殊资产对企业经营表现、公司治理效率等方面的影响。在这类研究中，学者们会侧重某一类特殊资产，如家族创始人、家族亲缘关系、与外部利益相关者之间的各种关系等。He（2008）从创始人的角度，比较了1998—2002年1 143家新上市公司中创始人CEO与职业经理人在高管薪酬、治理结构和公司业绩表现方面的差异。他们发现，与职业经理人相比，创始人CEO的激励薪酬和总薪酬水平显著更低，说明创始人内在激励机制一定程度上替代了外部薪酬激励机制；同时，创始人CEO管理的公司财务业绩表现更好，IPO后的存活率更高，且这种效应还受到公司治理结构的影响。与以往研究创始人效应的研究不同，他们的研究有效地将创始人持股效应和创始人管理效应区别开来。

Cai等（2013）研究了家族亲缘纽带对高管薪酬和职位配置的影响。他们通过分析一份在2003年针对江苏和浙江两省共640个家族企业问卷调查结果，发现家族亲缘纽带会对高管薪酬、激励契约、持股、高管职位、决策权和职位职责产生深远影响。与职业经理人相比，家族经理人的薪酬水平更高，但薪酬与业绩水平之间的相关性更低。他们还发现，相比较远亲，近亲家族成员更有可能成为经理人，说明不同的亲缘关系契约对家族企业的管理权配置也会存在差异。

Xu等（2013）专门研究了政治关系这种家族特殊资产对家族企业投资活动的影响。以2003—2007年我国家族上市公司为研究样本，他们提出由于信息不对称导致的投资不足问题在我国家族企业中更为严重。但是，通过与当地政府官员建立适当的政治关系，既可以有效地帮助企业与政府建立私人沟通渠道，减缓信息不对称和社会歧视的问题，还可以促进关系型契约的建立；而且当家族面临的融资约束更大时，政治关系对家族企业的帮助也更显著。实证结果发现，相对于无政治关系的家族企业，有政治关系的家族企业的投资不足程度被降低；尤其当家族企业面临融资困境时，政治关系更能发挥作用。

Xu 等(2015) 也专注于政治关系这种特殊资产。不同于 Xu 等（2013）的投资活动视角，他们这篇文章讨论了家族企业中政治关系与家族二代成员参与度的关系。已有关于政治关系的研究文献普遍发现政治关系对企业有正面作用，因此，拥有政治关系的家族企业会尽可能培养家族继承人，以便保持和维护这种特殊资产。他们的实证结果表明，相对于无政治关系的家族企业，有政治关系的家族企业更倾向选择家族成员作为企业继承人。

Bennedsen 等(2015) 通过对家族企业研究的文献综述，将家族企业中能够有效降低与雇员、供应商、客户、债权人、投资者、政府、监管层和其他家族成员等外部利益相关者之间交易成本的才能、技巧或专用性能力总结为家族无形特殊资产。他们还实证检验了家族特殊资产如何影响家族企业所有权结构和管理权结构。

Stacchini 和 Degasperi（2015）研究了在不同信任水平背景中，债权人与家族企业关系的重要性及对债权代理成本的影响。他们预期，在低信任水平地区，债权人（如银行）会更加重视和依赖与企业之间的人际关系，相信家族企业不具有侵占债权人利益的动机，因而会给予家族企业贷款利率折扣；反之，在高信任成本地区，由于企业机会主义行为和委托问题较少发生，银行在评估企业风险时无需考虑与家族的私人关系，提供的贷款利率折扣也会减少。他们以 2005—2011 年 1 877 个家族企业和 597 个非家族企业签订的 107 000 份金融合同为研究对象，发现家族企业比非家族企业更能享受到贷款利率折价，且这种折价随着所在地区信任程度的提高而减少；而且，在 2008 年 10 月莱曼兄弟事件发生后，银行会进一步提高给予家族企业的贷款利率折扣。他们的实证结果在控制了自选择、缺失变量和贷款供给因素后仍然成立。D'Aurizio 等（2015）从贷款水平的角度发现，在 2008 年 10 月莱曼兄弟事件发生后，家族企业的贷款水平收缩幅度显著低于非家族企业；进一步研究发现，这是因为意大利银行业在该事件后更倾向利用来源于企业经理人的私人信息评价企业状态和分配贷款水平。

Raman 和 Shahrur（2011）通过研究上市公司与供应商、客户之间的关系，讨论了关系专用性投资对盈余管理的影响。实证结果显示，随着企业与上下游其他利益相关者之间的关系专用性投资的增加，企业的可操控性盈余、盈余波动率也会增加；同时，企业当期盈余管理程度与上下游利益相关者下期的研发水平正向相关。总的来说，他们的研究证明，企业有动机通过盈余管理向供应商或客户传递有关企业前景的积极信息，以更巩固关系专用性投资。

国内学者对家族特殊资产的研究多属于第二类研究角度。夏立军、郭建展、陆铭（2012）指出，基于目前我国法律和市场制度仍不完善的现状，创始人所具有如声誉、关系和权威等非正式制度能够弥补正式制度的不足，因此，目前我国上市公司的创始人治理具有积极效应。以 1997—2007 年 IPO 直接上市的 169 家民营上市公司为研究对象，他们发现当创始人直接担任上市公司的董事长或总经理时，企业业绩更加稳定，且这一作用随着市场化程度的改善而逐渐减弱。

易阳等（2016）以雷士照明创始人吴长江前后两次控制权争夺事件为案例，研究了创始人特殊资产对企业控制权配置的影响。他们指出，创始人吴长江与员工、经销商之间稳定的关系契约是一种特殊资产。在第一次控制权争夺发生时，吴长江在持股比例和董事会投票权都不占优势的情况下，仍能够凭借这种特殊资产"以少胜多";在第二次控制权争夺中,吴长江由于失去了其他利益相关者的支持继而失去了这部分特殊资产,最终只能以失败告终。

在家族亲缘关系层面,连燕玲等(2011)从资产所有权和资产管理权两个层面分析了家族企业在权威配置时如何权衡家族成员之间的亲缘关系和经营能力,以及不同配置方式如何影响公司治理效率。他们发现,家族企业在具体家族权威配置方式上对亲缘关系和经营能力有不同的倾向。具体来说,家族企业更倾向为亲缘关系更紧密的家族成员配置家族资产所有权,为有经营能力的家族成员配置家族资产管理权。在公司治理效果上,当由近亲且具有经营能力的家族成员掌握家族权威时,家族企业业绩最好;当由远亲且不具有经营能力的家族成员掌握家族权威时,家族企业业绩最差。

王明琳等(2014)利用"差序格局"的概念,研究了家族企业中家族成员之间不同的亲缘关系与代理成本之间的关系。他们的研究表明,家族成员之间的亲缘关系有助于降低家族代理成本,但是这种效果仅体现在公司成长初期,且这种积极效应离不开完善的外部制度环境的支持。

魏春燕和陈磊(2015)从上市家族企业 CEO 变更前后资产减值准备的角度研究了家族亲缘关系及其背后的利他主义。他们的研究证明,为了替新任经理人"预留一定的操作空间",家族经理人会提高计提的减值准备水平,且这种利他主义行为在以家族经理人传家族经理人时最为明显,其次为职业经理人传家族经理人;当由职业经理人接任 CEO 职位时,新任职业经理人更可能选择"大洗澡"。

赵宜一和吕长江(2015)研究了 2005—2012 年我国 A 股上市家族企业中亲缘关系与高管薪酬之间的关系。他们对家族企业总经理按照是否属于创业者、是否为企业实际控制人的家族成员以及亲属关系远近进行分类。实证结果表明，对薪酬契约需求最低的一类家族企业是由实际控制人担任上市公司总经理的家族企业，其次为由家族亲属担任总经理的家族企业；但并未发现不同亲属关系的家族成员担任总经理时对薪酬契约的需求存在差异。

刘白璐和吕长江（2016）主要分析了我国家族企业中家族所有权配置方式对公司业绩的影响。他们的研究表明，除了家族整体持股水平，家族整体持股在家族内部不同成员之间的配置方式也会影响家族企业的业绩表现。具体来说，家族企业的业绩随家族整体持股的提高而提高；家族内部成员持股集中度与企业 ROA 和托宾 Q 之间是正 U 型关系；不同亲缘关系产生的家族内部传承冲突会削弱上述家族所有权配置效应。

吴文锋等（2008）通过我国民营上市公司的管理层人员是否曾为政府官员或军人对公司绩效影响的研究，总体上未发现具有这些背景会促进企业业绩的提高，但是发现具有当地政府背景的公司业绩会显著更好。他们认为，这主要是因为民营上市公司与所在地地方政府关系更为紧密。

胡旭阳和吴一平（2016）基于家族企业中政治关系难以直接"代际传承"的问题，研究了我国 A 股家族上市公司中家族企业创始人与继承人的参政议政现象，分析了政治资产的"代际传承"问题。他们发现，当家族企业的创始人有参政议政经历时，企业继承人也更有可能参政议政；进一步研究发现，这种政治资产的代际传承具有门槛效应，且不同类型的政治嵌入方式在代际传承时也会有所区别，如创始人为人大代表时，其继承人也更有可能当选人大代表而非政协委员。

邓建平和曾勇（2009）在控制了实际控制人政治关联与企业业绩表现之间的内生性问题后，发现民营上市公司实际控制人的政治关系不利于改善企业业绩表现，但完善的制度环境能够削弱这种负面效应。

逯东等（2015）从公司上市后经营绩效发生巨大转变的角度，研究了政治关系对民营企业的影响及其作用路径。他们发现，具有政治关联的创业板公司后 IPO 时代更可能出现严重的业绩滑坡。进一步研究后，他们指出政治关联可以通过两种途径对企业产生负面效应。当创业板上市公司具有政治关联时，管理层对公司业绩进行盈余管理以满足监管层对上市业绩水平要求的可能性更大，且上市前盈余管理程度越高，公司上市后的业绩变脸程度也越大；当公司具有政治关联时，公司更可能优先将有限资源配置到寻租活动中，而不愿意参与研究开发活动，从而无法为企业长期价值的增长提供动力。

2.5　文献述评

本章首先对股利无关论和四种主要的股利相关论合计共五种现代股利理论进行梳理和阐述，然后整理并回顾了国内外关于公司股利政策，尤其是关于家族企业股利政策的研究发现和成果，最后对有关家族特殊资产的研究进行了归纳总结。通过对相关理论基础和文献的梳理，有助于总结现有研究成果和发现研究不足点和空白，为后文的研究提供理论支持和经验证据。

学者们从不同的研究视角对公司股利分配政策进行研究，建立了扎实的理论基础，并提供了成熟的实证检验方法，研究成果硕硕。总的来说，主要研究结论有以下几点：

① 股利既可能是用以解决公司所有者与管理者之间代理成本的重要途径，也可能成为公司内部人侵占上市公司的"帮凶"；

② 股利可以成为向市场传递信息的媒介，但是股利具体的

信息内涵并没有一致性的结论；

③ 除了股权性质、股权结构、董事会结构等公司内部因素外，公司所面临的信息环境、制度背景、地理环境等外部因素也会对股利政策产生影响；

④ 股利分配不仅仅是公司将当期利润回馈给投资者的利润分配行为，还可能同时对公司治理水平、投融资决策、盈余管理、信息披露等方面产生深远影响。

对于家族企业现金股利政策的研究，通过文献梳理，本章发现主要有以下两个方面的不足。首先，现阶段关于家族企业股利政策的研究仍是依托于大样本研究框架，缺少对家族企业本质特征与制度背景的分析和讨论。多数家族企业的研究仍是停留在"企业"层面，从代理理论的角度解释公司的股利政策动机，未体现出"家族"层面特征。特别地，目前我国关于家族企业的研究多认为由于家族持股集中和两权分离度高的特征，家族大股东的"掏空"动机强烈。然而，最近研究发现我国家族企业中实际控制人更加倾向直接持股，而不是传统的金字塔结构（邵帅、吕长江，2015）。其次，针对我国家族企业现金股利政策的研究非常有限，仅有的几篇文献研究期间基本都在2010年以前。近年来，我国整体经济形势、制度环境都发生了巨大变化，如2005年开始的股权分置改革、分别于2004年和2010年开放的中小板市场和创业板市场，以及分别于2005年和2010年颁布的对非公有制经济发展有重大政策导向作用的"非公36条"。这些市场环境的改变和政策制度的出台，不仅促使更多家族企业进入资本市场，也使得实际控制人的控制权结构与利益追求倾向日趋合理。在这个背景下，家族企业的股利政策动机是否发生变化？即现有研究中普遍使用的"家族大股东由于持股集中且两权分离度高而倾向侵占上市公司利益"的观点是否依旧成立？

国内外学者的研究发现，家族特殊资产在帮助企业降低交易成本、提高经营效率和弥补正式制度局限性的同时，也会对企业的信息披露、盈余质量、研发活动等产生负面效应，影响企业长期价值的提高，不利于家族企业实现"基业长青"的经营战略。不过，他们的研究对象主要是家族特殊资产中某一单维度专用性资产，而不是家族特殊资产整体这个多维度专用性资产。

基于目前家族企业股利政策和家族特殊资产研究的不足和空白，为了更深入地分析和研究股利政策，本书将以家族特殊资产的视角，从以下两个方面对我国家族企业的现金股利政策展开研究：

① 在家族企业外部，家族特殊资产的存在是否会使得家族企业采用与非家族企业不一样的股利政策？

② 在家族企业内部，家族企业的股利政策是否会随家族特殊资产在企业中的重要性和依赖度的不同而发生变化？

第 3 章
CHAPTER 3

我国家族企业股利政策研究：
与非家族企业的比较

本章主要分为七个部分：第一部分首先讨论家族特殊资产在家族企业中的重要性，以及由其导致的信息披露不透明问题，接着基于股利信号理论指出股利政策具有信号传递作用，最后提出家族企业有动机利用股利政策的信号传递作用，以解决公司内外信息不对称的问题，并分别从股利公告的市场反应、股利平稳性和股利水平三个方面提出假设；第二、三和四部分分别报告了上述三个假设实证研究的研究设计、实证检验结果和稳健性检验结果；第五部分进一步检验了家族企业现金股利政策与外部信息不对称度、当期盈余和公司未来价值之间的关系；第六部分检验和排除了自由现金流假说、利益侵占假说和监管政策影响三个主要竞争性假说；最后一部分是本章小结。

3.1　理论分析与假设提出

作为在全球范围内广泛存在的一种企业形态（La Porta et al., 1999; Claessens et al., 2000; Anderson and Reeb, 2003），家族企业对世界经济的发展发挥着举足轻重的作用，也引起国内外学者的关注。研究发现，家族企业在代理问题、公司治理、公司决策等方面与非家族企业存在显著差异（如 Schulze et al., 2001; Schulze, Lubatkin and Dino, 2003; Bertrand and Schoar, 2006; Villalonga and Amit, 2006）。造成这种差异的一个主要原因是家族企业不但具有"企业"属性，更具有"家族"属性，以及这种家族属性背后的"家族特殊资产"。

家族特殊资产是在家族企业内部依赖于单个或部分家族成员的一类多维度专用性资产，既涉及个人层面，也涉及群体层面。具体来说，它不仅包括单个家族成员，尤其是家族企业的创始人（Anderson and Reeb, 2003; Villalonga and Amit, 2006; He,

2008；夏立军等，2012）所具有的个人兴趣、品牌声誉、人格魅力、专业技能和管理经验、所持有的产品秘方等，还包括家族成员之间、家族成员与外部利益相关者之间的各种关系网络。在家族内部，建立在以血缘、姻亲为基础的亲缘关系成为一种重要的内部隐性契约，在高管薪酬设置（Cai et al., 2013；赵宜一、吕长江，2015）、高管变更选择（魏春燕、陈磊，2015）、控制权配置（连燕玲等，2011；刘白璐、吕长江，2016）等方面影响企业的管理决策和经营效率。Bunkanwanicha 等（2013）以泰国上市公司为研究样本，发现联姻能够有效促使双方家族企业形成联盟，提高公司价值。在家族外部，通过建立与政府、债权人、商业合作伙伴等利益相关者之间的密切联系，家族企业逐渐形成了各种形式的"关系"网络，能够有效缓解融资约束（Xu et al., 2013），提高公司价值（Faccio, 2006）。实际上，对于仍处于转轨经济环境下的我国家族上市公司，受制度背景发展程度和传统文化的影响，这些非正式的家族隐形契约一定程度上替代了正式机制（Xin and Pearce, 1996），有效地帮助企业在激烈的市场竞争中获取资源优势并降低交易成本。

学者们利用家族特殊资产的专业性、无形性和高转移成本的特点，结合家族企业代际传承的重要事件，通过对比传承前后公司价值变化和继承人选择倾向，进一步验证了家族特殊资产对企业的影响。具体来说，因为会失去依托于家族创始人的特殊资产，传承后的家族企业市场价值较传承前降低，而且若家族继任者更容易与利益相关者发生矛盾或出现信誉损失的问题，传承后的公司治理质量提高（Fan et al., 2008）。若家族企业中存在政治关系时，为了尽可能维持这种家族特殊资产，在代际传承时企业也更倾向选择家族成员作为继任对象（Fan et al., 2008；Xu et al., 2015）。此外，易阳等（2016）研究了创始人特殊资产对企业控制权的影响。他们以雷士照明创始人吴长江前后两次控制权争夺事件为案例，发现吴长江与员工、经销商之间的隐形契约是帮助其在第一次控制权争夺时能够在持股比例和董事会投票权都不占优势的情况下"以少胜多"的关键因素，而一旦失去这个隐形契约，在第二次控制权争夺中吴长江只能以失败告终。

虽然家族特殊资产对企业的经营活动有积极效应，但也有研究发现，家族企业的会计信息传递作用可能会同时受到它的限制，加剧了公司外部人与内部人之间的信息不对称程度。首先，家族特殊资产的存在一定程度上替代了正式契约，使得家族企业的经营活动更加依赖隐形契约，导致公司信息披露透明度较低（Ball and Shivakumar，2005）。Fan 等（2012）通过比较传承前后的会计信息质量，发现由于传承后的家族企业会丢失部分家族特殊资产，企业的会计信息系统从传承前的内部人模式（insider-based accounting system）逐渐转变为传承后的外部人模式（outsider-based system），表现出传承后企业的操纵性应计利润降低、损失确认更及时的特征。

其次，当企业拥有专有信息（proprietary information）和独特的人力资源时，为了降低这些信息被泄露的可能性，企业更倾向采用不透明的信息披露战略（Fan and Wong，2002）。Fan 和 Wong（2000）提出，在这类企业中控股股东和小股东都倾向将公司控制权和决策权集中于这些资源的拥有者（Jensen and Meckling，1992；Christie et al.，2002），而不是分散于不同的个体，以缩小能够获知这些专有信息的个体范围。

此外，家族特殊资产也可能通过企业的会计行为间接影响信息披露质量。为了巩固特殊资产带来的积极效应，特殊资产拥有方有动机通过盈余管理等机会主义行为影响利益相关者对公司未来经营能力的预期（Raman and Shahrur，2011），进而降低了信息披露质量（Richardson，2000；Lobo and Zhou，2001；夏立军、鹿小楠，2005）。

家族特殊资产带来的信息不对称问题会增加外部投资者在资本市场中对家族企业评估时的偏差，提高企业的信息风险。已有研究发现，较高的信息不对称程度和信息风险不仅会增加公司的资本成本（Botosan，1999；Botosan and Plumlee，2002；Bhattacharya，Daouk and Welker，2003；汪炜、蒋高峰，2004；曾颖、陆正飞，2006）和融资约束程度（Kaplan and Zingales，1997；张纯、吕伟，2009；屈文洲、谢雅璐、叶玉妹，2011），还会降低企业的资本配置效率（Wurgler，2000；周中胜、陈汉文，2009；杨继伟，2011）和股票流动性（Healy，Hutton and Palepu，1999；Heflin，Shaw and Wild，2005）等，进而降低公司价值。由此可见，即使家族特殊资产可以帮助企业降低交易成本，随之而来的信息不对称问题也会对企业日常经营、投融资活动等设置障碍，不利于企业的持续发展。

为了尽可能地解决家族特殊资产对信息披露的负面影响，追求"基业长青"的家族企业需要在资本市场中找到一种有效的信号媒介（Spence，1973），否则，就可能出现"劣币驱逐良币"的问题。

作为企业三大财务决策之一，股利政策是企业综合考虑各方面因素，在长期发展资金需求与短期股东收益权衡比较后作出的重要决策（吕长江、王克敏，1999）。当上市公司进行现金股利分红后，由于内部留存资金将直接减少，未来公司可能不得不进行外部融资。这不仅稀释了实际控制人对公司的控制权，也提高了公司受到外部债权人或权益人直接监督的可能性，这说明现金股利的分配活动是公司管理层慎重决策后作出的一种高成本行为。而且，相比较会计盈余数字可能受到盈余管理的影响，将利润以现金方式直接分配给投资者，不仅有助于投资者真实地观测和分享公司经营成果，更有助于减少他们对公司经营现状和未来发展前景不确定性的担忧，从而帮助上市公司获得更多投资者的认可。基于此，学者们提出了股利的信号理论，即股利满足信号传递机制的条件，可以帮助消除外部投资者与公司管理层之间的信息不对称问题（Bhattacharya，1979；Miller and Rock，1985；John et al.，2011）。

国内外学者主要从股利公告的市场反应（Pettit，1972；Denis et al.，1994；何涛、陈晓，2000；孔小文、于笑坤，2003；吕长江、许静静，2010）和股利的信息内涵（如 Yoon and Starks，1995；Grullon et al.，2002；Brav et al.，2005；Caskey and Hanlon，2013；吕长江、王克敏，1999；李常青、沈艺峰，2001；李卓、宋玉，2007）两个方面实证检验了股利政策的信号传递作用。他们不仅研究了股利公告发布时是否会给企业带来超额收益以及超额收益与股利公告具体内容之间的关系，还研究了股利政策与盈余（包括当期盈余、未来盈余和盈余持续性等）、公司风险等因素之间的关系。研究结果支持股利政策的确具有信号传递作用，但是对股利政策所传递的信息内涵并没有一致性的结论。

家族企业既享受家族特殊资产带来的低交易成本，又面临信息不对称程度恶化的困境。若家族企业利用股利的信号作用，通过积极的股利政策向外部投资者传递更多公司增量信息，公司外部利益相关者面临的信息不对称程度和信息处理成本都会降低。这不仅会帮助外部投资者修正对公司内部信息的估计偏差，降低公司的信息风险，还有助于提高公司股票的流动性，减少公司在投融资活动中可能受到的阻碍，最终促进公司价值的提高。因此，追求"永续经营"的家族企业比非家族企业更有动机将现金股利作为信号传递媒介,以解决家族特殊资产限制会计信息传递质量的问题。

接下来,本节分别从股利公告的市场反应、股利政策的平稳性和股利水平三个角度提出假设,以验证为了应对家族特殊资产对信息披露的限制,家族企业具有利用股利信号传递机制的动机。

首先,根据股利信号理论,当公司发布股利政策、向外界传递信号时,资本市场中的投资者会及时作出反应,造成公司短期股价的波动。当家族企业的股利政策具有信号传递作用时,每当公司披露股利分配方案公告,外部投资者可以通过股利政策缩小与公司内部人之间的信息不对称程度,准确评估公司经营现状和未来发展前景,并修正有关公司价值的预期。因此,相对于没有信号传递作用的非家族企业股利政策公告,市场中的投资者更加欢迎具有信号传递作用的家族企业股利政策公告。于是,当两类企业均向外界披露公司股利分配方案时,投资者会在资本市场中给予家族企业更加积极的回应,带来公司股价的提高。基于此,本书提出假设1。

假设1:家族企业披露股利分配公告时的市场反应比非家族企业更高。

其次,由于家族特殊资产长期存在于企业中,家族企业在很长一段时间内都需要股利政策的信息传递作用,即家族企业需要持续支付现金股利。但是,波动的股利政策会增加外部投资者的信息处理成本和对公司内部信息评估时的偏差,影响他们在判断和评估企业现状和未来发展能力时的准确度,从而使得股利政策传递的信息并不能被外部投资者准确获取。因此,为了充分发挥股利的信号作用,以降低由家族特殊资产带来的信息不对称问题,家族企业的现金股利政策需要具有持续性和稳定性。基于此，本书提出假设 2。

假设 2：家族企业的现金股利政策比非家族企业更稳定。

积极的股利政策不仅体现在股利政策的稳定性上，也体现在具体的股利支付水平，即投资者可以通过股利政策分享公司利润的比重上。公司分派的现金股利水平越高，说明公司当期利润和内部资金越充足。这不仅体现出企业回报投资者的意识，最重要的是传递出公司经营现状良好且管理层对未来发展前景看好的信号。因此，通过支付更高水平的现金股利，与支付低水平现金股利，甚至不支付现金股利的公司形成显著区别，家族企业可以向外界传递积极信号，帮助外部投资者获得公司内部情况的增量信息，消除他们对信息披露不透明的担忧。基于此，本书提出假设 3。

假设 3：家族企业支付的现金股利水平比非家族企业更高。

3.2 假设 1 的实证检验

3.2.1 样本选择

本节以在我国 A 股上市并在年度利润分配方案中使用现金股利的民营企业为研究样本，研究样本时间范围为 2006—2014 年。选择 2006 年为研究起始年份，有助于剔除股权分置结构对本节研究检验的影响。在 2006 年以前，我国上市公司中普遍存在的股权分置现象扭曲了通常为非流通股东的控股股东的利益倾向（廖理、张学勇，2008）；而 2006 年开始的股权分置改革意在从根本上解决上述问题。研究结果表明，在股权分置改革前后，包括上市公司的公司治理、股利政策、信息披露等方面均有显著变化（张学勇、廖理，2010；支晓强等，2014）。其次，以

2006—2014年合计共9年的时间构建研究样本，有助于从时间层面和公司个体层面更全面地反映出我国民营上市公司现金股利分配政策的变化趋势。

通过 CSMAR 数据库中的中国民营上市公司数据库，本章获得初始样本，并进一步按照以下条件进行筛选：

① 剔除无法确定实际控制人类型或不存在实际控制人的样本；

② 剔除上市第一年（当年）的样本；

③ 剔除当年为 ST、SST、PT 等特别状态的样本；

④ 剔除所属行业为金融行业的样本；

⑤ 剔除当年净利润为负但仍然进行现金股利分配的样本；

⑥ 剔除同时在 B 股或 H 股上市的样本，以控制交叉上市可能产生的噪音（支晓强等，2014a）；

⑦ 剔除未进行年度利润分配或虽进行年度利润分配但未进行现金分红的样本；

⑧ 剔除在年度利润分配预案公告日前停牌超过 2 个月以及公告日后停牌 3 天以上的样本；

⑨ 剔除所需变量有缺失的样本。

最后，得到假设1的研究样本共 4 042 个公司的年观测。进一步地，按照企业实际控制人类型及控制权结构，将上述样本区分为家族企业样本与非家族企业样本。其中，若上市公司满足实际控制人为自然人或家族，且实际控制人对上市公司拥有实质控制权（即实际控制人通过直接或间接的方式持有上市公司至少10%的投票权）这两个条件时，该上市公司属于家族企业，否则，为非家族企业。在这一定义下，家族企业的公司的年观测数为 3 267 个，非家族企业的公司的年观测数为 775 个。

表3-1是假设1检验样本的年度分布表。由表3-1可知，总

体上各年度家族企业观测始终多于非家族企业观测,且从 2011 年开始家族企业观测占比超过 80%,即 2011 年以后我国 A 股市场中的民营上市公司中有近八成的企业属于家族企业。这说明,随着 2010 年创业板市场的创立,家族企业在我国资本市场中的地位和影响力日益增强。

表 3-1 假设 1 检验样本的年度分布表

年度	非家族企业		家族企业		合计
	观测	比例	观测	比例	观测
2006	39	30.47%	89	69.53%	128
2007	43	32.33%	90	67.67%	133
2008	41	21.58%	149	78.42%	190
2009	60	25.00%	180	75.00%	240
2010	71	22.26%	248	77.74%	319
2011	113	19.82%	457	80.18%	570
2012	128	16.18%	663	83.82%	791
2013	159	18.15%	717	81.85%	876[1]
2014	121	15.22%	674	84.78%	795
合计	775	19.17%	3 267	80.83%	4 042

表 3-2 是假设 1 检验所用样本的行业分布表,其中,行业标准采用的是 2012 年证监会发布的行业分类指引,除制造业保留二级代码外,其余行业均只保留一级代码。总体来看,我国民营

---

[1] 表 3-1 中 2014 年观测数少于 2013 年观测数的主要原因:①在 2014 年部分上市公司实际控制人类型发生变更,或不再存在实际控制人,如胜利股份(000407)和贤成矿业(600381);②在 CSMAR《中国上市公司财务指标分析数据库》中的"相对价值"文件中(包括市净率、托宾 Q 等指标)报告期为 2014 年 12 月 31 日的上市公司数据缺失略多。

上市公司主要集中于化学原料和化学制品制造业（C26）、医药制造业（C27）、电气机械和器材制造业（C38）和计算机、通信和其他电子设备制造业（C39）这几个行业，但是未发现家族企业与非家族企业在行业分布上的显著差异。

表3-2 假设1检验样本的行业分布表

代码	所属行业类别	非家族企业 样本量	家族企业 样本量	合计
A	农、林、牧、渔业	10	49	59
B	采矿业	9	22	31
C13	农副食品加工业	11	65	76
C14	食品制造业	4	28	32
C15	酒、饮料和精制茶制造业	10	22	32
C17	纺织业	34	50	84
C18	纺织服装、服饰业	22	70	92
C19	皮革、毛皮、羽毛及其制品和制鞋业	0	17	17
C20	木材加工和木竹藤棕草制品业	0	22	22
C21	家具制造业	3	23	26
C22	造纸和纸制品业	3	40	43
C23	印刷和记录媒介复制业	4	12	16
C24	文教、工美、体育和娱乐用品制造业	0	33	33
C25	石油加工、炼焦和核燃料加工业	0	20	20
C26	化学原料和化学制品制造业	47	242	289
C27	医药制造业	64	260	324
C28	化学纤维制造业	11	41	52
C29	橡胶和塑料制品业	22	85	107
C30	非金属矿物制品业	12	84	96
C31	黑色金属冶炼和压延加工业	0	11	11

(续表)

代码	所属行业类别	非家族企业 样本量	家族企业 样本量	合计
C32	有色金属冶炼和压延加工业	14	62	76
C33	金属制品业	20	82	102
C34	通用设备制造业	30	137	167
C35	专用设备制造业	42	212	254
C36	汽车制造业	20	104	124
C37	铁路、船舶、航空航天和其他运输设备制造业	2	28	30
C38	电气机械和器材制造业	76	275	351
C39	计算机、通信和其他电子设备制造业	67	325	392
C40	仪器仪表制造业	8	48	56
C41	其他制造业	13	49	62
C42	废弃资源综合利用业	0	2	2
C43	金属制品、机械和设备修理业	1	0	1
D	电力、热力、燃气及水生产和供应业	16	18	34
E	建筑业	18	87	105
F	批发和零售业	40	141	181
G	交通运输、仓储和邮政业	8	16	24
H	住宿和餐饮业	0	2	2
I	信息传输、软件和信息技术服务业	86	218	304
K	房地产业	17	128	145
L	租赁和商务服务业	12	15	27
M	科学研究和技术服务业	1	28	29
N	水利、环境和公共设施管理业	3	28	31
O	居民服务、修理和其他服务业	0	7	7
Q	卫生和社会工作	0	7	7

(续表)

代码	所属行业类别	非家族企业 样本量	家族企业 样本量	合计
R	文化、体育和娱乐业	0	20	20
S	综合	15	32	47
	合　计	775	3 267	4 042

注：行业分类标准采用 2012 证监会公布的行业分类指引，除制造业（C）保留二级代码外，其他行业均保留一级代码。

3.2.2 变量与模型

在假设 1 的检验中，被解释变量为累计超额收益率 car。按照 Brown 和 Warner（1985）的市场模型，以上市公司首次年度利润分配预案公告日前 150 天至前 30 天为估计期，以考虑现金红利再投资日的个股回报率作为投资日个股回报率，以沪深 300 指数的日回报率作为日市场回报率，对模型进行拟合得到相关系数，并计算公告披露日前后若干交易日的超额收益率，最后选择（-1，+1）、（-2，+1）、（-3，+1）为窗口期，累加各天的超额收益率得到累计异常收益率 car。

解释变量为用以识别家族企业的变量 $family$。该变量为哑变量，当上市公司满足家族企业定义时，取 1；否则，为 0。参考现有关于家族企业的研究文献（Anderson and Reeb，2003；Villalonga and Amit，2006，2009；许静静、吕长江等，2011；刘白璐、吕长江，2016），本章对家族企业的定义如下：①实际控制人为自然人或家族；②实际控制人对上市公司拥有实质控制权，即实际控制人通过直接或间接的方式持有上市公司至少 10% 的投票权。在后续的稳健性检验中，将采用其他家族企业的定义进行检验，以确保本节研究结果不受家族企业定义的影响。

参考现有研究现金股利的相关研究文献（俞乔、陈滢，2011；陈信元等，2013；祝继高、王春飞，2013），本章的控制变量如下：独立董事比例 $inddir$，通过上市公司内独立董事人数与董事会总人数之比得到；企业规模 $asset$，通过对上市公司的当年期末总资产取自然对数得到；企业负债率 $leverage$，为上市公司当年期末总负债与总资产之比；公司成长性 tq，通过每股股价与每股净资产之比得到；公司盈利能力 roa，上市公司当年净利润与年报总资产之比；每股经营活动产生的现金流量净额 $opercf$，通过经营活动产生的现金流量净额与期末总股数之比得到；股票股利 $stockdiv$，哑变量，若当年度上市公司利润分配有股票股利时，取 1；否则，为 0；当年多次利润分配 $both$，哑变量，若当年度上市公司不仅进行年度利润分配，还进行中期利润分配或季度利润分配时，取 1；否则，为 0。此外，在实证检验中，本章还对行业因素和年度因素进行了控制。

为了剔除极端值可能对实证结果产生的影响，主要连续变量均采用 1% 和 99% 分位数 winsor 处理。所用财务数据均来自 CSMAR 数据库。表 3-3 为假设 1 所用主要变量的定义表。

表 3-3　假设 1 主要变量定义表

变量代码	变量定义
被解释变量	
car	累计超额收益率，为按照 Brown 和 Warner（1985）的市场模型，以上市公司年度利润分配预案公告日（−150，−30）为估计期并以公告日前后（−1，+1）、（−2，+1）、（−3，+1）为窗口期累加各天的超额收益率得到

(续表)

变量代码	变量定义
主要解释变量	
$family$	哑变量,若企业类型为家族企业时,取1;否则,为0,其中,家族企业需同时满足以下两个条件:(1)实际控制人为自然人或家族;(2)实际控制人对上市公司拥有实质控制权,即实际控制人通过直接或间接的方式持有上市公司至少10%的投票权
控制变量	
$inddir$	独立董事比例,为上市公司当年期末独立董事人数与董事会总人数之比
$asset$	企业规模,为上市公司当年期末总资产的自然对数
$leverage$	负债率,为上市公司当年期末总负债与总资产之比
tq	公司成长性,为上市公司当年期末的托宾Q
roa	总资产收益率,为上市公司当年期末净利润与期末总资产之比
$opercf$	每股经营活动产生的现金流量净额,为上市公司当年期末经营活动产生的现金流量净额与期末总股数之比
$stockdiv$	哑变量,若上市公司当年度已实施的利润分配方案中有股票股利分配(如配股,送股)时取,1;否则,为0
$both$	哑变量,若当年度上市公司不仅进行年度利润分配,还进行了中期利润分配或季度利润分配时,取1;否则,为0

对于假设1,检验模型(3-1)如下:

$$car = \alpha_0 + \alpha_1 family + ControlVariables + YEAR + INDUSTRY + \varepsilon$$

其中,解释变量为变量$family$,若该变量系数α_1显著为正,则表明相较于非家族企业,家族企业的现金股利公告时的市场反应更高。

3.2.3 描述性统计

表 3-4 报告了假设 1 主要变量描述性统计。全样本中,在事件日前后(-1,+1)、(-2,+1)和(-3,+1)窗口期内的累计超额回报率均值分别为 0.002、0.005 和 0.007;变量 *family* 的均值为 0.808,中位数为 1,说明全样本中有近 80% 的观测属于家族企业,这与前文的样本分布情况一致;变量 *stockdiv* 的均值为 0.371,中位数为 0,说明仅有约 37.1% 观测的利润分配方案中有股票股利;变量 *both* 的均值为 0.045,中位数为 0,说明仅有约 4.5% 的样本在同一年度内除了进行年度现金股利分配外,还进行了中期或季度现金股利分配。

表 3-4 假设 1 主要变量描述性统计

变量	样本数	均值	标准差	最小值	中位数	最大值
car (-1,+1)	4 042	0.002[1]	0.066	-0.223	-0.004	0.304
car (-2,+1)	4 042	0.005	0.072	-0.210	-0.002	0.390
car (-3,+1)	4 042	0.007	0.077	-0.256	-0.002	0.470
family	4 042	0.808	0.394	0.000	1.000	1.000
inddir	4 042	0.370	0.051	0.143	0.333	0.667
asset	4 042	21.53	0.940	19.20	21.40	25.51
leverage	4 042	0.360	0.198	0.008	0.345	0.953
tq	4 042	2.596	1.579	0.699	2.133	15.070
roa	4 042	0.066	0.0470	0.001	0.057	0.466
opercf	4 042	0.340	1.321	-16.340	0.300	66.360
stockdiv	4 042	0.371	0.483	0.000	1.000	1.000
both	4 042	0.045	0.208	0.000	0.000	1.000

[1] 经检验,变量 *car* (-1,+1)、*car* (-2,+1) 和 *car* (-3,+1) 的均值均显著异于 0,说明股利分配预案公告时的确会产生市场反应。

表 3-5 是假设 1 分企业类型的主要变量均值检验表。在市场反应方面,家族企业在股利预案公告公布时的累计超额收益率在 3 种窗口期内分别为 0.004、0.007 和 0.009,非家族企业的累计超额收益率则分别为 −0.006、−0.003 和 −0.001,且两类企业的均值差异显著。这说明,在股利分配预案公告时,家族上市公司的累计超额收益率显著高于非家族企业,即市场给予家族企业的股利分配活动更积极的反应。

在公司特征层面上,对于公布股利分配预案的公司而言,家族企业的每股经营性现金流净额显著低于非家族企业,但家族企业使用股票股利的倾向显著高于非家族企业。

表 3-5 假设 1 分企业类型的主要变量均值检验表

变量	家族企业(a)		非家族企业(b)		均值差异 (a−b)
	均值	标准差	均值	标准差	
$car\,(-1,+1)$	0.004	0.067	−0.006	0.059	0.010***
$car\,(-2,+1)$	0.007	0.073	−0.003	0.066	0.010***
$car\,(-3,+1)$	0.009	0.079	−0.001	0.071	0.009***
$inddir$	0.371	0.051	0.369	0.054	0.002
$asset$	21.520	0.936	21.570	0.957	−0.052
$leverage$	0.359	0.199	0.366	0.196	−0.006
tq	2.590	1.530	2.618	1.769	−0.028
roa	0.065	0.047	0.067	0.046	−0.001
$opercf$	0.311	0.858	0.462	2.447	−0.150***
$stockdiv$	0.379	0.485	0.338	0.473	0.041**
$both$	0.044	0.205	0.052	0.221	−0.008
观测	3 267		775		

注:***、**、* 分别表示在 1%、5% 和 10% 统计水平上显著。

表 3-6 报告了主要变量的相关系数。变量 $family$ 与变量 $car\,(-1,+1)$、$car\,(-2,+1)$ 和 $car\,(-3,+1)$ 的相关系数分别为 0.061、0.057 和 0.048,且在 1% 统计水平上显著。这说

表 3-6 假设 1 相关系数表

编号	变量	1	2	3	4	5	6	7	8	9	10	11	12
1	car(−1,+1)	1											
2	car(−2,+1)	0.918***	1										
3	car(−3,+1)	0.842***	0.935***	1									
4	family	0.061***	0.057***	0.048***	1								
5	inddir	0.015	0.012	0.009	0.016	1							
6	asset	0.035**	0.034**	0.029*	−0.022	−0.038**	1						
7	leverage	0.02	0.018	0.022	−0.013	−0.050***	0.581***	1					
8	tq	0.013	0.012	0.001	−0.007	0.065***	−0.332***	−0.328***	1				
9	roa	0.022	0.033***	0.028*	−0.01	−0.007	−0.049***	−0.296***	0.542***	1			
10	opercf	−0.007	0.002	0.002	−0.045***	−0.031**	0.054***	−0.012	0.035**	0.135***	1		
11	stockdiv	0.184***	0.202***	0.203***	0.033**	0.024	−0.104***	−0.096***	0.243***	0.209***	0.0140	1	
12	both	−0.022	−0.024	−0.0120	−0.015	0.016	0.022	0.000	0.053**	0.084***	0.0160	0.182***	1

注:相关系数为 Pearson 相关系数,其中,***、**、* 分别表示在 1%、5% 和 10% 统计水平上显著。

明，在未控制其他因素的情况下，家族企业年度现金股利预告公告时带来的累计超额收益率显著高于非家族企业，与本章假设1相符。相关系数最高的几组变量依次是变量 $asset$ 与变量 $leverage$（相关系数为0.581，在1%水平上显著）、变量 roa 与变量 $analyst$（相关系数为0.476，在1%水平上显著）和变量 roa 与变量 tq（相关系数为0.542，在1%水平上显著），其余变量之间的相关系数均低于0.5，表明本章使用的主要研究变量之间并不存在严重的多重共线性问题。

3.2.4 多元回归结果

表3-7报告了假设1的检验结果，其中，列（1）和（2）的被解释变量为窗口期（－1，＋1）的超额累计收益率，列（3）和（4）的被解释变量为窗口期（－2，＋1）的超额累计收益率，列（5）和（6）的被解释变量为窗口期（－3，＋1）的超额累计收益率。在列（1）中，变量 $family$ 的系数为0.008且在1%统计水平上显著，说明在未控制其他因素的情况下，家族企业年度股利预案公告日引起的股票市场反应显著高于非家族企业；加入控制变量后，列（2）中变量 $family$ 的系数为0.006且在1%统计水平上显著；列（3）到列（6）中变量的 $family$ 系数与列（1）、（2）相比无实质性差异。这说明控制了企业的规模、负债率、盈利水平、成长性、现金流等因素后，家族企业公布年度股利预案时更受到市场的欢迎。上述结果支持了假设1。

在控制变量中，变量 $leverage$ 和变量 roa 均显著为正，而变量 tq 显著为负，说明预案公告引起的市场反应随企业负债率、盈利水平的提高而提高，随企业成长性水平的提高而减小；变量 $stockdiv$ 显著为正，说明当年度利润分配方案中既有现金股利也有股票股利时，该利润分配方案更受到市场的欢迎；变量 both 显著为负，说明若公司同一年度内多次进行现金股利分红，年度股利预案公告时的市场反应减少。

表3-7 企业类型与年度股利预案公告市场反应

变量	car (−1, +1)		car (−2, +1)		car (−3, +1)	
	(1)	(2)	(3)	(4)	(5)	(6)
family	0.008***	0.006***	0.008***	0.006**	0.007**	0.005*
	(3.323)	(2.634)	(2.980)	(2.274)	(2.528)	(1.794)
inddir		0.008		0.004		0.002
		(0.405)		(0.192)		(0.103)
asset		−0.002		−0.002		−0.004**
		(−1.172)		(−1.357)		(−2.012)
leverage		0.017**		0.016*		0.018**
		(2.287)		(1.919)		(2.000)
tq		−0.002*		−0.002**		−0.004***
		(−1.770)		(−2.453)		(−3.167)
roa		0.057**		0.089***		0.105***
		(2.063)		(2.920)		(3.168)
opercf		−0.001		−0.000		−0.000
		(−1.480)		(−0.656)		(−0.690)
stockdiv		0.027***		0.031***		0.034***
		(11.398)		(12.509)		(12.587)
both		−0.018***		−0.021***		−0.018***
		(−3.891)		(−4.418)		(−3.389)
intercept	−0.001	0.014	0.018	0.043	0.027**	0.080**
	(−0.137)	(0.426)	(1.606)	(1.196)	(2.308)	(2.065)
Year	Yes	Yes	Yes	Yes	Yes	Yes
Industry	Yes	Yes	Yes	Yes	Yes	Yes

(续表)

变量	car(−1,+1)		car(−2,+1)		car(−3,+1)	
	(1)	(2)	(3)	(4)	(5)	(6)
adj. R^2	0.056	0.092	0.074	0.117	0.081	0.124
N	4 042	4 042	4 042	4 042	4 042	4 042

注：使用模型(3-1)如下：
$car = \alpha_0 + \alpha_1 family1 + ControlVariables + YEAR + INDUSTRY + \varepsilon$
其中，变量的定义详见表3-3。括号内报告的 t 值为经异方差调整后的稳健 t 值，*、**、*** 分别代表在10%、5%、1%统计水平上显著。

3.2.5 稳健性检验

(1) 家族企业的定义

本小节将原有家族企业定义中"实质控制权"的投票权临界点由原来的10%提高至20%。通过提高"实质控制权"的定义标准，更有助于筛选出具有实质影响力的家族上市公司。表3-8是采用20%投票权临界点定义家族企业的检验结果，其中，列(1)到列(3)的被解释变量分别为以年度股利预案公告日前后(−1,+1)、(−2,+1)和(−3,+1)为窗口期的累计超额收益率。在该表的回归中，家族企业的定义变更为"实际控制人为自然人或家族，且实际控制人对上市公司拥有实质控制权（即实际控制人通过直接或间接的方式持有上市公司至少20%的投票权）"。与表3-7一致，变量 $family$ 的系数在三列回归中均显著为正。其余控制变量与表3-7结果相比并未有实质性变化。这说明，即使变更家族企业的定义标准，家族企业公布年度股利预案带来的市场反应仍然显著好于非家族企业。

表3-8 变更家族企业定义的假设1稳健性检验

变量	(1) $car(-1,+1)$	(2) $car(-2,+1)$	(3) $car(-3,+1)$
$family1$	0.006***	0.006***	0.006**
	(2.836)	(2.669)	(2.420)
$inddir$	0.005	0.001	−0.001
	(0.253)	(0.048)	(−0.032)
$asset$	−0.002	−0.002	−0.004**
	(−1.265)	(−1.435)	(−2.070)
$leverage$	0.018**	0.016**	0.018**
	(2.396)	(2.014)	(2.079)
tq	−0.002*	−0.003**	−0.004***
	(−1.888)	(−2.560)	(−3.258)
roa	0.059**	0.091***	0.106***
	(2.129)	(2.978)	(3.219)
$opercf$	−0.001	−0.000	−0.000
	(−1.457)	(−0.612)	(−0.641)
$stockdiv$	0.027***	0.031***	0.034***
	(11.296)	(12.391)	(12.468)
$both$	−0.017***	−0.021***	−0.018***
	(−3.840)	(−4.369)	(−3.339)
$intercept$	0.019	0.048	0.084**
	(0.586)	(1.331)	(2.166)
Year	Yes	Yes	Yes
Industry	Yes	Yes	Yes
adj. R^2	0.092	0.117	0.124
N	4 042	4 042	4 042

注：使用模型（3-1）如下：

$car = \alpha_0 + \alpha_1 family1 + ControlVariables + YEAR + INDUSTRY + \varepsilon$

其中，变量 $family1$ 为哑变量，当上市公司满足实际控制人为自然人或家族，且实际控制人对上市公司拥有实质控制权（即实际控制人通过直接或间接的方式持有上市公司至少20%的投票权）时，取1；否则，为0，其余变量的定义详见表3-3。括号内报告的 t 值为经异方差调整后的稳健 t 值，*、**、*** 分别代表在10%、5%、1%统计水平上显著。

(2) 替换窗口期的检验

表 3-9 中累计超额收益率的计算窗口期为年度股利预案公告日前后（−1，+1）、（−2，+1）和（−3，+1）。表 3-9 报告了以年度股利预案公告日前后（−2，+2）、（−1，+2）为窗口期计算累计超额收益率后假设 1 稳健性检验结果。在两列回归中，变量 $family$ 均始终显著为正，说明表 3-7 的结果不受到累计超额收益率窗口期变化的影响。

表 3-9　变更窗口期的假设 1 稳健性检验

变量	(1)		(2)	
	car (−2，+2)		car (−1，+2)	
$family$	0.005*	(1.844)	0.006**	(2.101)
$inddir$	−0.008	(−0.327)	−0.004	(−0.169)
$asset$	−0.004**	(−2.050)	−0.003*	(−1.921)
$leverage$	0.019**	(2.085)	0.021**	(2.391)
tq	−0.003***	(−2.810)	−0.002**	(−2.179)
roa	0.118***	(3.215)	0.086**	(2.513)
$opercf$	0.001	(1.437)	0.001	(0.843)
$stockdiv$	0.031***	(10.855)	0.026***	(9.655)
$both$	−0.024***	(−4.568)	−0.021***	(−4.083)
$intercept$	0.083**	(2.085)	0.054	(1.452)
$adj. R^2$	0.118		0.093	
N	4 042		4 042	

注：使用模型（3-1）如下：
$car = \alpha_0 + \alpha_1 family + ControlVariables + YEAR + INDUSTRY + \varepsilon$
其中，变量 car 是以年度股利预案公告日前后（−2，+2）和（−1，+2）为窗口计算累计超额收益率，其余变量的定义详见表 3-3。括号内报告的 t 值为经异方差调整后的稳健 t 值，*、**、*** 分别代表在 10%、5%、1% 统计水平上显著。

(3) 包含中期利润分配预案的市场反应

表 3-7 的研究样本仅是上市公司年度股利预案公告，但部分

研究样本在年度股利分配活动外还进行了中期或季度股利分配活动。表3-10报告了将这类样本添加至研究样本后重新检验股利预案公告市场反应的结果。与表3-7相似，使用三种窗口期计算累计超额收益率后，表3-10中变量 $family$ 的系数均显著为正，即家族企业的股利预案公告市场反应显著高于非家族企业。

表3-10 所有股利预案的假设1稳健性检验

变量	(1) $car(-1,+1)$	(2) $car(-2,+1)$	(3) $car(-3,+1)$
$family$	0.006*** (2.749)	0.006** (2.433)	0.005* (1.942)
$inddir$	0.013 (0.635)	0.008 (0.355)	0.004 (0.189)
$asset$	−0.002 (−1.326)	−0.002 (−1.503)	−0.004** (−2.172)
$leverage$	0.016** (2.128)	0.014* (1.774)	0.016* (1.839)
tq	−0.001 (−1.117)	−0.002* (−1.883)	−0.003*** (−2.581)
roa	0.055* (1.904)	0.089*** (2.940)	0.106*** (3.270)
$opercf$	−0.001 (−1.377)	−0.000 (−0.582)	−0.000 (−0.628)
$stockdiv$	0.026*** (11.210)	0.030*** (12.347)	0.033*** (12.445)
$both$	−0.012*** (−3.261)	−0.014*** (−3.834)	−0.012*** (−2.967)
$intercept$	0.015 (0.478)	0.043 (1.218)	0.080** (2.089)
Year Industry	Yes Yes	Yes Yes	Yes Yes

(续表)

变量	(1)	(2)	(3)
	$car(-1,+1)$	$car(-2,+1)$	$car(-3,+1)$
$adj.R^2$	4 272	4 272	4 272
N	4 272	4 272	4 272

注：检验样本既包括 2006—2014 年期间进行年度现金股利分配的股利预案公告，也包括进行中期或季度现金股利分配的股利预案公告，使用模型（3-1）如下：
$car = \alpha_0 + \alpha_1 family + ControlVariables + YEAR + INDUSTRY + \varepsilon$
其中，变量的定义详见表 3-3。括号内报告的 t 值为经异方差调整后的稳健 t 值，*、**、*** 分别代表在 10%、5%、1%统计水平上显著。

(4) 股利实施方案公告日市场反应的检验

表 3-7 中检验的是以年度股利预案公告日为事件日计算的累计超额收益率。一般而言，在上市公司披露股利预案公告并经股东大会审议通过后，上市公司还会披露最终的实施方案公告。本小节以股利分配最终的实施方案公告日为事件日，按照与 3.2.1 中一致的样本筛选过程，本小节最后得到 4 030 个公司的年观测，并重新计算累计超额收益率。

表 3-11 报告了年度股利实施方案公告的假设 1 稳健性检验结果。在列（1）到列（3）中变量 $family$ 的系数始终显著为正。这说明，在三种不同的窗口期内，家族企业披露股利实施方案带来的市场反应始终显著高于非家族企业。

表 3-11 年度股利实施方案公告的假设 1 稳健性检验

变量	(1)	(2)	(3)
	$car(-1,+1)$	$car(-2,+1)$	$car(-3,+1)$
$family$	0.007***	0.006**	0.007**
	(2.851)	(2.332)	(2.398)
$inddir$	−0.023	−0.033	−0.051**
	(−1.174)	(−1.485)	(−2.021)

(续表)

变量	(1) $car(-1,+1)$	(2) $car(-2,+1)$	(3) $car(-3,+1)$
$asset$	−0.002* (−1.648)	−0.003* (−1.723)	−0.003 (−1.442)
$leverage$	−0.003 (−0.365)	−0.006 (−0.698)	−0.006 (−0.675)
tq	−0.001 (−1.024)	−0.001 (−1.292)	−0.002 (−1.527)
roa	−0.017 (−0.593)	−0.028 (−0.842)	−0.039 (−1.072)
$opercf$	0.001 (0.879)	0.001 (0.642)	0.002 (1.089)
$stockdiv$	0.020*** (9.380)	0.022*** (8.908)	0.024*** (8.804)
$both$	−0.012** (−2.552)	−0.014** (−2.506)	−0.018*** (−3.055)
$intercept$	0.081** (2.537)	0.097*** (2.663)	0.094** (2.292)
Year Industry	Yes Yes	Yes Yes	Yes Yes
$adj.R^2$ N	0.085 4 030	0.080 4 030	0.084 4 030

注：使用模型（3-1）如下：
$$car=\alpha_0+\alpha_1 family1+ControlVariables+YEAR+INDUSTRY+\varepsilon$$
其中，变量 car 是以上市公司股利分配实施公告日为事件日计算得到的累计超额收益率，其余变量的定义详见表 3-3。括号内报告的 t 值为经异方差调整后的稳健 t 值，*、**、*** 分别代表在 10%、5%、1% 统计水平上显著。

3.3 假设 2 的实证检验

3.3.1 样本选择

本节以在我国 A 股上市并且当年度进行现金股利分配的民营企业为研究样本,研究的时间范围为 2006—2014 年。通过 CSMAR 数据库中的中国民营上市公司数据库,获得初始样本,并进一步按照以下条件进行筛选:

① 剔除无法确定实际控制人类型或不存在实际控制人的样本;

② 剔除上市第一年(当年)的样本;

③ 剔除当年为 ST、SST、PT 等特别状态的样本;

④ 剔除所属行业为金融行业的样本;

⑤ 剔除当年净利润为负但仍然进行现金股利分配的样本;

⑥ 剔除同时在 B 股或 H 股上市的样本,以控制交叉上市可能产生的噪音(支晓强等,2014a);

⑦ 剔除当年度未进行现金股利分配的样本,以及当年度虽进行现金股利分配但连续支付现金股利不满 4 年(含当年度)的样本;

⑧ 剔除所需变量有缺失的样本。

最终,得到假设 2 检验所用样本 1 901 个公司年度观测。按照与假设 1 中一致的家族企业定义,上述样本可进一步区分为 1 481 个家族企业公司的年观测数和 420 个非家族企业公司的年观测数。

表 3-12 是假设 2 检验样本的年度分布表。与表 3-1 类似,总体上各年度家族企业观测始终多于非家族企业观测,且从 2011 年开始我国 A 股市场中的民营上市公司中有近八成的企业属于家族企业。

表 3-12　假设 2 检验样本的年度分布表

年度	非家族企业		家族企业		合计
	观测	比例	观测	比例	观测
2006	21	35.00%	39	65.00%	60
2007	30	39.47%	46	60.53%	76
2008	23	33.33%	46	66.67%	69
2009	27	27.84%	70	72.16%	97
2010	35	25.36%	103	74.64%	138
2011	41	23.70%	132	76.30%	173
2012	56	21.71%	202	78.29%	258
2013	80	18.74%	347	81.26%	427
2014	107	17.74%	496	82.26%	603
合计	420	22.09%	1 481	77.91%	1 901

表 3-13 是假设 2 检验样本的行业分布表。与表 3-2 一致，行业标准采用的是 2012 年证监会发布的行业分类指引，除制造业保留二级代码外，其余行业均只保留一级代码。如表 3-13 所示，假设 2 样本的行业分布总体与假设 1 样本的行业分布类似。

表 3-13　假设 2 检验样本的行业分布表

代码	所属行业类别	非家族企业样本量	家族企业样本量	合计
A	农、林、牧、渔业	2	18	20
B	采矿业	2	8	10
C13	农副食品加工业	8	18	26

(续表)

代码	所属行业类别	非家族企业样本量	家族企业样本量	合计
C14	食品制造业	0	13	13
C15	酒、饮料和精制茶制造业	9	13	22
C17	纺织业	19	13	32
C18	纺织服装、服饰业	18	48	66
C19	皮革、毛皮、羽毛及其制品和制鞋业	0	11	11
C20	木材加工和木竹藤棕草制品业	0	4	4
C21	家具制造业	1	18	19
C22	造纸和纸制品业	0	21	21
C23	印刷和记录媒介复制业	0	9	9
C24	文教、工美、体育和娱乐用品制造业	0	16	16
C25	石油加工、炼焦和核燃料加工业	0	8	8
C26	化学原料和化学制品制造业	21	115	136
C27	医药制造业	46	140	186
C28	化学纤维制造业	9	22	31
C29	橡胶和塑料制品业	10	39	49
C30	非金属矿物制品业	5	28	33
C31	黑色金属冶炼和压延加工业	0	4	4
C32	有色金属冶炼和压延加工业	10	28	38
C33	金属制品业	6	35	41
C34	通用设备制造业	16	60	76
C35	专用设备制造业	25	81	106
C36	汽车制造业	15	56	71

(续表)

代码	所属行业类别	非家族企业 样本量	家族企业 样本量	合计
C37	铁路、船舶、航空航天和其他运输设备制造业	0	12	12
C38	电气机械和器材制造业	44	131	175
C39	计算机、通信和其他电子设备制造业	29	118	147
C40	仪器仪表制造业	4	21	25
C41	其他制造业	11	26	37
C42	废弃资源综合利用业	0	1	1
D	电力、热力、燃气及水生产和供应业	7	8	15
E	建筑业	7	42	49
F	批发和零售业	27	74	101
G	交通运输、仓储和邮政业	2	8	10
I	信息传输、软件和信息技术服务业	42	102	144
K	房地产业	13	54	67
L	租赁和商务服务业	8	10	18
M	科学研究和技术服务业	1	12	13
N	水利、环境和公共设施管理业	0	13	13
O	居民服务、修理和其他服务业	0	5	5
Q	卫生和社会工作	0	3	3
R	文化、体育和娱乐业	0	9	9
S	综合	3	6	9
	合　计	420	1 481	1 901

注：行业分类标准采用 2012 证监会公布的行业分类指引，除制造业（C）保留二级代码外，其他行业均保留一级代码。

3.3.2 变量与模型

为了检验假设 2，本小节采用以上市公司当期股利水平向目标股利水平靠近的调整速度作为衡量上市公司现金股利政策稳定性和持续性的指标。当股利调整速度越高时，说明股利政策波动性更大；当股利调整速度越低时，说明股利政策更趋于稳定。

Lintner（1956）首次提出了局部调整模型，分别以股利总水平和净利润度量上市公司现金股利水平与盈余水平，模型如下：

$$\Delta div_{it} = div_{it} - div_{it-1} = \alpha + \gamma(div_{it}^* - div_{it-1}) + \varepsilon_{it}$$

其中，Δdiv_{it} 为当期股利水平与上期股利水平的差额，div_{it}^* 为公司目标股利水平，即公司当期利润水平 $Earnings_{it}$ 与目标股利支付率 r_i 的乘积；γ 为股利调整速度。

经过替代变化后，可以得到：

$$div_{it} = \alpha + (1-\gamma)D_{it-1} + \gamma r_i Earnings_{it} + \varepsilon_{it}$$

其中，变量 D_{it-1} 的系数等于 1 减去股利调整速度 γ。

在 Lintner（1956）的基础上，Fama 和 Babiak（1968）提出将盈余增长区分为预期盈余增长和未预期盈余增长两个部分，并分别以每股股利和每股盈余度量上市公司现金股利水平与盈余水平。

Leary 和 Michaely（2011）在前面两位学者研究的基础上，进一步提出对上市公司目标股利水平度量方式的改进。他们通过仿真模拟检验，发现由于存在部分公司可供检验样本数目偏小的问题，Lintner（1956）、Fama 和 Babiak（1968）模型计算得到的股利调整速度存在较大偏误。因此，他们提出以过去若干年度股利水平的中位数作为目标股利水平的度量方式，从而提高股利调整速度计算的准确性。

本节参考 Leary 和 Michaely（2011）的模型计算股利调整速度，检验模型（3-2）如下：

$$\Delta div_{it} = \alpha_0 + \alpha_1 * divdev_{it} + \varepsilon_{it}$$

其中，变量 Δdiv_{it} 为公司当期股利水平与上期股利水平的差额，变量 $divdev_{it}$ 为公司当期目标股利与上期股利水平的差额，它的系数 α_1 为股利调整速度；当系数 α_1 越大时，说明公司的股利水平波动性更大；反之，则说明公司的股利水平更平稳。

现金股利数据均来自 CSMAR 数据库。表 3-14 为假设 2 所用主要变量的定义表。

表 3-14 假设 2 主要变量定义表

变量代码	变量定义
Δdiv	当年现金股利变化值，为当年度每股税前现金股利与上一年度每股税前现金股利的差额
$divdev$	当年股利偏差值，为目标股利支付水平与上一年度每股税前现金股利的差额，其中，目标股利水平为前三年（即 $t-1$、$t-2$ 和 $t-3$ 年度）每股税前现金股利的均值

3.3.3 描述性统计

表 3-15 报告了假设 2 主要变量的描述性统计。在全样本中，变量 Δdiv 的均值为 -0.012，中位数为 0，且最大值为 1.1，说明大部分样本当年每股现金股利基本维持不变；变量 $divdev$ 的均值为 0.023，中位数为 0.013、最小值为 -0.75、最大值为 0.533，说明全样本当年股利偏差值的均值为 0.023，但是部分

上市公司当年股利偏差较大。

表 3-15 假设 2 主要变量的描述性统计

样本类型	变量	样本数	均值	标准差	最小值	中位数	最大值
全样本	Δdiv	1 901	−0.012	0.111	−0.800	0.000	1.100
	$divdev$	1 901	0.023	0.087	−0.75	0.013	0.533

表 3-16 报告了 2006—2014 年家族企业与非家族企业每股现金股利水平。家族企业的每股现金股利在 2006 年时的均值为 0.153，中位数为 0.1，标准差为 0.156，而 2014 年时的均值为 0.151，中位数为 0.1，标准差为 0.146；非家族企业的每股现金股利在 2006 年时的均值为 0.102，中位数为 0.05，标准差为 0.102，而 2014 年时的均值为 0.147，中位数为 0.1，标准差为 0.17。由此可见，相比较于家族企业，非家族企业的每股现金股利水平波动性更大。

表 3-16 企业类型与每股现金股利

年度	家族企业			非家族企业		
	均值	中位数	标准差	均值	中位数	标准差
2006	0.153	0.100	0.156	0.102	0.050	0.102
2007	0.153	0.100	0.156	0.113	0.100	0.111
2008	0.131	0.100	0.163	0.095	0.060	0.093
2009	0.195	0.100	0.255	0.185	0.100	0.218
2010	0.154	0.100	0.172	0.139	0.100	0.143
2011	0.146	0.100	0.142	0.155	0.080	0.176
2012	0.146	0.100	0.140	0.159	0.100	0.146
2013	0.149	0.100	0.147	0.161	0.100	0.176
2014	0.151	0.100	0.146	0.147	0.100	0.170

3.3.4 多元回归结果

表 3-17 报告了对假设 2 的检验结果,其中,列(1)和(2)中未控制年度和行业因素,列(3)和(4)则进一步控制了年度和行业因素。在列(1)和(2)中,变量 $divdev$ 的系数分别为 0.285 和 0.558,且均在 1% 统计水平上显著,两个系数的差异为 0.273,且在 10% 统计水平上显著。列(3)和(4)的结果与前两列基本一致。这说明,无论是否考虑行业和年度因素,家族企业的股利调整速度显著低于非家族企业,即家族企业的股利水平更加稳定。由此可见,假设 2 得到支持。

表 3-17 企业类型与股利稳定性

变量	家族企业 (1) Δdiv	非家族企业 (2) Δdiv	家族企业 (3) Δdiv	非家族企业 (4) Δdiv
$divdev$	0.285*** (4.78)	0.558*** (4.27)	0.321*** (5.22)	0.635*** (4.36)
$intercept$	−0.019*** (−5.53)	−0.025*** (−3.96)	0.018 (0.64)	−0.075*** (−3.09)
Year	No	No	Yes	Yes
Industry	No	No	Yes	Yes
adj. R^2	0.050	0.175	0.059	0.170
N	1 481	420	1 481	420

注:使用模型 (3-2) 如下:$\Delta div_{it} = a_0 + a_1 * divdev_{it} + \varepsilon_{it}$ 其中,变量的定义详见表 3-14。括号内报告的 t 值为经异方差调整后的稳健 t 值,*、**、*** 分别代表在 10%、5%、1% 统计水平上显著。

3.3.5 稳健性检验

（1）家族企业的定义

与假设 1 中有关家族企业定义的稳健性检验类似，本小节也使用"实际控制人为自然人或家族，且实际控制人对上市公司拥有实质控制权（即实际控制人通过直接或间接的方式持有上市公司至少 20% 的投票权）"为家族企业的定义，对假设 2 的结果进行稳健性检验。

表 3-18 报告了以 20% 投票权定义家族企业后股利稳定性的结果。与表 3-16 一致，在家族企业中变量 $divdev$ 的系数小于非家族企业，说明假设 2 的结果不受家族企业定义的影响。

表 3-18 变更家族企业定义的假设 2 稳健性检验

变量	家族企业 (1) Δdiv	非家族企业 (2) Δdiv	家族企业 (3) Δdiv	非家族企业 (4) Δdiv
$divdev$	0.287*** (4.93)	0.449*** (3.80)	0.327*** (5.53)	0.493*** (3.97)
$intercept$	−0.020*** (−5.59)	−0.020*** (−3.75)	0.035 (0.78)	−0.020 (−0.97)
Year	No	No	Yes	Yes
Industry	No	No	Yes	Yes
$adj.R^2$	0.052	0.110	0.064	0.092
N	1481	420	1481	420

注：使用模型 (3-2)：$\Delta div_{it} = \alpha_0 + \alpha_1 * divdev_{it} + \varepsilon_{it}$
其中，变量的定义详见表 3-14，家族企业的定义为实际控制人为自然人或家族，且实际控制人对上市公司拥有实质控制权（即实际控制人通过直接或间接的方式持有上市公司至少 20% 的投票权）。括号内报告的 t 值为经异方差调整后的稳健 t 值，*、**、*** 分别代表在 10%、5%、1% 统计水平上显著。

(2) 变更样本

在此小节中,选择连续 6 年(含当年)进行现金股利分配的样本,对假设 2 进行稳健性检验。最终得到 813 个公司的年度观测,其中,家族企业观测有 589 个,非家族企业观测有 224 个。相应地,上市公司的目标股利水平为前 5 年(即 $t-1$ 至 $t-5$ 年)每股税前现金股利的均值。表 3-19 报告了使用上述样本得到的两类企业股利调整速度。与表 3-16 相似,家族企业的股利调整速度更小,支持了假设 2。

表 3-19 连续 6 年分配现金股利样本的假设 2 稳健性检验

变量	家族企业 (1) Δdiv	非家族企业 (2) Δdiv	家族企业 (3) Δdiv	非家族企业 (4) Δdiv
$divdev$	0.370*** (4.32)	0.634*** (3.93)	0.359*** (4.12)	0.679*** (3.61)
$intercept$	−0.011** (−2.26)	−0.008 (−0.93)	0.039 (0.99)	−0.050 (−1.37)
Year	No	No	Yes	Yes
Industry	No	No	Yes	Yes
$adj. R^2$	0.127	0.269	0.138	0.198
N	589	224	589	224

注:研究样本为 2006—2014 年至少连续 6 年进行现金股利分红的我国民营上市公司,使用模型(3-2)如下:

$$\Delta div_{it} = \alpha_0 + \alpha_1 * divdev_{it} + \varepsilon_{it}$$

其中,变量的定义详见表 3-14。括号内报告的 t 值为经异方差调整后的稳健 t 值,*、**、*** 分别代表在 10%、5%、1% 统计水平上显著。

3.4 假设3的实证检验

3.4.1 样本选择

本节以2006—2014年我国A股民营上市公司为研究样本。在CSMAR相关数据库中按照与假设2相似的样本筛选方式最终得到5 749个公司的年观测,其中包括4 503个家族企业公司的年观测数和1 246个非家族企业公司的年观测数[1]。

表3-20是假设3检验样本的年度分布表。与表3-1类似,总体上各年度家族企业观测始终多于非家族企业观测。

表3-20 假设3检验样本的年度分布表

年度	非家族企业		家族企业		合计
	观测	比例	观测	比例	观测
2006	93	36.61%	161	63.39%	254
2007	88	35.48%	160	64.52%	248
2008	91	25.93%	260	74.07%	351
2009	108	27.55%	284	72.45%	392
2010	119	24.84%	360	75.16%	479
2011	161	20.28%	633	79.72%	794
2012	184	17.79%	850	82.21%	1 034

---

[1] 假设2所用样本为按一定条件筛选且至少连续4年(含当年)进行现金股利分配的我国民营上市公司;假设3所用样本仅为按一定条件筛选后的我国民营上市公司,即不考虑公司的现金股利分配情况。

(续表)

年度	非家族企业		家族企业		合计
	观测	比例	观测	比例	观测
2013	208	18.41%	922	81.59%	1 130
2014	194	18.18%	873	81.82%	1 067
合计	1 246	21.67%	4 503	78.33%	5 749

表3-21是假设3检验样本的行业分布表。样本分布情况与假设1和假设2所用样本类似，即我国民营上市公司主要集中于4个制造行业，且未发现家族企业与非家族企业在行业分布上的显著差异。

表3-21 假设3检验样本的行业分布表

代码	所属行业类别	非家族企业样本量	家族企业样本量	合计
A	农、林、牧、渔业	25	89	114
B	采矿业	22	43	65
C13	农副食品加工业	15	90	105
C14	食品制造业	13	34	47
C15	酒、饮料和精制茶制造业	23	29	52
C17	纺织业	54	90	144
C18	纺织服装、服饰业	23	84	107
C19	皮革、毛皮、羽毛及其制品和制鞋业	0	26	26
C20	木材加工和木竹藤棕草制品业	0	34	34
C21	家具制造业	3	24	27

(续表)

代码	所属行业类别	非家族企业样本量	家族企业样本量	合计
C22	造纸和纸制品业	11	67	78
C23	印刷和记录媒介复制业	4	19	23
C24	文教、工美、体育和娱乐用品制造业	0	36	36
C25	石油加工、炼焦和核燃料加工业	1	43	44
C26	化学原料和化学制品制造业	80	323	403
C27	医药制造业	92	337	429
C28	化学纤维制造业	18	55	73
C29	橡胶和塑料制品业	36	101	137
C30	非金属矿物制品业	31	126	157
C31	黑色金属冶炼和压延加工业	0	25	25
C32	有色金属冶炼和压延加工业	23	83	106
C33	金属制品业	27	114	141
C34	通用设备制造业	35	175	210
C35	专用设备制造业	53	268	321
C36	汽车制造业	23	137	160
C37	铁路、船舶、航空航天和其他运输设备制造业	3	31	34
C38	电气机械和器材制造业	109	333	442
C39	计算机、通信和其他电子设备制造业	119	479	598
C40	仪器仪表制造业	11	70	81
C41	其他制造业	19	71	90

(续表)

代码	所属行业类别	非家族企业 样本量	家族企业 样本量	合计
C42	废弃资源综合利用业	0	2	2
C43	金属制品、机械和设备修理业	1	0	1
D	电力、热力、燃气及水生产和供应业	23	28	51
E	建筑业	22	111	133
F	批发和零售业	67	224	291
G	交通运输、仓储和邮政业	11	23	34
H	住宿和餐饮业	2	10	12
I	信息传输、软件和信息技术服务业	111	269	380
K	房地产业	53	217	270
L	租赁和商务服务业	16	19	35
M	科学研究和技术服务业	3	32	35
N	水利、环境和公共设施管理业	4	33	37
O	居民服务、修理和其他服务业	0	8	8
Q	卫生和社会工作	1	7	8
R	文化、体育和娱乐业	0	21	21
S	综合	59	63	122
	合计	1 246	4 503	5 749

注：行业分类标准采用2012证监会公布的行业分类指引，除制造业（C）保留二级代码外，其他行业均保留一级代码。

表3-22是企业类型与现金股利分配意愿表。首先，从全样本来看，2006年仅有约52%的民营上市公司进行现金股利分配，但该比例逐年递增，自2012年起，我国80%以上的民营上市公

司都采用现金股利进行利润分配。这表明,现金股利已经成为我国上市公司一种重要的利润分配方式。其次,家族企业中有现金股利的公司比例始终高于无现金股利的公司,且在2014年近83%的家族企业有现金股利,说明大部分家族企业都愿意现金股利分红。

然而,2006—2014年我国非家族企业上市公司的利润分配方案则有明显变化趋势。在2006—2008年,过半数的非家族企业未进行现金股利分配;但在2009年,有现金股利的非家族企业占为56.48%,比2008年增长约10%,且此后该比例基本保持逐年递增的趋势。总的来说,我国民营上市公司的现金股利分配意愿逐年增加,其中,家族企业始终更加愿意现金分红,而非家族企业也逐渐从不愿意进行现金分红转变为愿意现金分红。

表3-22 企业类型与现金股利分配意愿

年份	非家族企业		家族企业		全样本	
	无现金股利	有现金股利	无现金股利	有现金股利	无现金股利	有现金股利
2006	52 55.91%	41 44.09%	70 43.48%	91 56.52%	122 48.03%	132 51.97%
2007	44 50.00%	44 50.00%	62 38.75%	98 61.25%	106 42.74%	142 57.26%
2008	49 53.85%	42 46.15%	106 40.77%	154 59.23%	155 44.16%	196 55.84%
2009	47 43.52%	61 56.48%	102 35.92%	182 64.08%	149 38.01%	243 61.99%
2010	47 39.50%	72 60.50%	106 29.44%	254 70.56%	153 31.94%	326 68.06%

(续表)

年份	非家族企业		家族企业		全样本	
	无现金股利	有现金股利	无现金股利	有现金股利	无现金股利	有现金股利
2011	45 *27.95%*	116 *72.05%*	146 *23.06%*	487 *76.94%*	191 *24.06%*	603 *75.94%*
2012	50 *27.17%*	134 *72.83%*	157 *18.47%*	693 *81.53%*	207 *20.02%*	827 *79.98%*
2013	40 *19.23%*	168 *80.77%*	162 *17.57%*	760 *82.43%*	202 *17.88%*	928 *82.12%*
2014	52 *26.80%*	142 *73.20%*	148 *16.95%*	725 *83.05%*	200 *18.74%*	867 *81.26%*
合计	426 *34.19%*	820 *65.81%*	1 059 *23.52%*	3 444 *76.48%*	1 485 *25.83%*	4 264 *74.17%*

注：其中，斜体数字表示当年度进行（或未进行）现金股利分配观测占当年同企业性质的总观测百分比。

3.4.2 变量与模型

假设 3 的被解释变量为上市公司的现金股利水平。参考吕长江、张海平（2012），本节从现金股利支付率与现金股利收益率两个方面度量。现金股利支付率 $divrt$ 度量的是本年度上市公司已实施的现金股利分红总和（包括年度分红、中期分红等）与当年净利润之比。使用现金股利支付率指标，不仅可以有效度量出上市公司当期盈利中有多大部分以现金股利的方式进行分配，还能够控制股本规模等因素对股利水平的影响（吕长江、张海平，2012）。具体而言，现金股利支付率的计算公式为 $\sum$（税前每股股利×基准股本）/净利润。特别地，当上市公司当年度分配现金股利超过当年实现的净利润时，即现金股利支付率大于 1 时，

变量 $divrt$ 取 1（Eijie and Megginson，2008；Isakov and Weisskopf，2015）。在后文的稳健性检验中，也使用股利资产支付率与股利销售收入支付率作为被解释变量进行稳健性检验。

另一个现金股利分配水平度量变量为现金股利收益率 $divyd$，即本年度上市公司已实施的现金股利方案中税前每股股利与每股市价之比。相较于现金股利支付率，该指标能够反映出上市公司现金股利政策与公司市值之间的关系。

当上市公司当年度未进行利润分配或利润分配中未使用现金股利时，当年度现金股利支付率 $divrt$ 与现金股利收益率 $divyd$ 均为 0。

假设 3 检验的解释变量与假设 1 一致，均为用以识别家族企业的变量 $family$。则该变量为哑变量，当上市公司满足家族企业定义时，取 1；否则，为 0。

参考研究现金股利分配的研究文献（Isakov and Weisskopf，2015；Attig et al.，2016；吕长江、张海平，2012；刘孟晖，2011；支晓强等，2014），假设 3 所用的控制变量如下：独立董事比例 $inddir$，通过上市公司内独立董事人数与董事会总人数之比得到；企业规模 $asset$，通过对上市公司的期末总资产取自然对数得到；企业负债率 $leverage$，通过上市公司总负债与总资产之比得到；市净率 pb，通过每股股价与每股净资产之比得到；公司盈利能力 roa，通过上市公司当年净利润与年报总资产之比得到；每股经营活动产生的现金流量净额 $opercf$，通过经营活动产生的现金流量净额与总股数之比得到；营业收入增长率 $lnsale$，通过对当年度营业收入与上一年度营业收入之比取自然对数得到；公司风险 $risk$，通过对当年度个股日回报率取标准差得到；公开增发融资 $publicseo$，哑变量，若当年度上市公司进行公开增发融资，取 1；否则，为 0；股票股利 $stockdiv$，哑变量,若当年度上市公司利润分配有股票股利时,取1;否则,为0。此外,在实证检验中,本章还同时对行业因素和年度因素进行了控制。

为了剔除极端值可能对实证结果产生的影响,本章对主要连续变量采用1%和99%分位数winsor处理[1]。本章所用财务数据均来自CSMAR数据库。表3-23为假设3所用主要变量的定义表。

表3-23 假设3主要变量的定义表

变量代码	变量定义
被解释变量	
$divrt$	现金股利支付率,为当年年度内已实施的利润分配方案中现金股利与净利润之比的总和,即$\sum$(税前每股股利×基准股本)/净利润;若当年未进行现金股利分配,则为0
$divyd$	现金股利收益率,为当年年度已实施的利润分配方案中税前每股股利与每股市价之比;若当年未进行现金股利分配,则为0
主要解释变量	
$family$	哑变量,若企业类型为家族企业时,取1;否则,为0,其中,家族企业需同时满足以下两个条件:(1)实际控制人为自然人或家族;(2)实际控制人对上市公司拥有实质控制权,即实际控制人通过直接或间接的方式持有上市公司至少10%的投票权
控制变量	
$inddir$	独立董事比例,为上市公司当年期末独立董事人数与董事会总人数之比

---

[1] 由于变量$divyd$的原始数值标准差较大,故采用5%、95%分位数winsor处理;若采用1%、99%分位数进行winsor处理,并不会对本章结果产生实质性影响。本书第四章采用同样的处理方法。

(续表)

变量代码	变量定义
asset	企业规模,为上市公司当年期末总资产的自然对数
leverage	负债率,为上市公司当年期末总负债与总资产之比
pb	市净率,为上市公司当年期末每股股价与每股净资产之比
roa	总资产收益率,为上市公司当年期末净利润与期末总资产之比
opercf	每股经营活动产生的现金流量净额,为上市公司当年期末经营活动产生的现金流量净额与期末总股数之比
lnsale	营业收入增长率,为上市公司当年度期末营业收入与上一年度期末营业收入之比的自然对数
risk	企业风险,为上市公司当年个股日回报率的标准差
publicseo	哑变量,若上市公司年度内有公开增发融资时,取1;否则,为0
stockdiv	哑变量,若上市公司当年度已实施的利润分配方案中有股票股利分配(如配股,送股)时,取1;否则,为0

由于被解释变量 $divrt$ 与 $divyd$ 均属于连续型的数值变量,且存在大量取值为0的研究样本,并不符合 OLS 模型所适用的正态分布假设,故假设3使用 Tobit 模型进行实证检验,并在后文中对两个被解释变量取自然对数后再采用 OLS 模型进行稳健性检验。

对于假设3,检验模型(3-3)如下:

$$tobit(divrt/divyd) = \alpha_0 + \alpha_1 family + ControlVariables + YEAR + INDUSTRY + \varepsilon$$

其中,解释变量为变量 $family$,若该变量系数的 α_1 显著为正，则表明相较于非家族企业，家族企业的现金股利分配水平更高。

3.4.3 描述性统计

表 3-24 报告了假设 3 主要变量的描述性统计。变量 $divrt$ 的均值为 0.261，中位数为 0.209，且最大值为 1，说明全样本股利支付率平均为 0.261，但是存在少数上市公司将当年实现的净利润全部（甚至超过）以现金股利的方式分配给股东；变量 $divyd$ 的均值为 0.727，中位数为 0.499，说明全样本股利收益率的均值为 0.727，但是部分上市公司当年股利收益率较高；变量 $family$ 的均值为 0.783，中位数为 1，说明全样本中有近 80% 的观测属于家族企业，这与前文样本分布情况一致。此外，变量 $publicseo$ 的均值为 0.007，中位数为 0，说明仅有 0.7% 的观测在研究期间有公开增发行为；变量 $stockdiv$ 的均值为 0.305，中位数为 0，说明仅有约 30.5% 观测的利润分配方案中有股票股利。

表 3-24　假设 3 主要变量的描述性统计

变量	样本数	均值	标准差	最小值	中位数	最大值
$divrt$	5 749	0.261	0.257	0.000	0.209	1.000
$divyd$	5 749	0.727	0.766	0.000	0.499	2.668
$family$	5 749	0.783	0.412	0.000	1.000	1.000
$inddir$	5 749	0.371	0.053	0.143	0.333	0.667
$asset$	5 749	21.460	0.932	19.63	21.34	24.32
$leverage$	5 749	0.387	0.201	0.038	0.381	0.832
pb	5 749	3.469	2.141	0.883	2.850	12.170

(续表)

变量	样本数	均值	标准差	最小值	中位数	最大值
roa	5 749	0.052	0.051	−0.108	0.046	0.219
$opercf$	5 749	0.273	0.622	−1.942	0.246	2.317
$lnsale$	5 749	0.135	0.255	−0.640	0.133	0.948
$risk$	5 749	0.029	0.007	0.017	0.028	0.051
$publicseo$	5 749	0.007	0.081	0.000	0.000	1.000
$stockdiv$	5 749	0.305	0.460	0.000	0.000	1.000

表3-25报告了主要变量的相关系数。变量$family$与变量$divrt$、$divyd$的相关系数分别为0.076和0.055，且在1%统计水平上显著。这说明，在未控制其他因素的情况下，家族企业的现金股利水平高于非家族企业，与本章假设3相符。在控制变量中，相关系数最高的是变量$asset$与变量$leverage$（相关系数为0.499，在1%水平上显著），其余变量之间的相关系数均低于0.4，表明假设3使用的主要研究变量之间并不存在严重的多重共线性问题。

表3-26是分企业类型的主要变量均值检验表。在现金股利分配层面上，家族企业的现金股利支付率均值和标准差分别为0.271和0.261，股利收益率的均值和标准差分别为0.749和0.768；非家族企业的现金股利支付率均值和标准差分别为0.224和0.239，股利收益率的均值和标准差分别为0.646和0.752，且两类企业的均值差检验显著。这说明，无论是现金股利支付率还是股利收益率，家族企业的现金股利分配水平都显著高于非家族企业。

表 3-25 假设 3 的相关系数表

变量		1	2	3	4	5	6	7	8	9	10	11	12	13
1	divrt	1												
2	divyd	0.711***	1											
3	family	0.076***	0.055***	1										
4	inddir	−0.033**	−0.069***	0.009	1									
5	asset	−0.022	0.198***	0.007	−0.027**	1								
6	leverage	−0.235***	−0.133***	−0.042***	0.059***	0.499***	1							
7	pb	−0.089***	−0.249***	−0.049***	0.037***	−0.258***	−0.0150	1						
8	roa	0.136***	0.352***	0.045***	0.001	0.033**	−0.335***	0.317***	1					
9	opercf	0.111***	0.214***	−0.017	−0.040***	0.069***	−0.067***	0.047***	0.257***	1				
10	lnsale	−0.011	0.067***	0.034**	0.013	0.092***	0.039***	0.167***	0.334***	0.064***	1			
11	risk	−0.164***	−0.239***	−0.062***	−0.030**	−0.249***	−0.075***	0.252***	−0.058***	−0.033**	0.047***	1		
12	publicseo	−0.005	0.01	−0.004	−0.002	0.041***	0.013	0.018	0.041***	0.011	0.024*	0.039***	1	
13	stockdiv	0.053***	0.046***	0.051***	0.013	−0.042***	−0.143***	0.190***	0.286***	0.070***	0.218***	0.061***	0.072***	1

注：相关系数为 Pearson 相关系数，其中，***、**、* 分别表示在 1%、5% 和 10% 统计水平上显著。

在公司特征层面上,家族企业的负债率、市净率和企业风险显著低于非家族企业,企业盈利能力和成长性却显著高于非家族企业;但是,未发现两类企业在独立董事比率、企业规模和每股经营性现金流净额上的显著差异。此外,家族企业与非家族企业在公开融资倾向上没有显著差异,但是家族企业使用股票股利的倾向显著高于非家族企业。

表3-26 假设3分企业类型的主要变量均值检验表

变量	家族企业(a)		非家族企业(b)		均值差异
	均值	标准差	均值	标准差	$(a-b)$
divrt	0.271	0.261	0.224	0.239	0.047***
divyd	0.749	0.768	0.646	0.752	0.103***
inddir	0.371	0.051	0.370	0.057	0.001
asset	21.46	0.929	21.45	0.944	0.016
leverage	0.382	0.200	0.403	0.201	−0.021***
pb	3.414	2.007	3.666	2.558	−0.252***
roa	0.053	0.05	0.047	0.054	0.005***
opercf	0.267	0.638	0.293	0.558	−0.026
lnsale	0.140	0.250	0.119	0.272	0.021**
risk	0.029	0.007	0.030	0.008	−0.001***
publicseo	0.006	0.08	0.007	0.085	−0.001
stockdiv	0.317	0.465	0.260	0.439	0.057***
观测	4 503		1 246		

注:***、**、* 分别表示在1%、5%和10%统计水平上显著。

表3-27和图3-1分别是各企业类型现金股利支付率 *divrt* 年度趋势表和变化曲线图。家族企业的现金股利支付率从2006年的0.22逐年增加到2014年的0.29;非家族企业的现金

股利支付率在 2006 年时仅为 0.136，但在 2013 年迅速增加到 0.299，几乎与家族企业持平。这表明，家族企业一直保持更高水平的现金股利，但是与非家族企业的差距在逐年缩小。

分年度来看，在 2006—2009 年，除 2007 年有所波动外[1]，家族企业的现金股利支付率水平基本持平，但是非家族企业的现金股利支付率在这 4 年里迅速增加了 0.062。随后，无论是家族企业还是非家族企业，在 2011 年的现金股利支付率相较于 2010 年均有显著增长，涨幅约为 0.08。导致 2011 年两类企业现金股利水平显著提高的原因，可能是 2010 年创业板市场开放后大量新上市公司的现金股利水平普遍高于已有上市公司。具体来说，在 2011 年的观测中，属于 2010 年新上市公司的家族企业观测为 229 个，平均股利支付率约为 0.373 3；非家族企业观测为 41 个，平均股利支付率约为 0.398；在已有上市公司中，家族企业观测为 404 个，平均股利支付率仅为 0.245 4；非家族企业观测为 120 个，平均股利支付率仅为 0.199 2。

表 3-27　各企业类型股利支付率 divrt 年度趋势表

年度	家族企业		非家族企业	
	均值	中位数	均值	中位数
2006	0.220	0.105	0.136	0.000
2007	0.150	0.072	0.125	0.013
2008	0.219	0.118	0.126	0.000

---

[1] 进一步分析发现，家族企业现金股利支付率水平从 2006 年的 0.220 下降到 2007 年的 0.150 的主要原因是：虽然家族企业 2007 年业绩水平显著提高（roa 均值从 2006 年的 0.037 提高到 2007 年的 0.063），但是年度派发现金股利总额并未显著提高（年度现金股利均值 2006 年为 3.52 千万元，2007 年为 3.55 千万元）。结合 2007—2008 年全球范围内的金融危机背景，这有可能是家族企业为应对金融危机可能带来的不利影响而作出的决策。

(续表)

年度	家族企业		非家族企业	
	均值	中位数	均值	中位数
2009	0.214	0.144	0.198	0.113
2010	0.217	0.158	0.175	0.114
2011	0.291	0.244	0.250	0.203
2012	0.310	0.266	0.291	0.270
2013	0.287	0.244	0.299	0.268
2014	0.290	0.226	0.236	0.207
平均	0.271	0.219	0.224	0.165

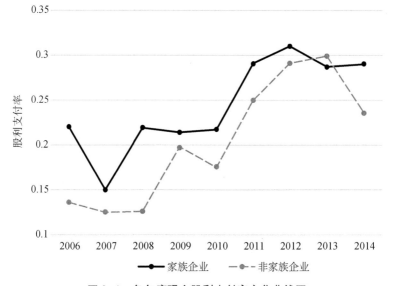

图3-1 各年度现金股利支付率变化曲线图

表 3-28 和图 3-2 分别是各企业类型现金股利收益率 $divyd$ 年度趋势表和变化曲线图。总体上来看,两类企业的股利收益率变化趋势与股利支付率变化趋势基本相符,即家族企业的现金股利收益率水平始终略高于非家族企业。不过,由于股利收益率水平受公司股价的影响,而样本研究期间曾出现"次贷危机"等可能影响股价的宏观事件,所以,股利收益率 $divrt$ 的变化趋势较股利支付率 $divyd$ 的波动性略大。

表 3-28 各企业类型股利收益率 divyd 年度趋势表

年度	家族企业		非家族企业	
	均值	中位数	均值	中位数
2006	0.724	0.370	0.492	0.000
2007	0.302	0.157	0.268	0.018
2008	0.872	0.559	0.559	0.000
2009	0.472	0.351	0.481	0.258
2010	0.500	0.347	0.456	0.253
2011	0.921	0.767	0.900	0.751
2012	0.953	0.809	0.924	0.645
2013	0.770	0.545	0.762	0.560
2014	0.648	0.425	0.543	0.363
平均	0.749	0.525	0.642	0.392

如表 3-26 所示,虽然家族企业的现金股利水平显著地高于非家族企业,但是家族企业的会计业绩 roa 也显著高于非家族企业。那么,是否有可能家族企业仅仅是因为业绩显著优于非家族企业,所以才愿意对股东进行更高水平的现金股利分配?为了检验这一可能性,本节首先对家族企业、非家族企业分别按其会计

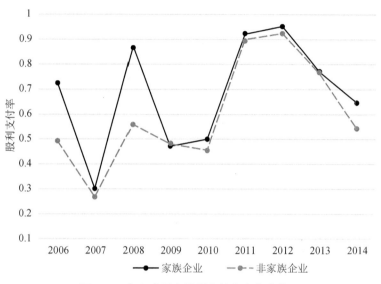

图 3-2 各年度现金股利收益率变化曲线图

业绩 roa 的样本中位数进行分组,得到高业绩家族企业、低业绩家族企业、高业绩非家族企业和低业绩非家族企业四组,并对比了这四组企业类型的现金股利水平[1]。

表 3-29 报告了按企业类型、会计业绩分组的会计业绩 roa 均值表。按业绩分组后,高业绩家族企业的平均 roa 为 0.089 2,低业绩家族企业的平均 roa 为 0.016 3;高业绩非家族企业的平均 roa 为 0.086 3,低业绩非家族企业的平均 roa 为 0.008 2。均值差异检验结果表明,无论是在高业绩组中还是在低业绩组中,家族企业的会计业绩均高于非家族企业,且在低业绩组中差异在 1% 水平上显著;特别地,高业绩非家族企业的会计业绩 roa 比

---

[1] 若以同行业同年度 roa 中位数对公司 roa 进行调整后,并按照全样本调整后 roa 的中位数进行分组,表 3-29、表 3-30 和表 3-31 的结果未发生实质性改变。

低业绩家族企业的会计业绩 roa 高 0.07 且差异在 1%水平上显著。如果家族企业仅因为业绩显著优于非家族企业而发放更多现金股利,应该预期高业绩非家族企业的现金股利水平显著高于低业绩家族企业。

表 3-29 按企业类型、业绩分组的会计业绩 roa 均值表

企业类型	高业绩		低业绩	
	观测数	均值	观测数	均值
家族企业	2 252	0.089 2	2 251	0.016 3
非家族企业	623	0.086 3	623	0.008 2
			均值差异	t 值
高业绩家族企业－高非业绩家族企业＝0			0.002 8	1.634 3
低业绩家族企业－低业绩非家族企业＝0			0.008 1***	5.964 2
高业绩家族企业－低业绩非家族企业＝0			0.080 9***	48.262 3
低业绩家族企业－高业绩非家族企业＝0			−0.070 0***	−49.263 4

注:***、**、* 分别表示在 1%、5%和 10%统计水平上显著。

表 3-30 报告了按企业类型、业绩分组的股利支付率 divrt 均值表。基于表 3-29 的业绩分组后,高业绩家族企业的平均股利支付率为 0.284 8,低业绩家族企业的平均股利支付率为 0.257 4;高业绩非家族企业的平均股利支付率为 0.267 6,低业绩非家族企业的平均股利支付率为 0.179 9。与表 3-29 相似,依据均值差异检验结果,无论是在高业绩组中还是在低业绩组中,家族企业的股利支付率始终显著高于非家族企业;但是,高业绩非家族企业与低业绩家族企业的现金股利支付率仅相差约 0.010 2,且差异不显著。这表明,即便高业绩非家族企业比低业绩家族企业的会计业绩 roa 显著更高,这两组企业的股利支付率水平并无显著差异。

表 3-30 按企业类型、业绩分组的股利支付率 $divrt$ 均值表

企业类型	高业绩		低业绩	
	观测数	均值	观测数	均值
家族企业	2 252	0.284 8	2 251	0.257 4
非家族企业	623	0.267 6	623	0.179 9
			均值差异	t 值
高业绩家族企业－高非业绩家族企业＝0			0.017 1*	1.752 6
低业绩家族企业－低业绩非家族企业＝0			0.077 5***	5.918 8
高业绩家族企业－低业绩非家族企业＝0			5.918 8***	10.365 3
低业绩家族企业－高业绩非家族企业＝0			－0.010 2	－0.795 8

注：***、**、* 分别表示在1%、5%和10%统计水平上显著。

表 3-31 报告了按企业类型、业绩分组的股利收益率 $divrt$ 均值表。基于表 3-29 的业绩分组后，高业绩家族企业的平均股利收益率为 0.994 3，低业绩家族企业的平均股利收益率为 0.504 3；高业绩非家族企业的平均股利收益率为 0.927 6，低业绩非家族企业的平均股利收益率为 0.365 0。与表 3-29、表 3-30 相似，依据均值差异检验结果，无论是在高业绩组中还是在低业绩组中，家族企业的现金股利收益率始终显著高于非家族企业；高业绩非家族企业比低业绩家族企业的股利收益率高 0.423 3，且差异在 1% 水平上显著。

表 3-31 按企业类型、业绩分组的股利收益率 $divyd$ 均值表

企业类型	高业绩		低业绩	
	观测数	均值	观测数	均值
家族企业	2 252	0.994 3	2 251	0.504 3
非家族企业	623	0.927 6	623	0.365 0

(续表)

企业类型	高业绩		低业绩	
	观测数	均值	观测数	均值
			均值差异	t 值
高业绩家族企业－高业绩非家族企业＝0			0.066 7*	1.857 2
低业绩家族企业－低业绩非家族企业＝0			0.139 3***	4.794 1
高业绩家族企业－低业绩非家族企业＝0			0.629 3***	18.612
低业绩家族企业－高业绩非家族企业＝0			－0.423 3***	－13.447 7

注：***、**、*分别表示在1%、5%和10%统计水平上显著。

综合表3-29、表3-30和表3-31的结果可以发现，虽然高业绩非家族企业的会计业绩显著高于低业绩家族企业，从股利收益率来看前者也显著高于后者，但是未发现两组企业的股利支付率水平的显著差异。这一定程度上说明"业绩水平高低导致家族企业与非家族企业现金股利水平差异"的解释不成立。

3.4.4 多元回归结果

表3-32报告了对假设3的检验结果，其中，列（1）、列（2）的被解释变量为 $divrt$，列（3）、列（4）的被解释变量为 $divyd$。在列（1）中，仅控制行业年度因素后，变量 $family$ 的系数为0.057，且在1%统计水平上显著；进一步加入控制变量后，在列（2）中的变量系数为0.048，且仍在1%统计水平上显著；类似地，当被解释变量为 $divyd$ 时，变量 $family$ 系数在列（3）、列（4）中的结果与前两列基本一致。从边际效应上来看，平均上家族企业的现金股利支付率在1%统计水平上显著比非家族企业高0.023，股利收益率也在1%统计水平上显著比非家族企业高0.048。由此可见，即便在民营上市公司内部，无论是股利支付率或者股利收益率，家族企业的现金股利水平均显著高于

非家族企业，支持本章假设 3。

在控制变量中，由列（2）和列（4）可知，变量 $indir$ 的系数显著为负，即独立董事比例越高，上市公司的现金股利水平降低；变量 $asset$、roa、$opercf$ 的系数在 1% 统计水平上显著为正，而 $leverage$、pb 和 $risk$ 的系数在 1% 统计水平上显著为负。这表明企业规模扩大、业绩改善和每股经营性现金净额提高的公司对未来更有信心，也更有能力进行现金股利的分配，因此，会通过提高现金股利水平向外部投资者传递出公司高价值、高增长的积极信号；但公司负债率、市净率和公司风险的提高会使得公司更倾向将利润留存在公司内部以备"不时之需"，从而导致现金股利水平的下降。变量 $stockdiv$ 的系数在 1% 统计水平上显著为正，表明利润分配方案中包括股票股利的上市公司现金股利水平要显著高于利润分配方案中未包括股票股利的上市公司。

表 3-32　企业类型与现金股利水平

变量	(1) $divyd$	(2) $divyd$	(3) $divyd$	(4) $divyd$
$family$	0.057*** (5.12)	0.048*** (4.54)	0.119*** (3.71)	0.084*** (3.15)
$inddir$		−0.287*** (−3.38)		−0.947*** (−4.40)
$asset$		0.023*** (3.20)		0.131*** (7.40)
$leverage$		−0.304*** (−8.28)		−0.271*** (−3.12)
pb		−0.014*** (−4.87)		−0.136*** (−17.35)
roa		1.059*** (8.26)		9.503*** (26.49)

(续表)

变量	(1) divyd	(2) divyd	(3) divyd	(4) divyd
opercf		0.032*** (4.63)		0.129*** (6.64)
lnsale		0.014 (0.66)		0.050 (1.00)
risk		−3.435*** (−3.59)		−14.141*** (−5.95)
publicseo		0.027 (0.69)		0.039 (0.34)
stockdiv		0.041*** (4.41)		0.072*** (3.06)
intercept	−0.061 (−1.34)	−0.198 (−1.22)	−0.188 (−1.52)	−1.919*** (−4.83)
Year	Yes	Yes	Yes	Yes
Industry	Yes	Yes	Yes	Yes
pseudo R^2	0.088	0.168	0.045	0.186
N	5 749	5 749	5 749	5 749
Marginal effect		0.023***		0.048***

注：使用模型 (3-3) 如下：

$$tobit(divrt/divyd) = \alpha_0 + \alpha_1 family + ControlVariables + YEAR + INDUSTRY + \varepsilon$$

其中，变量的定义详见表3-23。括号内报告的 t 值为经异方差调整后的稳健 t 值，*、**、*** 分别代表在10%、5%、1%统计水平上显著。报告的边际效应为平均边际效应。

3.4.5 稳健性检验

为了提高假设3研究发现的稳健性，本小节分别从家族企业的定义、内生性问题、非理性分红影响、替换变量和替换模型五个方面进行稳健性检验。

(1) 家族企业的定义

与假设 1 和假设 2 中有关家族企业定义的稳健性检验一致，本小节将原有家族企业定义中"实质控制权"的投票权临界点由原来的 10% 提高至 20% 后，对假设 3 进行稳健性检验。

表 3-33 是采用 20% 投票权临界点定义家族企业的假设 3 稳健性检验结果。在该组检验中，家族企业的定义变更为"实际控制人为自然人或家族、且实际控制人对上市公司拥有实质控制权（即实际控制人通过直接或间接的方式持有上市公司至少 20% 的投票权）"。当观测满足上述定义时为家族企业，变量 $family1$ 的取值为 1；否则，为 0。如表 3-33 所示，变量 $family1$ 的系数在列（1）和列（2）中为正且均在 1% 统计水平上显著，其余控制变量与表 3-32 相比无实质性改变。这表明，即使变更家族企业定义中有关实质控制权的标准，并不会对假设 3 的实证结果产生影响。

表 3-33 变更家族企业定义的假设 3 稳健性检验

变量	(1)		(2)	
	$divyd$		$divyd$	
$family1$	0.065***	(6.61)	0.148***	(6.28)
$inddir$	−0.322***	(−3.78)	−1.025***	(−4.77)
$asset$	0.021***	(3.01)	0.129***	(7.27)
$leverage$	−0.294***	(−8.04)	−0.250***	(−2.89)
pb	−0.014***	(−5.03)	−0.137***	(−17.49)
roa	1.050***	(8.25)	9.481***	(26.52)
$opercf$	0.034***	(4.89)	0.133***	(6.88)
$lnsale$	0.008	(0.38)	0.036	(0.73)

(续表)

变量	(1) *divyd*		(2) *divyd*	
risk	−3.445***	(−3.60)	−14.203***	(−5.98)
publicseo	0.034	(0.88)	0.055	(0.48)
stockdiv	0.038***	(4.09)	0.063***	(2.72)
intercept	−0.152	(−0.95)	−1.845***	(−4.67)
Year	Yes		Yes	
Industry	Yes		Yes	
pseudo R^2	0.172		0.188	
N	5 749		5 749	

注：采用模型（3-3）进行检验。变量 *family1* 为哑变量，当上市公司满足新的家族企业定义时，即实际控制人为自然人或家族，且实际控制人对上市公司拥有实质控制权（即实际控制人通过直接或间接的方式持有上市公司至少 20% 的投票权）时，取 1；否则，为 0，其余变量的定义详见表 3-23。括号内报告的 t 值为经异方差调整后的稳健 t 值，*、**、*** 分别代表在 10%、5%、1% 统计水平上显著。

（2）内生性问题的检验

内生性一直是困扰家族企业研究的重要问题（Villalonga and Amit，2006、2010）。当民营上市公司决定是否成为家族企业并不是随机分布时，就存在选择偏差的可能性，即内生性问题。然而，内生性问题在本节的研究中可能并不严重。这是因为上市公司仅仅因为股利分配政策而改变自身企业属性（如从非家族企业变为家族企业、或从家族企业变为非家族企业）的可能性非常低。对于家族企业实际控制人而言，若不愿意保持原有的股利分配水平，最有效的方法是直接调整公司的股利分配政策，而不是花大量的时间和精力将公司出卖或转让（Isakov and Weisskopf，2015）。

此外，为了提高研究的稳健性，本小节参考 Amit 等（2015）一文，利用 Heckman（1979）两阶段估计的方法处理家族企业的内生性问题。在第一阶段中,以上市公司主营业务收入占所处行业总营业收入的比重(share)为工具变量,构建了上市公司是否为家族企业的 probit 模型,并通过预测结果得到逆米尔斯比率(lambda);在第二阶段中,将从第一阶段中得到的逆米尔斯比率作为新控制变量加入主回归模型(3-3)进行回归检验。通过使用 Heckman 两阶段估计,可以在主回归模型中控制住选择偏差的影响,从而在一定程度上解决原模型中可能存在的内生性问题。

具体而言,在第一阶段中使用的检验模型(3-4)如下:

$$prob(family) = \alpha_0 + \alpha_1 share + ControlVariables + YEAR + INDUSTRY + \varepsilon$$

其中,被解释变量为家族企业识别变量 family,解释变量为 share,即上市公司主营业务收入占所处行业营业收入总和的百分比,其余变量详见表 3-21。

在第二阶段中,使用检验模型(3-5)如下:

$$tobit(divrt/divyd) = \alpha_0 + \alpha_1 family + \beta_1 lambda + ControlVariables + YEAR + INDUSTRY + \varepsilon$$

其中,变量 lambda 为从模型(3-4)回归结果中得到的估计误差逆米尔斯比率,其余变量的定义详见表 3-23。

若在第二阶段中,如果逆米尔斯比率显著,则表明变量 family 存在内生性问题,此时,若变量 family 的系数仍然显著为正,则表明假设 3 主要发现并不受到内生性问题的影响;若逆米尔斯比率不显著,则说明不存在选择偏差问题。

表 3-34 报告了使用 Heckman(1979)两阶段估计模型的检验结果。列(1)为以变量 family 为被解释变量的第一阶段回归,解释变量 share 的系数为 -0.636 且在 5% 统计水平上显著;

列（2）为以 $divrt$ 为被解释变量的第二阶段回归，变量 $lambda$ 显著为负，说明模型存在选择偏差问题，变量 $family$ 的系数为 0.408 且在 1% 统计水平上显著；列（3）为以 $divyd$ 为被解释变量的第二阶段回归，变量 $lambda$ 为负但显著性水平不足，说明模型不存在选择偏差。第二阶段中逆米尔斯比率并不是始终显著，说明内生性问题在假设 3 的研究问题中并不是十分严重。即便控制住内生性问题后，家族企业的现金股利支付率仍然显著高于非家族企业。

表 3-34　考虑家族企业内生性问题的假设 3 稳健性检验

变量	First stage	Second stage	
	(1)	(2)	(3)
	$family$	$divrt$	$divyd$
$family$		0.408***	0.227
		(2.67)	(0.59)
$share$	−0.636**		
	(−2.12)		
$inddir$	0.033	−0.287***	−0.947***
	(0.09)	(−3.37)	(−4.40)
$asset$	−0.069**	0.031***	0.135***
	(−2.31)	(3.88)	(6.75)
$leverage$	0.218	−0.327***	−0.280***
	(1.49)	(−8.57)	(−3.08)
pb	−0.051***	−0.009**	−0.134***
	(−4.04)	(−2.40)	(−14.34)
roa	1.872***	0.860***	9.427***
	(3.60)	(5.57)	(23.19)
$opercf$	−0.052	0.037***	0.131***
	(−1.63)	(5.17)	(6.60)

(续表)

变量	First stage	Second stage	
	(1)	(2)	(3)
	$family$	$divrt$	$divyd$
$lnsale$	0.144*	−0.001	0.044
	(1.68)	(−0.03)	(0.87)
$risk$	6.299	−3.989***	−14.352***
	(1.46)	(−4.07)	(−5.89)
$publicseo$	−0.008	0.026	0.039
	(−0.04)	(0.66)	(0.33)
$stockdiv$	0.163***	0.026**	0.066**
	(3.58)	(2.28)	(2.25)
$lambda$		−0.208**	−0.083
		(−2.37)	(−0.38)
$intercept$	1.658**	−0.586**	−2.074***
	(2.53)	(−2.54)	(−3.63)
$Year$	Yes	Yes	Yes
$Industry$	Yes	Yes	Yes
$pseudo\ R^2$	0.065	0.169	0.186
N	5 749	5 749	5 749

注：使用 Heckman 两阶段估计模型。列（1）为第一阶段检验，采用模型（3-4）如下：

$$prob(family) = \alpha_0 + \alpha_1 share + ControlVariables + YEAR + INDUSTRY + \varepsilon$$

其中，变量 share 为上市公司主营业务收入占所在行业主营业务收入总和的比重，其余变量的定义详见表 3-23；

列（2）和（3）为第二阶段检验，采用模型（3-5）如下：

$$tobit(divrt/divyd) = \alpha_0 + \alpha_1 family + \beta_1 lambda + ControlVariables + YEAR + INDUSTRY + \varepsilon$$

其中，变量 lambda 为从模型（3-4）预测计算得到的选择偏差，其余变量的定义详见表 3-23。括号内报告的 t 值为经异方差调整后的稳健 t 值，*、**、*** 分别代表在 10%、5%、1% 统计水平上显著。

(3) 剔除非理性分红的观测

假设 3 所用的研究样本中存在部分观测的股利支付率大于 1 的情况，即上市公司不仅使用当期净利润进行利润分配，还需支取以往年度留存的未分配利润。这表明假设 3 的研究发现可能受到"非理性分红"观测的影响。为了排除这部分观测的影响，本小节将这类观测从总观测删除后，重新进行回归检验，以确保假设 3 的实证结果并不是由于家族企业有更多非理性分红导致的。

参考邓建平和曾勇（2005）的做法，本小节从股利支付率和每股股利两个方面定义了三种"非理性分红"，其中，每股股利的判断标准分为绝对值水平和相对值水平。具体而言，非理性分红标准 1 为"股利支付率大于 1 且每股股利大于 0.8[1]"，非理性分红标准 2 为"股利支付率大于 1 且每股股利大于 0.2"，非理性分红标准 3 为"股利支付率大于 1 且每股股利大于每股经营活动产生的现金流量净额"。

表 3-35 是剔除了"非理性分红"观测后假设 3 的稳健性检验结果。当剔除"股利支付率大于 1 且每股股利大于 0.8"的非理性分红观测后，变量 $family$ 的系数在被解释变量为 $divrt$ 时为 0.043 且在 1%统计水平上显著，在被解释变量为 $divyd$ 时为 0.082 且在 1%统计水平上显著；当剔除"股利支付率大于 1 且每股股利大于 0.2"的非理性分红观测后，变量 $family$ 的系数在被解释变量为 $divrt$ 时为 0.037 且在 1%统计水平上显著，在被解释变量为 $divyd$ 时为 0.066 且在 5%统计水平上显著；当剔除"股利支付率大于 1 且每股股利大于每股经营活动产生的现金流量净额"的非理性分红观测后，变量 $family$ 的系数在被解释

---

[1] 之所以选择每股股利水平大于 0.8 或 0.2 作为划分标准，是因为样本中分配现金股利公司的每股股利数据 99%分位数为 0.8，75%分位数为 0.2。

变量为 $divrt$ 时为 0.033 且在 1% 统计水平上显著，在被解释变量为 $divyd$ 时为 0.066 且在 5% 统计水平上显著。

由此可见，无论是按照每股股利的绝对值还是相对值标准剔除非理性分红观测后，家族企业的现金股利支付率与现金股利收益率仍然显著地高于非家族企业。这表明，假设 3 的实证结果并不受到"非理性分红"观测的影响。

表3-35 剔除非理性分红观测的假设3稳健性检验

变量	股利支付率大于1 且每股股利大于0.8		股利支付率大于1 且每股股利大于0.2		股利支付率大于1 且每股股利大于每股经营性现金净额	
	(1)	(2)	(3)	(4)	(5)	(6)
	$divrt$	$divyd$	$divrt$	$divyd$	$divrt$	$divyd$
family	0.043*** (4.17)	0.082*** (3.07)	0.037*** (3.58)	0.066** (2.49)	0.033*** (3.28)	0.066** (2.47)
inddir	−0.286*** (−3.50)	−0.955*** (−4.44)	−0.293*** (−3.63)	−0.972*** (−4.58)	−0.281*** (−3.57)	−0.974*** (−4.54)
asset	0.022*** (3.16)	0.130*** (7.29)	0.022*** (3.31)	0.132*** (7.54)	0.022*** (3.32)	0.130*** (7.35)
leverage	−0.295*** (−8.48)	−0.275*** (−3.16)	−0.293*** (−8.60)	−0.266*** (−3.13)	−0.276*** (−8.24)	−0.239*** (−2.78)
pb	−0.014*** (−4.92)	−0.136*** (−17.28)	−0.013*** (−4.93)	−0.136*** (−17.45)	−0.014*** (−5.36)	−0.138*** (−17.61)
roa	1.066*** (8.73)	9.509*** (26.34)	1.052*** (8.79)	9.501*** (26.55)	1.138*** (9.68)	9.659*** (26.72)
opercf	0.032*** (4.74)	0.130*** (6.70)	0.028*** (4.34)	0.123*** (6.39)	0.038*** (5.95)	0.140*** (7.23)
lnsale	0.019 (0.98)	0.061 (1.24)	0.020 (1.05)	0.064 (1.34)	0.030 (1.64)	0.079 (1.62)

(续表)

变量	股利支付率大于1 且每股股利大于0.8		股利支付率大于1 且每股股利大于0.2		股利支付率大于1 且每股股利大于每股 经营性现金净额	
	(1)	(2)	(3)	(4)	(5)	(6)
	divrt	*divyd*	*divrt*	*divyd*	*divrt*	*divyd*
risk	−3.512***	−14.430***	−3.169***	−13.540***	−3.498***	−14.020***
	(−3.84)	(−6.09)	(−3.53)	(−5.80)	(−4.00)	(−5.95)
publicseo	0.028	0.042	0.030	0.046	0.031	0.046
	(0.73)	(0.36)	(0.78)	(0.40)	(0.77)	(0.39)
stockdiv	0.038***	0.066***	0.040***	0.069***	0.037***	0.069***
	(4.28)	(2.82)	(4.51)	(3.02)	(4.31)	(2.98)
intercept	−0.163	−1.872***	−0.184	−1.943***	−0.168	−1.885***
	(−1.06)	(−4.71)	(−1.21)	(−4.97)	(−1.13)	(−4.79)
Year	Yes	Yes	Yes	Yes	Yes	Yes
Industry	Yes	Yes	Yes	Yes	Yes	Yes
pseudo R^2	0.198	0.187	0.208	0.194	0.230	0.195
N	5 740	5 740	5 705	5 705	5 676	5 676

注：检验样本为剔除"非理性分红"后剩余的观测对象，采用模型(3-3)进行检验，变量的定义详见表3-23。列(1)和列(2)中剔除的"非理性分红"标准为"股利支付率大于1且每股股利大于0.8"；列(3)和列(4)中剔除的"非理性分红"标准为"股利支付率大于1且每股股利大于0.2"；列(5)和列(6)中剔除的"非理性分红"标准为"股利支付率大于1且每股股利大于每股经营活动产生的现金流量净额"。括号内报告的 t 值为经异方差调整后的稳健 t 值，*、**、*** 分别代表在10%、5%、1%统计水平上显著。

(4) 被解释变量的稳健性检验

参考已有文献的做法，在前文回归检验中对股利支付率大于1的观测变量 *divrt* 均取1。这种截断方式可能会对假设3的实证结果产生影响。因此，本小节采用另外两种方式度量股利支付率，以保证实证结果的稳健性。参考 Isakov 和 Weisskoph

(2015)、Attig 等(2016) 和刘星等 (2016),第一种度量方式 $divrt\_asset$ 为当年度已实施税前现金股利总和与当年年末总资产之比;参考 Brockman 和 Unlu (2009)、Chay 和 Suh (2009) 和 Attig 等(2016),第二种度量方式 $divrt\_sale$ 为当年度已实施税前现金股利总和与当年营业收入之比。

表 3-36 报告了使用这两种方式度量股利支付率后的假设 3 稳健性检验结果。列 (1) 中的被解释变量为 $divrt\_asset$,变量 $family$ 的系数为 0.002 且在 1% 统计水平上显著;列 (2) 中的被解释变量为 $divrt\_sale$,变量 $family$ 的系数为 0.006 且在 1% 统计水平上显著;除变量 $asset$ 与变量 pb 的显著性水平在以 $divrt\_asset$ 为被解释变量时略有降低外,其余控制变量的结果与表 3-32 基本一致。由此可见,家族企业的现金股利水平高于非家族企业的研究发现并不受到现金股利支付率计算方式的影响。

表 3-36　被解释变量的假设 3 稳健性检验

变量	(1) $divrt\_asset$		(2) $divrt\_sale$	
$family$	0.002***	(2.96)	0.006***	(3.50)
$inddir$	−0.015***	(−2.92)	−0.031**	(−2.28)
$asset$	0.001	(1.38)	0.008***	(5.88)
$leverage$	−0.019***	(−5.49)	−0.092***	(−12.62)
pb	−0.000	(−1.30)	−0.001*	(−1.89)
roa	0.290***	(10.30)	0.451***	(12.94)
$publicseo$	0.004***	(5.88)	0.005***	(4.46)
$opercf$	−0.002	(−1.40)	−0.007	(−1.63)

(续表)

变量	(1) $divrt\_asset$		(2) $divrt\_sale$	
$lnsale$	−0.297***	(−5.03)	−0.018	(−0.12)
$stockdiv$	−0.000	(−0.16)	−0.000	(−0.06)
$risk$	0.001	(1.50)	0.006***	(3.11)
$intercept$	−0.015	(−1.10)	−0.157***	(−5.28)
Year	Yes		Yes	
Industry	Yes		Yes	
$pseudo\ R^2$	−0.185		−0.229	
N	5 749		5 749	

注：采用模型（3-3）进行检验，列（1）中被解释变量 $divrt\_asset$ 为当年度已实施税前现金股利之和与总资产之比，列（2）中被解释变量 $divrt\_sale$ 为当年已实施税前现金股利总和与营业收入之比，其余变量的定义详见表3-23。括号内报告的 t 值为经异方差调整后的稳健 t 值，*、**、*** 分别代表在10%、5%、1%统计水平上显著。

（5）模型的稳健性检验

考虑被解释变量 $divrt$ 与 $divyd$ 为连续型的非负数值，且存在部分观测取值为0，因此，在前文的实证检验中主要采用tobit模型进行回归。为了确保假设3的实证结果不受检验模型的影响，本小节对变量 $divrt$ 与 $divyd$ 加上0.001并取对数后采用OLS模型进行稳健性检验。

表3-37报告了OLS模型的假设3稳健性检验。如表所示，在列（1）和列（2）中变量 $family$ 的系数均为正且均在1%统计水平上显著，其余控制变量结果也与表3-32一致。由此可见，假设3的主要实证结果不受回归模型的影响。

表3-37 OLS模型的假设3稳健性检验

变量	(1) lndivrt		(2) lndivrt	
family	0.271***	(3.71)	0.251***	(3.08)
inddir	−1.816***	(−3.16)	−2.298***	(−3.60)
asset	0.240***	(5.07)	0.348***	(6.57)
leverage	−1.641***	(−7.03)	−1.236***	(−4.82)
pb	−0.117***	(−6.40)	−0.236***	(−11.74)
roa	15.097***	(18.91)	24.133***	(27.03)
publicseo	0.167***	(3.39)	0.214***	(3.74)
opercf	0.594***	(4.47)	0.701***	(4.79)
lnsale	−17.499***	(−2.71)	−26.202***	(−3.68)
stockdiv	0.349	(1.18)	0.437	(1.27)
risk	0.531***	(8.55)	0.610***	(8.85)
intercept	−8.437***	(−7.92)	−10.028***	(−8.44)
Year	Yes		Yes	
Industry	Yes		Yes	
adj. R^2	0.267		0.343	
N	5 749		5 749	

注：对被解释变量 divrt、divyd 分别加上 0.001 取对数后采用 OLS 模型进行检验，变量的定义详见表 3-23。括号内报告的 t 值为经异方差调整后的稳健 t 值，*、**、*** 分别代表在 10%、5%、1% 统计水平上显著。

3.5 进一步检验

3.5.1 外部信息不对称程度的影响

若家族特殊资产导致的信息不对称问题是家族企业股利政策

显著区别于非家族企业的主要原因，当外部投资者面临的信息不对称程度存在差异时，如有其他信号传递机制或企业本身信息披露透明度较高时，家族企业是否也会相应地调整自己的现金股利政策？接下来，本节将分别从上市公司分析师的关注程度、所在地区的制度背景和信息披露考核等级三个方面，进一步检验在家族特殊资产的影响下家族企业与非家族企业的股利分配政策差异。

作为资本市场中一类重要的专业信息服务中介，分析师凭借其专业知识和职业优势，通常能够比普通投资者挖掘更多公司内部信息和解读更多公共信息（Livnat and Zhang, 2012），并通过分析师报告、分析师预测、分析师评级等途径将这部分增量信息有效地进行传播，降低了公司内外部信息不对称的程度（Healy and Palepu, 2001; Barth et al., 2001; Frankel and Li, 2004; Chang, Dasgupta and Hilary, 2006）。国内外研究表明，通过降低信息不对称程度，分析师跟踪对上市公司的审计费用（Gotti, 2012）、并购绩效（Luypaert and Caneghem, 2013）、盈余管理（Yu, 2008）、研发活动（Kimbrough, 2007; 徐欣、唐清泉, 2008）、股价同步性（Chan and Hameed, 2006）和股票市场流动性（Roulstone, 2003）等方面会产生深远影响。张纯和吕伟（2009）以分析师跟踪数作为公司所处信息环境的替代变量，发现分析师能够有效降低公司内外部信息不对称度，减少了公司面临的融资约束和对内部资金的依赖，促使公司主动将利润以现金方式直接分配给股东。

对于家族企业而言，拥有强大信息挖掘和解读能力的分析师可以利用其广泛的信息渠道，从各种公开和非公开信息中提取出更多与家族特殊资产相关的信息，并通过分析师独有的信息传播途径将这类信息有效和广泛地传递给外部投资者，减少由于家族特殊资产导致的信息不对称度。因此，若跟踪家族企业的分析师数目越多，则意味着更多家族信息将被外界获知，缓解了由于家族特殊资产导致的家族内部人与投资者的信息不对称问题。

为了检验家族企业现金股利政策与分析师的关注度的关系，构建模型（3-6）和模型（3-7）进行回归检验：

$$tobit(divrt/divyd) = \alpha_0 + \alpha_1 family + \alpha_2 analyst + \alpha_3 family * analyst + ControlVariables + YEAR + INDUSTRY + \varepsilon$$

$$tobit(divrt/divyd) = \alpha_0 + \alpha_1 family + \alpha_2 report + \alpha_3 family * report + ControlVariables + YEAR + INDUSTRY + \varepsilon$$

其中，变量 $analyst$ 为本年内跟踪分析该上市公司的分析师（团队）数除以10，变量 $report$ 为本年内跟踪分析该上市公司的研报数除以10；模型中关注的变量分别为交互项变量 $family * analyst$ 和交互项变量 $family * report$，若变量系数 α_3 显著为负，说明随着跟踪分析师数目、跟踪研报数目的提高，家族企业的现金股利分配水平降低。

表3-38是分析师的关注度如何影响家族企业现金股利政策的检验结果表，其中，列（1）、列（3）的被解释变量为 $divrt$，列（2）、列（4）的被解释变量为 $divyd$。列（1）和列（2）检验了上市公司当年被分析师跟踪数对家族企业与非家族企业现金股利水平的影响。在这两列中，变量 $family$ 的系数为正且均在1％统计水平上显著，表明即便控制了被分析师的关注程度的影响，家族企业的现金股利支付率与现金股利收益率始终高于非家族企业；交互项变量 $family * analyst$ 为负，且在被解释变量为 $divrt$ 和 $divyd$ 时分别在1％、10％统计水平上显著，表明受到分析师的关注程度越高，家族企业的现金股利支付率越低。列（3）和列（4）检验了上市公司当年被研报跟踪数对家族企业与

非家族企业现金股利水平的影响。与前两列回归结果类似，变量 $family$ 的系数在列（3）和列（4）中为正且均在1%统计水平上显著，交互项变量 $family*report$ 为负，且分别在1%和5%统计水平上显著，表明若跟踪该上市公司研报数目越多，该家族企业的现金股利收益率水平越低。

表3-38的结果表明，当企业受到分析师和研报的关注度越高，外部投资人可以通过分析师和研报的信息，获取更多家族企业的内部信息，从而缓解了由于家族特殊资产导致的信息不对称问题，降低了家族企业利用现金股利作为信号的动机，最终导致企业的现金股利支付率和现金股利收益率减少。

表3-38　分析师的关注度与现金股利水平

变量	(1) $divrt$	(2) $divrt$	(3) $divrt$	(4) $divrt$
$family$	0.074*** (4.96)	0.127*** (3.48)	0.070*** (5.08)	0.122*** (3.58)
$analyst$	0.017* (1.70)	0.028 (0.99)		
$family*analyst$	−0.033*** (−3.18)	−0.053* (−1.87)		
$report$			0.003 (0.86)	−0.000 (−0.02)
$family*report$			−0.014*** (−3.44)	−0.024** (−2.05)
$inddir$	−0.276*** (−3.24)	−0.927*** (−4.31)	−0.277*** (−3.25)	−0.929*** (−4.32)
$asset$	0.028*** (3.54)	0.139*** (7.17)	0.032*** (4.11)	0.152*** (7.96)
$leverage$	−0.311*** (−8.39)	−0.283*** (−3.24)	−0.316*** (−8.56)	−0.301*** (−3.45)

(续表)

变量	(1) divrt	(2) divrt	(3) divrt	(4) divrt
pb	−0.013*** (−4.31)	−0.135*** (−16.92)	−0.012*** (−3.94)	−0.131*** (−16.49)
roa2	1.101*** (8.39)	9.583*** (25.28)	1.141*** (8.71)	9.729*** (25.65)
opercf	0.032*** (4.66)	0.129*** (6.66)	0.033*** (4.73)	0.131*** (6.72)
lnsale	0.014 (0.69)	0.051 (1.03)	0.016 (0.78)	0.056 (1.13)
risk	−3.454*** (−3.62)	−14.150*** (−5.97)	−3.526*** (−3.69)	−14.375*** (−6.06)
publicseo	0.026 (0.64)	0.037 (0.31)	0.029 (0.72)	0.047 (0.40)
stockdiv	0.042*** (4.49)	0.073*** (3.12)	0.043*** (4.59)	0.076*** (3.24)
intercept	−0.315* (−1.82)	−2.112*** (−4.97)	−0.394** (−2.30)	−2.373*** (−5.62)
Year	Yes	Yes	Yes	Yes
Industry	Yes	Yes	Yes	Yes
pseudo R^2	0.169	0.187	0.170	0.187
N	5 749	5 749	5 749	5 749

注：列（1）和（2）使用模型（3-6）如下：
$$tobit(divrt/divyd) = \alpha_0 + \alpha_1 family + \alpha_2 analyst + \alpha_3 family * analyst + ControlVariables + YEAR + INDUSTRY + \varepsilon$$
列（3）和（4）使用模型（3-7）如下：
$$tobit(divrt/divyd) = \alpha_0 + \alpha_1 family + \alpha_2 report + \alpha_3 family * report + ControlVariables + YEAR + INDUSTRY + \varepsilon$$
其中，变量 analyst 为本年内跟踪分析该上市公司的分析师（团队）数除以10，变量 report 为本年内跟踪分析该上市公司的研报数除以10，其余变量的定义详见表3-23。括号内报告的 t 值为经异方差调整后的稳健 t 值，*、**、*** 分别代表在10%、5%、1%统计水平上显著。

不同的制度环境下，上市公司需要面对的司法效率、投资者保护力度和政府影响力存在差异。上市公司所在地区的制度环境也会影响公司的信息不对称程度。完善的制度环境本身是一种重要的外部治理机制。提高司法效率和投资者保护水平，有助于弥补公司内部治理机制的不完善，起到监督上市公司管理层、保护中小投资者合法权益的作用。同时，当地司法效率和投资者保护力度的增强，提高了监管层和市场参与者对上市公司信息披露的需求和标准，进而提高会计信息质量（Ding et al.，2007；姜英兵、严婷，2012）。此外，在制度发展健全的地区，激烈的市场竞争也会在无形中促使公司内外部信息不对称程度的降低。因此，现有研究普遍认为，上市公司的会计信息质量随所在地区制度环境的改善而提高（Leuz et al.，2003；Burgstahler et al.，2006；李延喜等，2012）。这种会计信息质量的改善有利于帮助外部投资者更充分地了解上市公司的真实信息，降低企业内外信息不对称的程度。

此外，制度环境也可能影响家族特殊资产对家族企业造成的负面效应程度。与所在地区制度环境发展健全的家族上市公司相比，若所在地区的制度环境发展不完善，当地要素价格市场受到政府干预和管控的可能性越大。此时，为了实现企业长期经营的目的，即使公司外部投资者与内部人之间的信息不对称度有可能进一步恶化，企业仍然需要建立一定的政治关系，以规避或减少行政干预和"掠夺之手"等政府行为对企业日常经营活动的影响。

因此，若家族企业所在地区的制度环境越健全，不仅投资者面对的整体信息不对称程度减少，而且家族也降低了对政治关系这种家族特殊资产的需求，进一步减小了由此带来的负面影响。此时，家族企业的现金股利水平应该会降低。

为了检验企业所处制度环境与现金股利水平之间的关系，构建模型（3-8）进行回归检验：

$$tobit(divrt/divyd) = \alpha_0 + \alpha_1 family + \alpha_2 index + \alpha_3 family * index + ControlVariables + YEAR + INDUSTRY + \varepsilon$$

其中，变量 $index$ 为上市公司所在地区的制度环境发展水平，采用樊纲等编制的 2011 版《中国市场化指数》中的各地区市场化进程总得分，其中，2010 年以后的缺失值采用前三年数值的平均值计算；模型关注的变量为交互项变量 $family * index$，若该变量的系数 α_3 显著为负，说明随着所在地区的制度环境发展越好，家族企业的现金股利分配水平降低。

表 3-39 是所在地区市场化程度如何影响家族企业现金股利政策的检验结果，其中，列（1）和列（2）的被解释变量为 $divrt$、列（3）和列（4）的被解释变量为 $divyd$。在列（1）和列（3）中，变量 $family$ 的系数为正，且均在 1% 统计水平上显著，表明即便控制了上市公司所在地区的市场化程度，家族企业仍然比非家族企业分配更多的现金股利。同时，变量 $index$ 为正，且两列回归中均在 1% 统计水平上显著，表明上市公司所在地市场化程度越好，上市公司的现金股利支付率和现金股利收益率更高。在列（2）和列（4）中加入交互项变量 $family * index$，变量 $family$ 与变量 $index$ 未发生实质性改变，而交互项变量 $family * index$ 在两列回归中均在 1% 统计水平上显著为负，且系数绝对值小于变量 $family$ 的系数。这说明随着所在地市场化程度的提高，虽然家族企业的现金股利水平仍然显著更高，但其与非家族企业的差距在缩小，即家族企业的现金股利水平降低。

表 3-39 所在地区制度环境与现金股利水平

变量	(1) divrt	(2) divrt	(3) divrt	(4) divrt
family	0.043*** (4.03)	0.222*** (3.99)	0.072*** (2.69)	0.625*** (4.42)
index	0.015*** (5.94)	0.030*** (5.81)	0.035*** (5.56)	0.080*** (6.07)
family*index		−0.019*** (−3.32)		−0.060*** (−4.04)
inddir	−0.274*** (−3.22)	−0.266*** (−3.12)	−0.915*** (−4.25)	−0.887*** (−4.13)
asset	0.023*** (3.24)	0.024*** (3.36)	0.132*** (7.47)	0.135*** (7.66)
leverage	−0.304*** (−8.33)	−0.303*** (−8.31)	−0.271*** (−3.13)	−0.268*** (−3.11)
pb	−0.013*** (−4.76)	−0.013*** (−4.71)	−0.135*** (−17.30)	−0.135*** (−17.20)
roa	1.001*** (7.84)	0.985*** (7.70)	9.383*** (26.24)	9.341*** (26.21)
opercf	0.031*** (4.48)	0.032*** (4.60)	0.126*** (6.54)	0.129*** (6.67)
lnsale	0.015 (0.76)	0.016 (0.78)	0.054 (1.09)	0.055 (1.12)
risk	−3.216*** (−3.38)	−3.178*** (−3.34)	−13.624*** (−5.77)	−13.488*** (−5.73)
publicseo	0.026 (0.67)	0.027 (0.69)	0.037 (0.32)	0.041 (0.35)
stockdiv	0.041*** (4.35)	0.041*** (4.39)	0.070*** (3.00)	0.071*** (3.05)
intercept	−0.318** (−1.96)	−0.474*** (−2.84)	−2.195*** (−5.53)	−2.687*** (−6.56)

(续表)

变量	(1) $divrt$	(2) $divrt$	(3) $divrt$	(4) $divrt$
Year	Yes	Yes	Yes	Yes
Industry	Yes	Yes	Yes	Yes
pseudo R^2	0.174	0.176	0.189	0.190
N	5 749	5 749	5 749	5 749

注：使用模型（3-8）：
$$tobit(divrt/divyd) = \alpha_0 + \alpha_1 family + \alpha_2 index + \alpha_3 family * index + ControlVariables + YEAR + INDUSTRY + \varepsilon$$
其中，变量 $index$ 为上市公司所在地区的制度环境发展水平，采用樊纲等编制的2011版《中国市场化指数》中的各地区市场化进程总得分（2010年以后的缺失值采用前三年数值的平均值计算），其余变量的定义详见表3-23。括号内报告的 t 值为经异方差调整后的稳健 t 值，*、**、*** 分别代表在 10%、5%、1% 统计水平上显著。

除了可以从分析师的关注度和企业所处地区的市场环境两个角度体现企业的信息不对称度外，也可以直接利用交易所对上市公司信息披露工作的考核结果判断上市公司本身信息披露透明度。

深圳证券交易所每年会对在深圳证券市场上市交易的主板和创业板上市公司的信息披露质量进行年度考核。根据深交所2017年修改的《深圳证券交易所上市公司信息披露工作考核办法》（下文简称《信息披露工作考核办法》），依据当年度上市公司信息披露的真实性、准确性、完整性、及时性、合法合规性和公平性，上市公司的信息披露考核会被分为A、B、C、D四个等级。上市公司信息披露考核等级越高，表明上市公司的信息披露工作做得越好。此时，上市公司信息越公开透明，公司外部人面临的信息不对称程度越低。因此，若家族企业的信息披露考核等级越高，由家族特殊资产导致的家族企业信息披露不足问题的严重性越低，从而减少了企业利用股利政策作为信号机制的需求。

按照《信息披露工作考核办法》的要求，上市公司的信息披露考核等级分别为 A、B、C、D 四个等级，其中，A 级代表的信息披露质量最高，D 级代表的信息披露质量最低。因此，本小节设变量 score，变量取值越高，代表信息披露考核等级越高，即上市公司的信息披露质量越好，公司内外信息不对称程度越低。为了检验是否随着信息披露考核等级的提高，家族企业与非家族企业的现金股利分配差距会逐渐缩小，本小节构建模型（3-9）如下：

$$tobit(divrt/divyd) = \alpha_0 + \alpha_1 family + \alpha_2 score + \alpha_3 family * score + ControlVariables + YEAR + INDUSTRY + \varepsilon$$

其中，变量 score 为上市公司的信息披露质量等级，当信息披露考核等级为 A 时，该变量取 3；当信息披露考核等级为 B 时，该变量取 2；当信息披露考核等级为 C 时，该变量取 1；当信息披露考核等级为 D 时，该变量取 0；模型关注的变量为交互项变量 family * score，若该变量的系数 α_3 显著为负，说明随着公司信息披露等级的提高，家族企业现金股利分配水平降低。

表 3-40 报告了在深交所上市交易观测的信息披露考核等级与现金股利水平检验结果。交互项变量 family * score 在列（1）中的系数为 −0.066 且在 1% 统计水平上显著，在列（2）中的系数为 −0.144 且在 1% 统计水平上显著；除控制变量 asset 在列（1）中的显著性降低外，其他控制变量与表 3-32 基本一致。这说明，在深圳证券交易市场上市的观测中，家族企业的现金股利支付率与现金股利收益率显著高于非家族企业；但是随着家族企业的信息披露考核等级的提高，家族企业的现金股利分配水平降低。这个结果进一步证明了，随着家族企业所处环境的信息不对称程度降低，家族企业利用股利作为信号的动机被弱化，家族企业的现金股利水平也会降低。

表 3-40 信息披露考核等级与现金股利水平

变量	(1) divrt		(2) divrt	
$family$	0.178***	(3.808)	0.366***	(3.389)
$score$	0.093***	(5.006)	0.218***	(4.966)
$family*score$	−0.066***	(−3.203)	−0.144***	(−2.945)
$inddir$	−0.304***	(−3.271)	−1.083***	(−4.647)
$asset$	0.000	(0.031)	0.070***	(3.316)
$leverage$	−0.299***	(−7.175)	−0.257***	(−2.702)
pb	−0.012***	(−3.606)	−0.136***	(−15.404)
roa	0.866***	(5.714)	9.054***	(21.946)
$opercf$	0.029***	(3.541)	0.112***	(5.048)
$lnsale$	−0.027	(−1.103)	−0.018	(−0.325)
$risk$	−2.596**	(−2.441)	−11.902***	(−4.556)
$publicseo$	0.039	(0.652)	0.058	(0.361)
$stockdiv$	0.040***	(3.922)	0.071***	(2.808)
$intercept$	−0.009	(−0.043)	−1.298***	(−2.687)
$Year$	Yes		Yes	
$Industry$	Yes		Yes	
$pseudo\ R^2$	0.187		0.189	
N	4 207		4 207	

注：以在深圳证券交易市场上市的主板上市公司和创业板上市公司为研究对象，使用模型（3-9）：
$$tobit(divrt/divyd) = \alpha_0 + \alpha_1 family + \alpha_2 score + \alpha_3 family*score + ControlVariables + YEAR + INDUSTRY + \varepsilon$$
其中，score 为信息披露考核等级，当信息披露考核等级为 A 时，取 3；当信息披露考核等级为 B 时，取 2；当信息披露考核等级为 C 时，取 1；当信息披露考核等级为 D 时，取 0；其余变量的定义详见表 3-23。括号内报告的 t 值为经异方差调整后的稳健 t 值，*、**、*** 分别代表在 10%、5%、1% 统计水平上显著。

本小节的结果说明，虽然家族企业的现金股利支付率与现金股利收益率均显著高于非家族企业,若存在其他信息传递机制或企业本身信息披露制度更完善时,如上市公司更加受到分析师关注、上市公司所在地区的市场化发展程度和信息披露考核等级更高时,家族企业利用现金股利的信号作用的动机减小,即家族企业的现金股利水平会降低,缩小了与非家族企业现金股利的差异。

3.5.2 家族企业的股利信号与当期盈余水平

根据股利信号理论,企业可以通过发放高水平的股利,向外界传递出企业未来经营情况良好及稳定的信号,增强投资者的信心,即股利具有传递盈余信息的作用(Battacharya, 1979; Miller, 1985; Aharony and Itzhak, 1980; Asquith and Mullins, 1983)。根据前文单变量检验表 3-24 可发现,家族企业的会计业绩显著优于非家族企业。那么,家族企业积极的现金股利政策仅是因为其更高的盈余水平吗?家族企业的现金股利只是传递了企业盈余和经营状况的信息吗?

本小节首先将家族企业样本按照业绩 roa 中位数进行分组[1],其中,高于样本中位数的样本为高业绩家族企业,否则,为低业绩家族企业;接着,对比低业绩家族企业与全部非家族企业的现金股利分配力度。

表 3-41 报告了低业绩家族企业与全部非家族企业的均值检验。总体来看,表 3-41 的结果与表 3-29、表 3-30 和表 3-31 的结果一致。在 Panel A 中,低业绩家族企业的平均 roa 为 0.016 3,而全非家族企业的平均 roa 为 0.047,两者相差 $-0.030\ 7$ 且在 1% 统计水平上显著;在 Panel B 中,低业绩家族企业的平均股利支付率为 0.257 4,全非家族企业的平均股利支

---

[1] 若采用经行业中位数调整后的 roa 作为当期业绩衡量指标,并按照全样本的中位数进行分组,表 3-41 和表 3-42 的结果依然成立,未发现实质性改变。

付率为 0.223 8，两者相差 0.033 6 且在 1% 统计水平上显著；在 Panel C 中，低业绩家族企业的平均股利收益率为 0.504 3，全非家族企业的平均股利收益率为 0.646 3，两者相差 -0.142 且在 1% 统计水平上显著。由此可知，在未控制其他影响因素的情况下，虽然低业绩家族企业的会计业绩和股利收益率显著低于非家族企业，但是前者的股利支付率水平仍然显著高于后者。表 3-41 的结果表明，家族企业的现金股利水平并不是完全由公司盈利能力决定的。

表 3-41 低业绩家族企业与非家族企业均值检验

企业类型	观测数	均值	标准差	均值差 $(a-b)$	t 值
Panel A：roa					
（a）低业绩家族企业	2 251	0.016 3	0.000 6	-0.031 0***	-22.231 1
（b）非家族企业	1 246	0.047 3	0.001 5		
Panel B：divrt					
（a）低业绩家族企业	2 251	0.257 4	0.006 3	0.033 6***	3.413 4
（b）非家族企业	1 246	0.223 8	0.006 8		
Panel C：divyd					
（a）低业绩家族企业	2 251	0.504 3	0.013 9	-0.142 0***	-5.786 3
（b）非家族企业	1 246	0.646 3	0.021 3		

表 3-42 是当期盈余与家族企业现金股利水平的检验结果，检验样本为低业绩家族企业与全体非家族企业，被解释变量分别为 $divrt$ 和 $divyd$。在列（1）中，变量 $family$ 的系数为 0.128，在 1% 统计水平上显著为正；在列（2）中，变量 $family$ 的系数为 0.141，在 1% 统计水平上显著为正；其余控制变量结果与表 3-32 类似。由此可见，即便是低业绩的家族企业，在控制了业绩

等其他影响因素后,企业的现金股利支付率与现金股利收益率仍然显著地高于非家族企业,从而说明家族企业的高水平现金股利并不仅仅传递了企业业绩、盈余信息,还传递了与家族相关的其他增量信息,从而更进一步支持了家族企业股利政策的信号作用。

表 3-42 当期盈余与现金股利水平

变量	(1) $divrt$		(2) $divrt$	
$family$	0.128***	(7.58)	0.141***	(4.02)
$inddir$	−0.393***	(−2.83)	−0.914***	(−3.19)
$asset$	0.025**	(2.16)	0.137***	(5.64)
$leverage$	−0.291***	(−5.09)	−0.166	(−1.47)
pb	−0.027***	(−4.92)	−0.132***	(−10.70)
roa	3.317***	(13.98)	13.100***	(20.88)
$opercf$	0.021*	(1.94)	0.077***	(2.92)
$lnsale$	0.017	(0.52)	0.083	(1.24)
$risk$	−2.188	(−1.40)	−12.551***	(−3.91)
$publicseo$	−0.055	(−0.66)	−0.275	(−1.26)
$stockdiv$	0.071***	(4.22)	0.113***	(3.31)
$intercept$	−0.437*	(−1.69)	−2.408***	(−4.53)
$Year$	Yes		Yes	
$Industry$	Yes		Yes	
$pseudo\ R^2$	0.165		0.193	
N	3 497		3 497	

注:使用模型 (3-3) 进行检验,研究样本为低业绩家族企业和全体非家族企业,共 3 497 个观测。变量的定义详见表 3-23。括号内报告的 t 值为经异方差调整后的稳健 t 值,*、**、*** 分别代表在 10%、5%、1% 统计水平上显著。

3.5.3 家族企业的股利信号与未来公司价值

前文的实证检验结果表明,家族企业会利用股利的信号机制向外部投资者传递更多公司内部增量信息,以解决由家族特殊资产带来的信息不对称问题。家族企业的股利信号是否能够带来企业价值的提高呢?

参考吕长江和邵帅(2014),本小节选取上市公司长期超额收益$BHAR$度量公司价值。超额收益$BHAR$的具体计算公式如下:

$$BHAR = \prod_{t=1}^{t=12}(1+R_{it}) - \prod_{t=1}^{t=12}(1+R_{mt})$$

其中,变量R_{it}为考虑现金红利再投资的月个股回报率,变量R_{mt}为按总市值加权法计算的考虑现金股利再投资的月市场回报率。

为了检验家族企业的股利信号是否会提高公司价值,本小节检验构建模型(3-10)如下:

$$BHAR = \alpha_0 + \alpha_1 family + \alpha_2 divrt\_1(divyd\_1) + \alpha_3 family * divrt\_1(divyd\_1) + ControlVariables + YEAR + INDUSTRY + \varepsilon$$

其中,被解释变量$BHAR$为公司当年度长期超额收益,解释变量$divrt\_1(divyd\_1)$分别是公司上一年度股利支付率(股利收益率)[1],控制变量包括公司规模$asset$、公司负债率

---

[1] 由于上市公司当年度股利预案公告在下一年度1—4月份之间公布,如神剑股份(002361)2013年利润分配方案是在2014年2月28日公布的,因此,检验上市公司股利分配是否会促进公司价值的提高,应该检验上一年度股利分配水平和当年度公司价值的关系。

leverage、公司净资产收益率 roe、公司成长性 lnsale、公司风险 risk、再融资活动 publicseo 和股票股利 stockdiv，除变量 roe 为公司当年净利润与净资产之比外，其余变量的定义同表 3-23；模型关注的变量为交互项变量 $family * divrt\_1$（$divyd\_1$），若该变量的系数 α_3 显著为正，说明随着企业分配的现金股利水平提高，家族企业未来公司价值更高。

表 3-43 报告了公司价值与现金股利水平的检验结果表，其中，被解释变量为公司当年长期超额收益 BHAR。在列（1）中，变量 family 显著为负，说明相比于非家族企业，家族企业的超额收益更低；在列（2）和列（3）中，变量 $divrt\_1$ 与变量 $divyd\_1$ 均显著为正，说明随公司上一年度分配的现金股利水平的提高，当年度公司价值也会提高；在列（4）中，交互项变量 $family * divrt\_1$ 的系数为正但显著性水平不足 10%，在列（5）中，交互项变量 $family * divyd\_1$ 的系数为正且在 1% 统计水平上显著，说明随着家族企业支付的现金股利支付率与现金股利收益率的提高，企业的公司价值比非家族企业更高。由此可见，家族企业利用股利信号作用会产生积极的经济后果。

表 3-43 未来公司价值与现金股利水平

变量	被解释变量：BHAR				
	(1)	(2)	(3)	(4)	(5)
family	−0.032* (−1.94)			−0.059** (−2.37)	−0.081*** (−3.37)
$divrt\_1$		0.059* (1.84)		−0.019 (−0.33)	
$divyd\_1$			2.722*** (2.60)		−2.255 (−1.12)

(续表)

变量	被解释变量：BHAR				
	(1)	(2)	(3)	(4)	(5)
family * divrt _ 1			0.101 (1.51)		
family * divyd _ 1					6.331*** (2.86)
asset	0.025*** (2.58)	0.025** (2.46)	0.020* (1.94)	0.025** (2.44)	0.020* (1.93)
leverage	0.116** (2.57)	0.133*** (2.87)	0.142*** (3.05)	0.133*** (2.87)	0.141*** (3.02)
roe	0.987*** (10.89)	0.968*** (9.02)	0.923*** (8.80)	0.983*** (9.11)	0.944*** (8.97)
lnsale	0.177*** (5.98)	0.175*** (5.60)	0.183*** (5.78)	0.176*** (5.63)	0.186*** (5.86)
risk	41.384*** (28.98)	41.554*** (18.68)	41.714*** (18.71)	41.562*** (18.70)	41.683*** (18.70)
publicseo	−0.055 (−0.66)	−0.054 (−0.53)	−0.057 (−0.56)	−0.055 (−0.54)	−0.058 (−0.58)
stockdiv	0.094*** (6.06)	0.092*** (5.73)	0.093*** (5.76)	0.093*** (5.81)	0.094*** (5.86)
intercept	−2.359*** (−11.05)	−2.402*** (−10.89)	−2.325*** (−10.29)	−2.358*** (−10.68)	−2.265*** (−10.02)
Year	Yes	Yes	Yes	Yes	Yes
Industry	Yes	Yes	Yes	Yes	Yes

(续表)

变量	被解释变量：BHAR				
	（1）	（2）	（3）	（4）	（5）
$adj.\ R^2$	0.251	0.251	0.252	0.252	0.254
N	5 733[1]	5 733	5 733	5 733	5 733

注：检验模型（3-10）如下：
$$BHAR = \alpha_0 + \alpha_1 family + \alpha_2 divrt\_1(divyd\_1) + \alpha_3 family * divrt\_1(divyd\_1) + ControlVariables + YEAR + INDUSTRY + \varepsilon$$
其中，变量 $BHAR$ 为公司当年度长期超额收益率，变量 $divrt\_1$（$divyd\_a$）为公司上一年度现金股利支付率（股利收益率），变量 roe 为当年度净资产收益率，其余变量的定义详见表 3-23。括号内报告的 t 值为经异方差调整后的稳健 t 值，*、**、*** 分别代表在 10%、5%、1% 统计水平上显著。

3.6 竞争性假说

根据前文的实证检验结果，本章提出的 3 个假说均得到支持。这说明，在我国民营上市公司中，家族企业的现金股利分配公告产生的市场反应、各年度现金股利持续性和各年度平稳性和现金股利支付水平显著高于非家族企业；进一步检验后，还发现家族企业的股利政策不仅仅受到外部信息不对称程度的影响，还传递了除盈余以外的其他增量信息，更能够促进公司价值的提高。以上结果支持了家族企业利用现金股利作为信号媒介，以解决由家族特殊资产带来的信息披露不透明问题的观点。

但是，根据已有关于股利政策和家族企业的主要研究成果，自由现金流假说、控股股东的"掏空"动机和监管政策的影响等都有可能解释企业的股利政策。为了更进一步支持本章

---

[1] 表 3-43 所用样本为上一年度未分配现金股利、或者分配现金股利且净利润为正的样本，故略少于假设 3 所用的样本。

的研究假设，接下来，本节分别对以上三种竞争性假说进行验证和排除。

3.6.1 自由现金流假说

根据股利代理理论，上市公司的股利分配有助于缓解由于所有权与管理权分离所导致的传统代理问题（Rozeff，1982；Easterbrook，1984）。对企业现有资金进行分配能够有效降低公司内部的自由现金流水平，限制了公司管理者利用这部分资金进行寻租活动的可能性和空间。这一理论也被称为自由现金流假说（Jensen，1986）。按照该假说，公司的现金股利水平与公司面临的代理成本问题呈显著正相关关系。不过，在家族企业中由于家族参与度高，家族成员往往出任上市公司管理层，因此，家族企业的第一层代理成本应该低于非家族企业，即家族企业中的自由现金流问题并不十分严重。为了排除这种假说，本小节借鉴 Chen 等（2011）和 Attig 等（2016）的方法，按照上市公司成长性和自由现金流水平，筛选出理论上自由现金流代理问题最弱的一组观测，并在这组观测中对比家族企业与非家族企业的现金股利水平是否仍有显著差异。

由于上市公司可直接观测的成长性指标和自由现金流指标都是受到公司代理问题影响后的结果，直接使用可能会导致内生性问题。因此，本小节对这两个指标分别处理如下：首先，选取托宾 Q 作为上市公司成长性的度量变量，当上市公司自身的托宾 Q 水平高于所在行业中位数时，认为该上市公司为高成长性公司，否则，为低成长性公司；其次，采用每股剩余自由现金流作为上市公司自由现金流的度量变量，若每股剩余自由现金流高于上市公司所在行业的中位数，则该上市公司为高自由现金流公司，否则，为低自由现金流公司。其中，每股剩余自由现金流是将公司可直接观测的每股自由现金流与家族企业哑变量 $family$ 回归拟合后得到的残值。当上市公司处于高成长阶段但自由现金流水平低时，公司面临的自由现金流代理问题最弱（Lang et al.，1991；Chen et al.，2011）。按照自由现金流假说，此时的现金股利并不能发挥出降低公司自由现金流、约束管理层的作用，上市公司的现金分红动机最弱。因此，若自由现金流假说成立，在高成长但低自由现金流水平组中，家族企业与非家族企业的现金股利水平应该不存在显著差异。

表 3-44 是自由现金流假说检验，两列的被解释变量分别为 $divrt$ 与 $divyd$。在列（1）中，变量 $family$ 的系数为 0.047，且在 5% 统计水平上显著；在列（2）中，变量 $family$ 的系数为 0.102，且在 5% 统计水平上显著。这表明，即便在自由现金流代理问题并不严重时，家族企业依然愿意分配更高水平的现金股利。由此可见，家族企业的股利政策并不能够用自由现金流假说解释。

表 3-44 自由现金流假说的检验

变量	(1)		(2)	
	$divrt$		$divrt$	
$family$	0.047**	(2.40)	0.102**	(2.19)
$inddir$	0.067	(0.44)	−0.432	(−1.27)
$asset$	0.023*	(1.81)	0.120***	(3.66)
$leverage$	−0.316***	(−4.86)	−0.335**	(−2.17)
pb	−0.013***	(−2.98)	−0.108***	(−9.13)
roa	0.682***	(2.94)	7.168***	(11.21)
$opercf$	0.012	(0.82)	0.081**	(1.98)

(续表)

变量	(1)		(2)	
	$divrt$		$divrt$	
$lnsale$	0.065*	(1.73)	0.135	(1.53)
$risk$	−3.511**	(−2.22)	−12.260***	(−3.13)
$publicseo$	0.014	(0.19)	−0.063	(−0.37)
$stockdiv$	0.025	(1.55)	0.020	(0.51)
$intercept$	−0.186	(−0.64)	−1.623**	(−2.25)
Year	Yes		Yes	
Industry	Yes		Yes	
$pseudo\ R^2$	0.285		0.225	
N	1 352		1 352	

注：检验观测为按照托宾Q和自由现金流水平分组后属于高成长性、低自由现金流组的家族企业与非家族企业，使用模型（3-3）进行检验，变量的定义详见表3-23。括号内报告的t值为经异方差调整后的稳健t值，*、**、***分别代表在10%、5%、1%统计水平上显著。

3.6.2 利益侵占假说

国内学者从我国上市公司控股股东股权集中度高且多采用金字塔持股方式控股上市公司的特征出发，提出股利的利益侵占假说，即上市公司控股股东通过分配更多的现金股利实现转移上市公司资产、"掏空"上市公司的目的（原红旗，2001；陈信元等，2003；肖珉，2005；吕长江、周县华，2005）。在家族企业中，由于家族总持股高且两权分离程度高，家族企业中控股股东与中小股东的代理问题严重（Faccio et al.，2001；冯旭南等，2011），邓建平和曾勇（2005）提出我国家族企业的股利政策是为了实现家族控制人自身利益最大化,损害了中小股东的权益。因此,家族企业之所以比非家族企业愿意分配更多的现金股利,一种可能的解释是家族企业中控股股东更有动机通过发放更多的现金股利"掏空"上市公司。

为了排除这一竞争性假说,本小节分别从实际控制人股权结构、两权分离情况以及后股权分置改革时期三个角度进行验证。

由于上市公司投资者具体可以分得的现金股利取决于在股权登记日当天的持股比例,那么,家族企业的高水平现金股利是因为企业的实际控制人持股水平更高导致的吗?

表3-45报告了分企业类型实际控制人总持股年度表。首先,从两类企业总体对比来看,家族企业在研究观测期内的平均总持股为38.1%,中位数为35.82%;非家族企业的平均总持股为12.5%,中位数为19.8%。其次,家族企业中,实际控制人总持股水平从2006年的均值为26.5%、中位数为23.3%逐年上升到2014年时的均值为40.4%、中位数为39.2%;非家族企业中,实际控制人总持股水平从2006年的均值为11.4%、中位数为8.7%逐年上升到2014年时的均值为12.5%、中位数为19.8%。由此可见,虽然两类企业的实际控制人持股水平都呈逐年上升的趋势,但家族企业的实际控制人持股水平始终高于非家族企业。

表3-45 分企业类型实际控制人总持股年度表

年度	家族企业		非家族企业	
	均值	中位数	均值	中位数
2006	0.265	0.233	0.114	0.0870
2007	0.287	0.245	0.106	0.0780
2008	0.319	0.293	0.123	0.0800

(续表)

年度	家族企业		非家族企业	
	均值	中位数	均值	中位数
2009	0.342	0.313	0.150	0.093 0
2010	0.342	0.313	0.176	0.107
2011	0.360	0.329	0.215	0.172
2012	0.390	0.366	0.235	0.201
2013	0.414	0.402	0.253	0.223
2014	0.404	0.392	0.246	0.203
平均	0.381	0.358 2	0.125	0.198

若家族企业支付更多的现金股利主要是由于家族实际控制人的高持股水平，预期在实际控制人高持股组中，家族企业应该会支付更多的现金股利，与非家族企业的现金股利差异也会更高。表 3-46 是按照两类企业各自的实际控制人持股水平分组后比较家族企业与非家族企业现金股利差异的检验结果[1]。如表 3-46 所示，当被解释变量为 $divrt$ 时，变量 $family$ 在高持股组与低持股组中均显著为正，且两个系数差异并不显著；当被解释变量为 $divyd$ 时，变量 $family$ 在低持股组中显著为正，在高持股组中系数虽然为正但并不显著，且两个系数差异显著。这表明，即便在实际控制人持股水平较低的组中，家族企业的现金股利水平仍然显著地高于非家族企业。因此，家族企业的高水平现金股利主要是因为企业实际控制人的高持股比例的原因并不成立。

---

[1] 若按全样本的实际控制人持股水平的中位数进行分组，表 3-46 的结果依然成立。

表 3-46　基于股权结构的利益侵占假说检验

变量	$divrt$		$divyd$	
	低持股	高持股	低持股	高持股
	(1)	(2)	(3)	(4)
$family$	0.065***	0.037**	0.150***	0.013
	(3.89)	(2.51)	(3.53)	(0.37)
$inddir$	−0.327**	−0.241**	−1.344***	−0.708**
	(−2.33)	(−2.24)	(−3.97)	(−2.50)
$asset$	0.021*	0.021**	0.117***	0.137***
	(1.95)	(2.23)	(4.54)	(5.74)
$leverage$	−0.233***	−0.340***	−0.265**	−0.216*
	(−4.32)	(−6.82)	(−2.09)	(−1.83)
pb	−0.021***	−0.008**	−0.147***	−0.134***
	(−4.79)	(−2.06)	(−11.78)	(−13.23)
roa	1.569***	0.417**	10.198***	8.552***
	(8.55)	(2.27)	(19.80)	(17.29)
$opercf$	0.042***	0.034***	0.177***	0.116***
	(3.91)	(3.86)	(6.05)	(4.63)
$lnsale$	0.045	−0.021	0.172**	−0.085
	(1.54)	(−0.75)	(2.48)	(−1.23)
$risk$	−3.754***	−3.493***	−16.012***	−12.703***
	(−2.59)	(−2.76)	(−4.59)	(−3.92)
$publicseo$	0.004	0.065	0.054	0.029
	(0.11)	(0.78)	(0.41)	(0.14)
$stockdiv$	0.052***	0.027**	0.070**	0.059*
	(3.58)	(2.24)	(1.99)	(1.92)
$intercept$	−0.123	−0.135	−1.406**	−2.055***
	(−0.52)	(−0.61)	(−2.48)	(−3.68)
$Year$	Yes	Yes	Yes	Yes
$Industry$	Yes	Yes	Yes	Yes

(续表)

变量	*divrt*		*divyd*	
	低持股	高持股	低持股	高持股
	(1)	(2)	(3)	(4)
pseudo R^2	0.194	0.172	0.217	0.172
N	2 868	2 881	2 868	2 881
family 系数组间检验				
Diff	0.028		0.137**	
chi2	1.61		6.18	

注：检验观测为按照两类企业实际控制人持股是否高于各类型样本中位数分组后的家族企业与非家族企业观测，使用模型（3-3）进行检验，变量的定义详见表3-23。括号内报告的 *t* 值为经异方差调整后的稳健 *t* 值，*、**、*** 分别代表在10%、5%、1%统计水平上显著。

虽然实际控制人的股权结构是直接决定可分得现金股利金额的关键因素，两权分离程度也会影响实际控制人"掏空"的动机。当上市公司的两权分离越高时，实际控制人仅通过低比例的投票权就能获得高比例的上市公司控制权，降低了自利行为的成本，因此，更有动机"掏空"上市公司。表3-47是分企业类型两权分离度的年度表，其中，两权分离度的计算方式按照实际控制人控制权与投票权之比度量，即当两权分离度为1时，实际控制人享有的控制权与投票权相等。首先，从两类企业总体对比来看，家族企业在研究观测期内的平均两权分离度为1.228，中位数为1.000 2；非家族企业的平均两权分离度为2.338，中位数为1.661。这说明相较于非家族企业，家族企业中的两权分离问题并没有那么严重。其次，对于家族上市公司，2006年的两权分离度均值为1.421，中位数为1.196，且该数值逐年下降；到2012年时，两权分离度的均值为1.212，中位数为1，2014年时均值继续下降为 1.182，中位数为 1，表明从 2012 年开始超过半数的家族企业不存在两权分离的现象。对于非家族企业，两权分离度均值由 2006 年的 3.215 逐渐下降到 2014 年的 1.874，中位数也从 2.886 下降为 1.135。由此可见，无论是家族企业还是非家族企业，上市公司实际控制人两权分离的问题逐年得到缓解，尤其是在家族企业中，从 2012 年开始已经有超过 50% 的家族企业实际控制人的控制权与投票权相等。这一结果与邵帅和吕长江（2015）发现越来越多实际控制人倾向直接持股的现象一致。表 3-47 的结果表明，在我国民营上市公司中，尤其是家族企业中，由两权分离导致的上市公司控股股东"掏空"动机已经逐年减弱。

表 3-47　分企业类型实际控制人两权分离度年度表

年度	家族企业		非家族企业	
	均值	中位数	均值	中位数
2006	1.421	1.196	3.215	2.886
2007	1.434	1.181	3.612	3.006
2008	1.359	1.140	3.075	2.821
2009	1.329	1.100	2.532	1.980
2010	1.329	1.100	2.224	1.695
2011	1.273	1.028	1.993	1.351
2012	1.212	1	2.079	1.412
2013	1.181	1	1.976	1.201
2014	1.182	1	1.874	1.135
平均	1.228	1.000 2	2.338	1.661

接下来，本小节按照实际控制人持股数与两权分离度水平是

否高于两类企业样本中位数，将样本分为四组。若家族企业中的控股股东是为了实现利益侵占而分配更多的现金股利，可以预期：在控股股东"掏空"动机弱（即低持股与低两权分离度）的组中，家族企业与非家族企业在现金股利分配上应该不会有显著差异；反之，在控股股东"掏空"动机强（即高持股与高两权分离度）的组中，家族企业的现金股利分配应该显著高于非家族企业。

表 3-48 是按照实际控制人持股水平与两权分离度分组后比较家族企业与非家族企业现金股利差异的检验结果。如表3-48所示，变量 $family$ 在持股和两权分离度"双低"组中为正，且在被解释变量为 $divrt$ 时在1%统计水平上显著；但是，在持股和两权分离度"双高"组中，该变量的系数为负。组间检验进一步发现，变量 $family$ 的系数在"双低"组和"双高"组中显著不相等。这表明，即便在控股股东"掏空"动机较弱的组中，家族企业的现金股利水平仍然显著地高于非家族企业。因此，家族企业的实际控制人是为了利益侵占而分配更多现金股利的解释不成立。

表 3-48 基于两权分离度的利益侵占假说检验

变量	$divrt$		$divyd$	
	低持股 低两权分离度	高持股 高两权分离度	低持股 低两权分离度	高持股 高两权分离度
	(1)	(2)	(3)	(4)
$family$	0.120*** (2.81)	−0.006 (−0.17)	0.123 (1.26)	−0.138 (−1.42)
$inddir$	−0.961*** (−4.16)	−0.369* (−1.90)	−2.076*** (−4.24)	−0.522 (−0.97)
$asset$	0.006 (0.30)	0.042*** (2.65)	0.038 (0.89)	0.192*** (4.77)

(续表)

变量	*divrt*		*divyd*	
	低持股 低两权分离度	高持股 高两权分离度	低持股 低两权分离度	高持股 高两权分离度
	(1)	(2)	(3)	(4)
leverage	−0.209**	−0.484***	−0.365*	−0.475**
	(−2.31)	(−5.29)	(−1.93)	(−2.17)
pb	−0.014*	−0.002	−0.122***	−0.119***
	(−1.84)	(−0.19)	(−6.25)	(−5.40)
roa	1.490***	0.292	9.633***	8.267***
	(4.92)	(0.96)	(12.24)	(9.80)
opercf	0.080***	0.042***	0.222***	0.170***
	(3.55)	(3.01)	(4.18)	(4.18)
lnsale	−0.114**	−0.064	−0.084	−0.081
	(−1.97)	(−1.30)	(−0.75)	(−0.69)
risk	−4.160*	−5.593**	−18.193***	−20.624***
	(−1.67)	(−2.50)	(−3.60)	(−3.48)
publicseo	−0.025	0.085	0.031	0.022
	(−0.36)	(0.75)	(0.15)	(0.09)
stockdiv	0.047**	0.019	0.055	0.102*
	(2.02)	(0.85)	(1.11)	(1.80)
intercept	0.353	−0.523	0.517	−3.413***
	(0.77)	(−1.46)	(0.54)	(−3.68)
Year	Yes	Yes	Yes	Yes
Industry	Yes	Yes	Yes	Yes
pseudo R^2	0.242	0.262	0.285	0.203
N	931	937	931	937

(续表)

变量	*divrt*		*divyd*	
	低持股 低两权分离度	高持股 高两权分离度	低持股 低两权分离度	高持股 高两权分离度
	(1)	(2)	(3)	(4)
family 系数组间检验				
Diff		0.126**		0.261*
chi2		5.33		3.58

注：检验观测为按照两类企业的实际控制人持股与两权分离度是否高于样本中位数分组后的家族企业与非家族企业观测，采用模型（3-3）进行检验，变量的定义详见表3-23。括号内报告的 t 值为经异方差调整后的稳健 t 值，*、**、*** 分别代表在10%、5%、1%统计水平上显著。

除了实际控制人的持股结构，我国上市公司早期特殊的股权结构也会影响实际控制人的"掏空"动机。在股权分置改革之前，我国上市公司普遍存在流通股和非流通股两类，而非流通股可按股东性质进一步细分为国有股和非国有股。受这种复杂的股权结构影响，我国上市公司的代理问题更加复杂和棘手。在股权分置结构中，作为上市公司非流通股股东的控股股东无法通过正常的股票交易获得相应的投资收益。现金分红形式的利润分配成了他们获取收益的重要途径，甚至成为控股股东利益侵占的一种手段（廖理、方芳，2005；肖珉，2005；吕长江、周县华，2005）。尤其是在家族企业中，由于家族股东持股集中、两权分离度高的特征，上述问题也更为突出（邓建平、曾勇，2005）。随着股权分置改革的完成，"同股不同权"的限制得以消除，控股股东也可以通过正常的上市交易获得回报，纠正了控股股东被股权分置扭曲的利益取向（廖理、张学勇，2008），提高了公司治理水平（廖理等，2008；雷光勇等，2010；汪昌云等，2010）和自愿性披露水平（张学勇、廖理，2010）。支晓强等

(2014a)发现现金股利溢价对现金股利分配的解释能力在股权分置改革完成后显著提高,说明股权分置改革促使上市公司更加从中小投资者偏好的角度制定本公司现金股利分配政策。

虽然本章的研究观测期为 2006—2014 年,即在大部分观测期内上市公司已经开始股权分置改革,但为了尽可能地控制该股权结构对本章研究结论的影响,本小节选取 2010—2014 年为研究观测期重新进行检验。表 3-49 报告了以 2010—2014 年为观测期的检验结果。如表 3-49 所示,在完全剔除了股权分置结构存在的可能性后,变量 $family$ 的系数在被解释变量为 $divrt$ 时为 0.037 且在 1% 统计水平上显著,而在被解释变量为 $divyd$ 时系数为 0.050 且在 10% 统计水平上显著。这说明,即使不存在股权分置结构,我国家族企业的现金股利分配力度依旧显著高于非家族企业,从而更进一步排除了家族控股股东会利用现金股利的方式转移上市公司资产的可能性。

表 3-49　基于后股权分置改革期的利益侵占假说检验

变量	(1) $divrt$		(2) $divrt$	
$family$	0.037***	(3.11)	0.050*	(1.71)
$inddir$	−0.250***	(−2.74)	−0.811***	(−3.51)
$asset$	0.016**	(1.98)	0.120***	(6.22)
$leverage$	−0.294***	(−7.38)	−0.252***	(−2.70)
pb	−0.016***	(−4.75)	−0.144***	(−16.20)
roa	0.926***	(6.34)	9.573***	(24.04)
$opercf$	0.033***	(4.38)	0.125***	(5.96)

(续表)

变量	(1) $divrt$		(2) $divrt$	
lnsale	−0.015	(−0.66)	−0.019	(−0.34)
risk	−2.538**	(−2.42)	−12.244***	(−4.86)
publicseo	0.030	(0.44)	0.153	(0.77)
stockdiv	0.040***	(3.98)	0.077***	(3.10)
intercept	0.014	(0.08)	−1.762***	(−3.96)
Year	Yes		Yes	
Industry	Yes		Yes	
pseudo R^2	0.154		0.190	
N	4 504		4 504	

注：研究观测为2010—2014年的家族企业与非家族企业观测，采用模型(3-3)进行检验，变量的定义详见表3-23。括号内报告的 t 值为经异方差调整后的稳健 t 值，*、**、*** 分别代表在10%、5%、1%统计水平上显著。

3.6.3 监管政策影响

由于早期我国上市公司普遍存在"股利支付率低且不分配公司逐年增加"的问题（李常青，1999），我国证监会先后出台了一系列旨在鼓励上市公司对股东进行利润分红、保护投资者合法权益的政策规范。因此，上市公司的股利政策不仅取决于上市公司自身的经营决策，也在很大程度上受到监管层颁布的各种政策影响。若家族企业的高水平现金股利政策是为了弥补由家族特殊资产导致的信息不对称问题，该信号作用就不应该受这些政策因素的影响，即家族企业不会为了迎合特定监管政策而盲目提高现金股利水平，增加与非家族企业的差距。为了检验政策因素对家族企业现金股利政策的影响，本节将结合 2008 年发布的《关于修改上市公司现金分红若干规定的决定》和 2012 年发布的《关于进一步落实上市公司现金分红有关事项的通知》（下文简称证监发〔2012〕37 号文）两份重要的股利监管政策，对家族企业股利信号作用进行检验。

我国证监会在 2001 年公布的《上市公司新股发行管理办法》首次要求上市公司的董事会在新股发行前需要就最近三年公司未进行利润分配（若有）的原因进行解释，而在 2004 年公布的《关于加强社会公众股股东权益保护的若干规定》则进一步明确最近三年未进行利润分配方案的公司不得发行新股。随后，在 2006 年颁布的《上市公司证券发行管理办法》明确提出："上市公司公开发行证券，应符合最近三年以现金或股票方式累计分配的利润不少于最近三年实现的年均可分配利润的百分之二十"，且在 2008 年 10 月发布的《关于修改上市公司现金分红若干规定的决定》中将这一比例提高至百分之三十。学者们的研究发现，这些将上市公司再融资资格与现金分红行为联系在一起的股利管制措施，不仅没有促进和规范上市公司合理的分红行为，反而在一定程度上导致上市公司的现金分红动机发生偏离、出现一系列不合理分红的现象（李常青、魏志华、吴世农，2010；魏志华、李茂良、李常青，2014；陈云玲，2014；吕长江、邵帅，2014）。因此，家族企业之所以比非家族企业愿意分配更多的现金股利，一种可能的解释是家族企业需要借此满足自己的再融资动机。

为了排除家族企业是因为"半强制分红"政策所以支付更多现金股利的可能性，本小节对比了 2008 年政策实施前后家族企业与非家族企业的现金股利差异。若在 2008 年以后，家族企业与非家族企业的现金股利支付水平差异更大，则支持了"半强制分红"政策是导致家族企业高现金股利水平的解释，即家族企业的股利政策迎合了"半强制分红"政策。

在模型（3-3）的基础上进一步加入政策实施期变量 $year2008$，构建模型（3-11）如下：

$$tobit(divrt/divyd) = \alpha_0 + \alpha_1 family + \alpha_2 year2008 + \alpha_3 family * year2008 + ControlVariables + YEAR + INDUSTRY + \varepsilon$$

其中，变量 $year2008$ 为哑变量，在样本观测属于2008年（含）以后时，取1；否则，为0。通过变量 $family$ 与 $year2008$ 的交互项系数，可以判断家族企业在2008年"半强制分红"政策前后的现金股利水平差异。

表3-50是2008年"半强制分红"政策影响的检验。其中，被解释变量分别为 $divrt$ 与 $divyd$，主要关心的变量为交互项变量 $family * year2008$。在列（1）中，变量 $family$ 的系数为0.106且在1%统计水平上显著，表明即便控制了政策的影响，家族企业的现金股利支付率仍然高于非家族企业；变量 $year2008$ 的系数为0.132且在1%统计水平上显著，表明总体上政策实施期的现金股利支付率高于非政策实施期；交互项变量 $family * year2008$ 的系数为-0.070且在5%统计水平上显著，且系数绝对值小于变量 $family$ 的系数；在列（2）中，变量 $family$ 的系数为0.261且在1%统计水平上显著，变量 $year2008$ 的系数为0.121但显著性略有不足，交互项变量 $family * year$ 的2008系数为-0.213且在1%统计水平上显著，且系数绝对值小于变量 $family$ 的系数。以上多元回归结果表明，在政策实施期，虽然家族企业与非家族企业的现金股利支付率与现金股利收益率差异缩小，但是家族企业的现金股利支付率仍然显著高于非家族企业。由此可见，在2008年"半强制分红"政策出台后，家族企业并没有为了迎合这一政策而改变自己的股利政策。

表 3-50 2008 年"半强制分红"政策因素检验

变量	(1) divrt		(2) divrt	
$family$	0.106***	(3.88)	0.261***	(3.46)
$year2008$	0.132***	(3.92)	0.121	(1.33)
$family * year2008$	−0.070**	(−2.37)	−0.213***	(−2.66)
$inddir$	−0.283***	(−3.32)	−0.933***	(−4.33)
$asset$	0.023***	(3.27)	0.133***	(7.46)
$leverage$	−0.306***	(−8.33)	−0.278***	(−3.20)
pb	−0.014***	(−4.93)	−0.136***	(−17.43)
roa	1.054***	(8.22)	9.492***	(26.49)
$opercf$	0.032***	(4.62)	0.129***	(6.64)
$lnsale$	0.012	(0.60)	0.046	(0.92)
$risk$	−3.333***	(−3.48)	−13.828***	(−5.82)
$publicseo$	0.027	(0.69)	0.039	(0.34)
$stockdiv$	0.042***	(4.48)	0.073***	(3.14)
$intercept$	−0.249	(−1.53)	−2.073***	(−5.16)
Year	Yes		Yes	
Industry	Yes		Yes	
$pseudo\ R^2$	0.169		0.187	
N	5 749		5 749	

注:2008 年"半强制分红"政策的政策因素检验[1],使用模型 (3-11) 如下:
$$tobit(divrt/divyd) = \alpha_0 + \alpha_1 family + \alpha_2 year2008 + \alpha_3 family * year2008 + ControlVariables + YEAR + INDUSTRY + \varepsilon$$
其中,变量 $year2008$ 为哑变量,若观测属于 2008 年(含)以后时,取 1;否则,为 0,其余变量的定义详见表 3-23。括号内报告的 t 值是经异方差调整后的稳健 t 值,*、**、*** 分别代表在 10%、5%、1% 统计水平上显著。

---

[1] 若剔除政策发生当年的观测,表 3-48 的结果不会发生实质性影响。

证监发〔2012〕37 号文要求上市公司在公司章程中充分披露与现金分红事项有关的信息，包括对利润分配尤其是现金分红的决策程序、机制以及利润分配的内容、具体形式、间隔期间、分红条件、最低现金分红金额或比例（如有）等。相对于监管层以前颁布的政策文件，这份文件首次以格式条款的形式对上市公司章程中有关利润分配尤其是现金分红的信息披露提出了规定。若家族企业的高水平现金股利是为了利用股利的信号机制，预期在证监发〔2012〕37 号文以后家族企业的股利政策应该不受到影响，即家族企业的现金股利水平仍然显著高于非家族企业。

为了检验这一可能性，本小节在模型（3-3）的基础上加入用以识别政策实施期的哑变量 $year2012$，构建模型（3-12）如下：

$$tobit(divrt/divyd) = \alpha_0 + \alpha_1 family + \alpha_2 year2012 + \alpha_3 family * year2012 + ControlVariables + YEAR + INDUSTRY + \varepsilon$$

其中，变量 $year2012$ 为政策期哑变量，若观测属于 2012 年（含）以后观测期时，取 1；否则，为 0，其余变量的定义见表 3-21。

表 3-51 是证监发〔2012〕37 号文的政策因素检验。列（1）以 divrt 为被解释变量时，变量 $family$ 的系数为 0.064 且在 1% 统计水平上显著，表明即便控制了该政策的影响后，家族企业的现金股利支付率水平仍然显著高于非家族企业；交互项变量 $family * year2012$ 的系数为 −0.043 且在 5% 统计水平上显著，列（2）以 $divyd$ 为被解释变量，且主要变量的结果与列（1）无实质性差异。由此可见，证监发〔2012〕37 号文的颁布并没有刺激家族企业进一步提高股利支付水平，反而有可能刺激非家族企业中的实际控制人提高企业的现金股利分配力度，导致两类企业在现金股利分配政策上的差异缩小。

表 3-51　证监发〔2012〕37 号文的政策因素检验

变量	(1) divrt		(2) divrt	
$family$	0.064***	(4.67)	0.115***	(3.25)
$year2012$	0.118***	(3.64)	0.041	(0.49)
$family * year2012$	−0.043**	(−2.04)	−0.087*	(−1.68)
$inddir$	−0.285***	(−3.35)	−0.943***	(−4.39)
$asset$	0.023***	(3.21)	0.132***	(7.40)
$leverage$	−0.304***	(−8.28)	−0.272***	(−3.13)
pb	−0.014***	(−4.96)	−0.137***	(−17.41)
roa	1.059***	(8.26)	9.503***	(26.49)
$opercf$	0.032***	(4.62)	0.129***	(6.64)
$lnsale$	0.014	(0.66)	0.050	(1.00)
$risk$	−3.383***	(−3.54)	−14.053***	(−5.92)
$publicseo$	0.027	(0.70)	0.040	(0.35)
$stockdiv$	0.042***	(4.43)	0.072***	(3.08)
$intercept$	−0.211	(−1.31)	−1.945***	(−4.89)
Year	Yes		Yes	
Industry	Yes		Yes	
$pseudo\ R^2$	0.168		0.186	
N	5 749		5 749	

注：基于证监发〔2012〕37 号文的政策因素检验[1]，检验模型（3-11）如下：
$$tobit(divrt/divyd) = \alpha_0 + \alpha_1 family + \alpha_2 year2012 + \alpha_3 family * year2012 + ControlVariables + YEAR + INDUSTRY + \varepsilon$$
其中，变量 year2012 为政策期哑变量，当观测属于 2012 年（含）以后观测期时，取 1；否则，为 0，其余变量的定义详见表 3-23。括号内报告的 t 值为经异方差调整后的稳健 t 值，*、**、*** 分别代表在 10%、5%、1% 统计水平上显著。

---

[1] 若剔除 2012 年政策颁布期间的观测，表 3-49 的结果未发生实质性改变。

综合表 3-48 和表 3-49 的结果可以发现,在 2008 年"半强制分红"政策和证监发〔2012〕37 号文实施以后,家族企业与非家族企业的现金股利水平差异在减小,但是前者的现金股利水平仍然显著地高于后者。这说明,家族企业并没有因为相关股利政策的影响而一味地提高自己的现金股利分配,非家族企业却可能受政策影响而显著调整现金股利政策。由此可见,家族企业的现金股利分红动机并不会受到股利监管政策的影响。

3.7 本章小结

本章通过与非家族企业的对比,从家族特殊资产的角度分析了我国家族企业的股利政策。相比较非家族企业,家族企业内生地拥有依赖于单个或部分家族成员而存在的家族特殊资产。这种多维度的专用性资产不仅包括单个家族成员,尤其是家族企业的创始人所具有的个人兴趣、品牌声誉、人格魅力、专业技能和管理经验、所持有的产品秘方等,还包括家族成员之间、家族成员与外部利益相关者之间的各种关系网络。由于这些特殊资产的无形性和不可分割性,家族企业的信息披露度较非家族企业不足,加剧了外部投资者所面临的信息不对称问题,进而威胁企业的持续发展。为了解决上述问题,家族企业需要找到一种信号传递媒介,向外部投资者传递更多公司信息。

通过将上市公司内部留存利润以现金方式直接分配给股东,现金股利减少了公司内部自有现金,提高了将公司直接置于债权人、权益人的监督之下的可能性。这说明股利分配对上市公司而言是一种高成本行为。同时,投资者可以根据所分配的股利水平判断公司经营现状和未来发展前景,避免了会计数字容易受到管理层盈余管理活动影响的问题。因此,股利信号理论提出,股利政策具有信号传递作用。

由于家族特殊资产会限制企业信息披露透明度,家族企业是否会利用股利政策的信号传递作用,向外部投资者传递增量信息?这是本章讨论和研究的主要问题。

通过利用2006—2014年我国民营上市公司的研究样本,本章的实证结果支持了家族企业的确具有将股利政策作为信号传递媒介的动机。具体来说,首先,通过对比年度现金股利预案公告时产生的市场反应,发现家族企业的现金股利公告更加受到投资者的欢迎,即公告带来的累计超额收益率显著高于非家族企业。其次,以至少连续4年(含当年)进行现金股利分配的公司为研究样本,参考Leary和Michaely(2011)股利平滑度模型分别计算了家族企业与非家族企业的现金股利调整速度,发现前者的股利调整速度显著小于后者,说明家族企业的现金股利政策更加稳定。最后,以股利支付率与股利收益率作为衡量现金股利支付水平的变量,发现家族企业的现金股利水平显著高于非家族企业。

本章还分别从外部信息不对称程度、股利信号内涵和经济后果三个角度进一步检验了股利政策的信号作用。实证结果表明,第一,当分析师对上市公司的关注度越高、公司所在地区市场化程度越高和公司信息披露考核等级越高,即投资者所面临的信息不对称程度缩小时,家族企业会缩小与非家族企业的现金股利分配差异,说明家族企业利用股利信号机制的动机会受到整体信息不对称程度的影响;第二,即使低业绩家族企业的业绩均值显著低于全体非家族企业,前者的现金股利水平依然显著高于后者,说明家族企业的现金股利不仅包含公司当期盈余绩效的信息,还包含公司内部其他增量信息;第三,随着上一年度家族企业分配的现金股利水平的提高,当期公司价值提高,说明家族企业利用股利信号传递作用的行为会促进公司价值的提高。

本章最后对自由现金流假说、利益侵占假说、监管政策影响三种主要的竞争性假说进行了检验。实证结果发现，首先，即便在高成长性、低自由现金流的组中，家族企业的现金股利水平仍然显著高于非家族企业，排除高自由现金流是导致企业高股利政策原因的可能性；其次，无论是实际控制人持股较低时，还是两权分离度较低时，家族企业的现金股利水平依然显著高于非家族企业，这说明家族企业支付更多现金股利并不是为了侵占公司利益；最后，通过对比 2008 年"半强制分红"政策和证监发〔2012〕37 号文政策公布前后家族企业与非家族企业的现金股利水平差异，发现在政策实施后，家族企业依然比非家族企业支付更多的现金股利，说明家族企业并未因为监管政策而"盲目"改变股利政策。

本章的主要贡献有三点：第一，本章分别从理论分析和实证检验两个方面验证了，虽同属民营上市公司主体，存在家族特殊资产的家族上市公司与非家族上市公司的现金股利政策却存在显著差异，为进一步研究我国上市公司股利政策提供了研究空间和方向；第二，本章发现关于股利政策的传统观点，如自由现金流假说、利益侵占假说和监管政策影响，并不能解释当前我国家族上市公司的股利政策，而通过将家族特殊资产引入股利研究框架，为我国家族企业的股利政策提供了新的解释；第三，本章发现家族企业利用了股利的信号传递作用，为股利信号理论提供了新的经验证据。

第 4 章
CHAPTER 4

我国家族企业股利政策研究：
家族企业内部的比较

本章主要在家族企业内部,从家族特殊资产的视角研究了企业的股利政策。本章主要分为五个部分:第一部分首先提出家族企业利用股利信号传递作用的动机会因为家族特殊资产对企业信息披露影响程度的不同而存在差异,接着分别从家族成员的所有权结构、管理权结构、家族企业是否发生传承和企业所处行业特征四个方面提出假设;第二部分主要介绍了实证研究的研究设计,包括样本选择、变量定义和研究模型;第三部分报告了实证检验结果,包括描述性统计和多元回归结果;第四部分报告了稳健性检验结果,以确保本章实证结果的稳健性;最后一部分是本章小结。

4.1 理论分析与假设提出

由于家族特殊资产的存在,家族企业无法向外部投资者全面披露公司信息,从而加剧了外部投资者与内部人之间的信息不对称问题(Ball and Shivakumar, 2005; Fan et al., 2012)。为了消除家族特殊资产对传统信息披露机制的消极影响,家族企业有动机将现金股利作为额外的信号传递机制,向外部投资者传递更多公司内部信息。

然而,即使所有家族企业都拥有家族特殊资产,但是不同家族企业对其的依赖程度并不一致,进而也使得企业的信息不对称程度存在差异。当企业对家族特殊资产的依赖度越高时,企业在披露信息时受到这种特殊资产的影响更大,即传统会计信息披露机制可以传递的信息含量更低。此时,家族企业更需要将股利政策作为一种补充的信号传递机制;反之,若企业对家族特殊资产的依赖度有限,企业已有的信息披露机制更少受到它的影响,即家族企业无需利用额外途径解决信息不对称的问题。基于此,本章提出假设 4。

假设 4：随着企业对家族特殊资产依赖程度的提高，家族企业的现金股利水平提高。

由于家族特殊资产的多维特征，本章节从两个方面间接度量了家族企业对家族特殊资产的依赖度。一方面，由于家族特殊资产依托于家族成员而不是独立存在，家族企业对它的依赖程度取决于拥有这个特殊资产的家族成员在企业中的影响力。Fan(2012)就从家族创始人是否将企业传承给第二代家族成员的视角，提出家族创始人的离开会降低企业对家族特殊资产的依赖度；另一方面，企业所处行业不同，对家族特殊资产的需求程度也会存在差异。接下来，本章分别从家族成员所有权结构、家族成员管理权结构、家族企业是否传承和家族企业所处行业特征这四个角度针对假设 4 进一步提出细分假设。

首先，单个家族成员对家族企业的控制权程度体现了企业多大程度上受他的影响，继而体现出该名家族成员所具有的特殊资产在企业中的重要性。当家族所有权或管理权集中于个别家族成员时，意味着个别家族成员对企业的经营决策具有实质影响力，家族企业的经营活动也同时依赖于他们所拥有的家族特殊资产。鉴于目前我国家族企业大部分仍由家族创始人经营管理，这些家族成员很有可能就是企业的创始人[1]。即使不是创始人，该名家族成员能够从家族中脱颖而出，有能力持有大量家族股份或在上市公司管理层的关键岗位中任职，也说明这名家族成员对企业的重要性。而当家族所有权或管理权结构分散时，家族内部可能出现多名家族领导者，并产生利益冲突问题（Schulze et al.,

---

[1] 榕基软件（002474）自 2010 年上市以来，创始人鲁峰持有大部分家族企业股份（2007 年时，鲁峰个人持股 32.8%，而家族成员胞弟鲁贵波和胞妹配偶杨学圆分别仅持股 2.01%、1.15%），同时一直担任上市公司董事长和总经理。

2001，2003；Bertrand and Schoar，2006；刘白璐、吕长江，2016），弱化了家族特殊资产对企业的影响力。因此，随着家族成员所有权集中度或管理权集中度的提高，家族企业的经营活动和重大决策更有可能依赖于个别家族成员所拥有的家族特殊资产，进而产生更严重的信息不对称问题。此时，家族企业需要利用股利的信号传递作用，将更多公司信息通过股利信号传递给投资者，弥补由于家族特殊资产导致的信息缺口。基于此，本章提出假设4.1和假设4.2。

假设4.1 家族成员持股集中度水平越高，家族企业的现金股利分红越多。

假设4.2 若同一家族成员同时担任董事长和CEO时，家族企业的现金股利分红越多。

由于我国大部分家族企业仍处于创立成长阶段，企业的日常经营决策和战略行为对创始人的依赖性较高。国内外学者已经发现创始人特殊资产对企业的重要影响。Anderson和Reeb（2003）与Villalonga和Amit（2006）分别发现，相比较由家族第二代成员担任CEO时的家族企业，由家族创始人担任CEO的家族企业业绩水平显著更高，债务融资成本显著更低。在我国民营（家族）上市公司中，夏立军等（2012）发现，鉴于我国市场环境和法律制度发展有限的现状，企业创始人担任董事长或总经理更有助于发挥积极的管理效应。这些研究无一例外地强调了企业创始人所拥有的家族特殊资产对企业经营活动的积极作用，以及家族第二代成员无法继承或者缺乏这些特殊资产所可能产生的消极影响。易阳等（2016）从控制权配置的角度，运用案例分析的方法发现创始人特殊资产会显著影响民营上市公司的控制权配置方式。由此可见，在我国家族企业中，由于家族创始人所拥有的特殊资产的不可复制性和高转移成本，当家族第二代成员从家族创始人手中继承企业时，他们无法同时继承这部分家族特殊资产。因此，相比较由创始人掌管的家族企业，传承以后的家族企业可以使用和依赖的家族特殊资产减少。这虽然会影响公司价值的提高，却缓解了由其导致的信息披露透明度低的问题。在传承以后，那些更难以与利益相关者建立关系或者维持家族信誉的家族继任者更有可能改善公司治理水平（Fan et al., 2008），并采用外部人模式（outsider-based system）的会计信息系统，提高企业的盈余质量（Fan, Wong and Zhang, 2012）。

因此，与未发生代际传承的家族企业比较，已经发生代际传承的家族企业使用现金股利作为信息传递机制的动机减少，企业现金股利分配水平降低。基于此，本章提出假设 4.3。

假设 4.3 相对于家族企业传承前，家族企业传承后的现金股利更少。

在目前我国经济体制环境下，由于市场化程度有限和司法体系的不健全，企业家的私有产权无法得到有力的保护。鉴于此，学者们纷纷提出建立政治关系的必要性。张建君和张志学（2005）指出，民营企业的政治战略和政治行为是决定企业是否能够健康发展、获得竞争优势的重要因素。汪伟和史晋川（2005）指出，在转型经济下我国企业家需要同时具备"政治企业家能力"和"一般企业家能力"，而且对前者的需求会更大。

作为一种重要的家族特殊资产，政治关系对家族企业的贡献并不是同质的，家族企业所处的行业特征就会影响其在企业中的重要程度。由于历史的原因，部分行业长期受到政府严格管制，存在管制型进入壁垒。随着民营经济在市场经济地位的不断提高以及市场经济体制的不断完善，我国政府出台了一系列旨在鼓励民营经济进入传统管制行业的政策规章（如先后于 2005 年和 2010 年由国务院颁布的《关于鼓励支持和引导个体私营等非公有制经济发展的若干意见》,又称新、旧"非公 36 条")。然而,学者们通过研究发现,建立政治关系是应对管制壁垒最重要也是最直接有效的手段(汪伟、史晋川,2005;胡旭阳、史晋川,2008;罗党论、刘晓龙,2009)。因此,相比较处于非管制行业的家族企业,处于管制行业的家族企业更需要并依赖政治关系。

与其他家族特殊资产类型相比,政治关系在帮助家族企业进入管制行业的同时,也导致企业外部投资者与内部人之间更大的信息不对称问题,提高了企业利用股利政策传递更多信息的可能性。相反,对于处于非管制行业的家族企业而言,它们所处的外部环境市场化程度更高,投资者所面临的信息不对称程度更低,降低了这类企业对股利信号传递作用的需求。基于此,本章提出假设 4.4。

假设 4.4 相对于处于管制行业的家族企业,处于非管制行业的家族企业现金股利更少。

4.2 研究设计

4.2.1 样本选择

本章研究在我国 A 股上市的家族企业的现金股利分配政策。本章研究样本的时间范围为 2006—2014 年,主要是基于以下几点原因。首先,选择 2006 年为研究起始年份,有助于剔除股权分置结构对本章研究检验的影响。在 2006 年以前,我国上市公司中普遍存在股权分置现象,扭曲了通常为非流通股东的控股股东的利益倾向(廖理、张学勇,2008);而

2006年开始的股权分置改革意在从根本上解决上述问题。学者们的研究也普遍发现,在股权分置改革前后,包括上市公司的公司治理、股利政策(支晓强等,2014)、信息披露(张学勇、廖理,2010)等方面均有显著变化。其次,以 2006—2014 年合计共 9 年的时间构建研究样本,有助于从时间和公司个体两个层面更全面地反映出我国民营上市公司现金股利分配政策的变化趋势。

为了与第三章中的研究对象保持一致,本章采用与第三章中一致的家族企业定义,即若上市公司满足实际控制人为自然人或家族,且实际控制人对上市公司拥有实质控制权(即实际控制人通过直接或间接的方式持有上市公司至少 10% 的投票权)这两个条件时,该上市公司属于家族企业,否则,为非家族企业。在第三章中采用的家族企业研究样本的基础上,进一步剔除所需变量有缺失的样本后,最终得到本章研究样本共 4 424 个公司的年观测[1]。

表 4-1 是假设 4 检验样本的年度分布表。由表 4-1 可知,研究样本总体呈逐年增长的趋势;具体来说,2006 年的样本数最少,仅 155 个;2013 年的样本数最多,为 911 个[2]。就各年度样本增长幅度来看,样本观测量在 2011 年涨幅最大,由 2010 年的 352 个增长到 2011 年的 624 个。这主要是因为 2010 年创业板市场的正式开放,使得更多的家族企业通过新股上市的方式进入资本市场。随着 2012 年 11 月证监会开始针对 IPO 新股上市的自查和核查工作,样本增长幅度在 2013 年明显减缓。

---

[1] 本章研究观测略少于第三章的主要原因是,本章研究变量中家族特征变量对部分家族企业有缺失,故被剔除。

[2] 表 4-1 中 2014 年观测数少于 2013 年的主要原因与表 3-1 一致。

表 4-1　假设 4 检验样本的年度分布表

年度	样本数	比例	累计比例
2006	155	3.50%	3.50%
2007	156	3.53%	7.03%
2008	253	5.72%	12.75%
2009	278	6.28%	19.03%
2010	352	7.96%	26.99%
2011	624	14.10%	41.09%
2012	834	18.85%	59.95%
2013	911	20.59%	80.54%
2014	861	19.46%	100.00%
合计	4 424	100.00%	

表 4-2 是假设 4 检验样本的行业分布表。从大行业来看，样本多集中于制造业（C）；从细分行业来看，样本分布最集中的行业分别为：样本数为 467 的计算机、通信和其他电子设备制造业（C39）、样本数为 332 的医药制造业（C27）、样本数为 320 的电气机械和器材制造业（C38）和样本数为 317 的化学原料和化学制品制造业（C26）。

表 4-2　假设 4 检验样本的行业分布表

代码	所属行业类别	样本量	比例	累计比例
A	农、林、牧、渔业	88	1.99%	1.99%
B	采矿业	43	0.97%	2.96%
C13	农副食品加工业	88	1.99%	4.95%
C14	食品制造业	34	0.77%	5.72%
C15	酒、饮料和精制茶制造业	29	0.66%	6.37%

(续表)

代码	所属行业类别	样本量	比例	累计比例
C17	纺织业	85	1.92%	8.30%
C18	纺织服装、服饰业	82	1.85%	10.15%
C19	皮革、毛皮、羽毛及其制品和制鞋业	26	0.59%	10.74%
C20	木材加工和木竹藤棕草制品业	34	0.77%	11.51%
C21	家具制造业	24	0.54%	12.05%
C22	造纸和纸制品业	67	1.51%	13.56%
C23	印刷和记录媒介复制业	19	0.43%	13.99%
C24	文教、工美、体育和娱乐用品制造业	36	0.81%	14.81%
C25	石油加工、炼焦和核燃料加工业	43	0.97%	15.78%
C26	化学原料和化学制品制造业	317	7.17%	22.94%
C27	医药制造业	332	7.50%	30.45%
C28	化学纤维制造业	52	1.18%	31.62%
C29	橡胶和塑料制品业	99	2.24%	33.86%
C30	非金属矿物制品业	121	2.74%	36.60%
C31	黑色金属冶炼和压延加工业	25	0.57%	37.16%
C32	有色金属冶炼和压延加工业	83	1.88%	39.04%
C33	金属制品业	104	2.35%	41.39%
C34	通用设备制造业	174	3.93%	45.32%
C35	专用设备制造业	266	6.01%	51.33%
C36	汽车制造业	134	3.03%	54.36%
C37	铁路、船舶、航空航天和其他运输设备制造业	31	0.70%	55.06%

(续表)

代码	所属行业类别	样本量	比例	累计比例
C38	电气机械和器材制造业	320	7.23%	62.30%
C39	计算机、通信和其他电子设备制造业	467	10.56%	72.85%
C40	仪器仪表制造业	70	1.58%	74.43%
C41	其他制造业	71	1.60%	76.04%
C42	废弃资源综合利用业	2	0.05%	76.08%
D	电力、热力、燃气及水生产和供应业	28	0.63%	76.72%
E	建筑业	106	2.40%	79.11%
F	批发和零售业	224	5.06%	84.18%
G	交通运输、仓储和邮政业	23	0.52%	84.70%
H	住宿和餐饮业	10	0.23%	84.92%
I	信息传输、软件和信息技术服务业	269	6.08%	91.00%
K	房地产业	215	4.86%	95.86%
L	租赁和商务服务业	19	0.43%	96.29%
M	科学研究和技术服务业	32	0.72%	97.02%
N	水利、环境和公共设施管理业	33	0.75%	97.76%
O	居民服务、修理和其他服务业	8	0.18%	97.94%
Q	卫生和社会工作	7	0.16%	98.10%
R	文化、体育和娱乐业	21	0.47%	98.58%
S	综合	63	1.42%	100.00%
合计		4 424	100%	

注：行业分类标准采用2012证监会公布的行业分类指引，除制造业（C）保留二级代码外，其他行业均保留一级代码。

4.2.2 变量定义

(1) 被解释变量

参考吕长江和张海平（2012），本章从现金股利支付率与现金股利收益率两个方面同时度量上市公司的现金股利分配水平。现金股利支付率 $divrt$ 度量的是本年度上市公司已实施的现金股利分红总和（包括年度分红、中期分红等）与当年净利润之比。使用现金股利支付率指标，不仅可以有效度量上市公司当期盈利中有多大部分以现金股利的方式进行分配，还能够控制股本规模等因素对股利水平的影响（吕长江、张海平，2012）。具体而言，现金股利支付率的计算公式为 $\sum$（税前每股股利×基准股本）/净利润。特别地，当上市公司当年度分配现金股利超过当年实现的净利润时，即现金股利支付率大于 1 时，$divrt$ 取 1（Eijie and Megginson，2008；Isakov and Weisskopf，2015）。在后文的稳健性检验中，也使用股利资产支付率与股利销售收入支付率作为被解释变量进行稳健性检验。

另一个现金股利分配水平度量变量为现金股利收益率 $divyd$，即本年度上市公司已实施的现金股利方案中税前每股股利与每股市价之比。相较于现金股利支付率，该指标能够反映出上市公司现金股利政策与公司市值之间的关系。

当上市公司当年度未进行利润分配或利润分配方案中未使用现金股利时，当年度现金股利支付率 $divrt$ 与现金股利收益率 $divyd$ 均为 0。

(2) 解释变量

本章的主要解释变量有四个，分别是家族成员所有权集中度变量 hhi、家族成员管理权集中度变量 $fdual$、家族企业是否传承变量 $succession$ 和家族所在行业管制程度变量 $nguan$。

具体来说，变量 hhi 为家族成员持股赫芬达尔指数，为每个持股家族成员的持股比例与家族总持股比例之比的平方和（刘白璐、吕长江，2016），该指数越趋近于1，表明家族成员所有权的集中度越高；变量 $fdual$ 为家族成员两职兼任哑变量，当同一个家族成员同时担任上市公司的董事长和总经理时，取1；否则，为0；变量 $succession$ 为哑变量，当家族企业完成第二代传承时，取1；否则，为0，其中，本章节对传承的定义如下：当家族第二代成员开始担任董事长时[1]，家族企业完成代际传承；变量 $nguan$ 为非管制行业哑变量，若家族所在行业为非管制行业时，取1，否则，为0，其中，管制行业参考夏立军和陈信元（2007）的分类方式[2]，包括采矿业（B）、石油加工、炼焦和核燃料加工业（C25）、化学原料和化学制品制造业（C26）、医药制造业（C27）、化学纤维制造业（C28）、橡胶和塑料制品业（C29）、非金属矿物制品业（C30）、黑色金属冶炼和压延加工业（C31）、有色金属冶炼和压延加工业（C32）、金属制品业（C33）、计算机、通信和其他电子设备制造业（C39）、电力、热力、燃气及水生产和供应业（D）、交通运输、仓储和邮政业（G）和信息传输、软件和信息技术服务业（I）。

---

[1] 对于家族第二代成员担任董事长后又变更为由家族第一代成员担任董事长的观测，考虑到家族第一代成员仍然重返重要岗位，因此并不认为该企业已完成代际传承。如上市公司国栋建设（600321）2006—2011年董事长为创始人王春鸣，2012年其女儿王云露开始担任上市公司董事长兼总经理，但是2014年王春鸣重返上市公司担任董事长和总经理的职位。鉴于创始人重新在家族企业中任职，并未完全将企业交付于家族第二代成员，所以并不认为该家族企业完成代际传承。

[2] 夏立军和陈信元（2007）原文中采用的是由中国证监会颁布的2001年版《上市公司行业分类指引》所确定的行业代码，通过对比新旧行业代码，将其对应到本书使用的2012年版行业代码。

(3) 控制变量

参考现有研究现金股利分配的研究文献（Isakov and Weisskopf, 2015; Attig et al., 2016; 吕长江、张海平, 2012; 刘孟晖, 2011; 支晓强等, 2014a），本章的控制变量如下：独立董事比例 $inddir$，通过上市公司内独立董事人数与董事会总人数之比得到；企业规模 $asset$，通过对上市公司的期末总资产取自然对数得到；企业负债率 $leverage$，通过上市公司期末总负债与总资产之比得到；市净率 pb，通过期末每股股价与每股净资产之比得到；总资产收益率 roa，通过上市公司当年净利润与期末总资产之比得到；每股经营活动产生的现金流量净额 $opercf$，通过期末经营活动产生的现金流量净额与总股数之比得到；营业收入增长率 $lnsale$，通过对当年度期末营业收入与上一年度期末营业收入之比取自然对数得到；公司风险 $risk$，通过对当年度个股日回报率取标准差得到；公开融资 $publicseo$，哑变量，若当年度上市公司进行公开增发融资时，取 1；否则，为 0；股票股利 $stockdiv$，哑变量，若当年度上市公司利润分配方案中有股票股利时，取 1；否则，为 0。

同时，考虑到家族企业的特征，本章还增加家族企业特征控制变量两个，分别是家族总持股 $voting$ 和家族董事比例 $famdir$，其中，家族总持股 $voting$ 为所有家族成员持股比例总和，家族董事比例 $famdir$ 为董事会中家族成员比例。此外，在实证检验中，本章还同时对行业因素和年度因素进行了控制。

本章所用变量家族总持股 $voting$ 与家族成员所有权集中度 hhi 通过整理上市公司年报、招股说明书等重要公告，在确定企业中家族成员身份后，通过统计具体持股家族成员人数及各自持股比例后计算得到。其余变量均来自 CSMAR 数据库。为了剔除极端值可能对实证结果产生的影响，本章对主要连续变量采用 1% 和 99% 分位数 winsor 处理。表 4-3 为假设 4 所用主要变量的定义表。

表 4-3 假设 4 主要变量定义表

变量代码	变量定义
被解释变量	
divrt	现金股利支付率,为当年年度内已实施的利润分配方案中现金股利与净利润之比的总和,即 Σ(税前每股股利×基准股本)/净利润;若当年未进行现金股利分配,则为 0
divyd	现金股利收益率,为当年年度已实施的利润分配方案中税前每股股利/每股市价;若当年未进行现金股利分配,则为 0
主要解释变量	
hhi	家族成员所有权集中度,即家族成员持股赫芬达尔指数,为所有持股家族成员持股比例与家族总持股比例的平方和
fdual	家族成员管理权集中度,即家族成员两职兼任哑变量,当同一个家族成员同时担任董事长和总经理时,取 1;否则,为 0
succession	代际传承哑变量,当家族企业中第二代家族成员担任董事长时,取 1;否则,为 0
nguan	行业自由度,哑变量,若上市公司所处行业为非管制行业时,取 1;否则,为 0;其中,管制行业包括采矿业(B)、石油加工、炼焦和核燃料加工业(C25)、化学原料和化学制品制造业(C26)、医药制造业(C27)、化学纤维制造业(C28)、橡胶和塑料制品业(C29)、非金属矿物制品业(C30)、黑色金属冶炼和压延加工业(C31)、有色金属冶炼和压延加工业(C32)、金属制品业(C33)、计算机、通信和其他电子设备制造业(C39)、电力、热力、燃气及水生产和供应业(D)、交通运输、仓储和邮政业(G)、信息传输、软件和信息技术服务业(I)

(续表)

变量代码	变量定义
控制变量	
voting	家族总持股，为上市公司当年期末所有家族成员持股比例之和
famdir	家族董事比例，为上市公司当年期末家族成员占董事会总人数之比
inddir	独立董事比例，为上市公司期末独立董事人数与董事会总人数之比
asset	企业规模，为上市公司当年期末总资产的自然对数
leverage	负债率，为上市公司当年期末总负债与总资产之比
pb	市净率，为上市公司当年期末每股股价与每股净资产之比
roa	总资产收益率，为上市公司当年期末净利润与期末总资产之比
opercf	每股经营活动产生的现金流量净额，为上市公司当年期末经营活动产生的现金流量净额与总股数之比
lnsale	营业收入增长率，为上市公司当年期末营业收入与上一年度期末营业收入之比的自然对数
risk	企业风险，为上市公司当年个股日回报率的标准差
publicseo	哑变量，若上市公司当年公开增发融资时，取1；否则，为0
stockdiv	哑变量，若上市公司当年已实施的利润分配方案中有股票股利分配（如配股、送股）时，取1；否则，为0

4.2.3 研究模型

由于被解释变量 $divrt$ 与 $divyd$ 均属于连续型的数值变量，且存在大量取值为 0 的研究样本，并不符合 OLS 模型所适用的正态分布假设,故本章使用 Tobit 模型进行实证检验。

对于假设 4.1,检验模型(4-1)为:

$$tobit(divrt/divyd) = \alpha_0 + \alpha_1 hhi + ControlVariables + YEAR + INDUSTRY + \varepsilon$$

其中,解释变量为变量 hhi,若该变量的系数 α_1 显著为正,则说明随着家族成员持股集中度的提高,家族企业的现金股利水平提高。

对于假设 4.2,检验模型(4-2)为:

$$tobit(divrt/divyd) = \alpha_0 + \alpha_1 fdual + ControlVariables + YEAR + INDUSTRY + \varepsilon$$

其中,解释变量为变量 $fdual$,若该变量的系数 α_1 显著为正,则表明若同一名家族成员同时担任家族企业的董事长和总经理时,家族企业的现金股利水平提高。

对于假设 4.3,检验模型(4-3)为:

$$tobit(divrt/divyd) = \alpha_0 + \alpha_1 succession + ControlVariables + YEAR + INDUSTRY + \varepsilon$$

其中,解释变量为变量 $succession$,若该变量系数的 α_1 显著为负,则相比较传承前,传承以后家族企业的现金股利水平降低。

对于假设 4.4,检验模型(4-4)为:

$$tobit(divrt/divyd) = \alpha_0 + \alpha_1 nguan + ControlVariables + YEAR + INDUSTRY + \varepsilon$$

其中,解释变量为变量 $nguan$,若该变量系数的 α_1 显著为负,则表明相比较所处行业为管制行业的家族企业,所处行业为非管制行业的家族企业的现金股利水平更低。

4.3 实证检验结果

4.3.1 描述性统计

表 4-4 报告了本章使用的主要变量描述性统计。变量 $divrt$ 的均值为 0.267，中位数为 0.217，且最大值为 1，说明全样本观测的股利支付率平均为 0.267，但是存在少数上市公司将当年实现的净利润全部（甚至超过）以现金股利的方式分配给股东；变量 $divyd$ 的均值为 0.737，中位数为 0.521，最大值为 2.668，说明全样本观测的股利收益率均值为 0.737，但是部分上市公司当年股利收益率很高；变量 hhi 的均值为 0.769，中位数为 0.847，最大值为 1，说明目前我国家族企业中家族成员持股非常集中，大部分家族企业的股权仅被少数家族成员持有；变量 $fdual$ 的均值为 0.307，中位数为 0，说明大约 30.7% 的家族企业中有同一个家族成员同时担任董事长和总经理，而在大部分家族企业中两职并未兼任或董事长与总经理分别由两个家族成员担任；变量 $succession$ 的均值为 0.045，中位数为 0，意味着仅有 4.5% 的家族企业完成了代际传承，说明目前我国家族企业大部分仍由一代家族成员掌管；变量 $nguan$ 的均值为 0.547，中位数为 1，说明平均约 54.7% 的家族企业所处行业是非管制行业，从侧面说明在"非公 36 条"的支持下，我国家族企业已经逐步进入管制行业。

在控制变量中，变量 $voting$ 的均值为 0.382，中位数为 0.359，说明家族企业中平均家族持股 38.2%，家族对上市公司的控制力较强；变量 $famdir$ 的均值为 0.179，中位数为 0.143，说明家族企业中家族董事比例约为 17.9%；变量 $publicseo$ 的均值为 0.007，中位数为 0，说明仅有 0.7% 的家族企业在当年公开增发融资；变量 $stockdiv$ 的均值为 0.318，中位数为 0，说明平均 31.8% 的家族企业当年利润分配方案中有股票股利，但是仍存在大部分样本并没有进行股票股利的利润分配。

表 4-4 假设 4 主要变量的描述性统计

变量	样本数	均值	标准差	最小值	中位数	最大值
$divrt$	4 424	0.267	0.256	0.000	0.217	1.000
$divyd$	4 424	0.737	0.756	0.000	0.521	2.668
hhi	4 424	0.769	0.246	0.097	0.847	1.000
$fdual$	4 424	0.307	0.461	0.000	0.000	1.000
$succession$	4 424	0.045	0.208	0.000	0.000	1.000
$nguan$	4 424	0.547	0.498	0.000	1.000	1.000
$voting$	4 424	0.382	0.173	0.101	0.359	0.896
$famdir$	4 424	0.179	0.116	0.000	0.143	0.875
$inddir$	4 424	0.371	0.052	0.143	0.333	0.667
$asset$	4 424	21.450	0.929	19.630	21.330	24.320
$leverage$	4 424	0.381	0.201	0.038	0.371	0.832
pb	4 424	3.421	2.007	0.883	2.860	12.170
roa	4 424	0.053	0.050	−0.108	0.048	0.219
$opercf$	4 424	0.265	0.638	−1.942	0.246	2.317
$lnsale$	4 424	0.140	0.250	−0.640	0.137	0.948
$risk$	4 424	0.029	0.007	0.017	0.028	0.051
$publicseo$	4 424	0.007	0.081	0	0	1
$stockdiv$	4 424	0.318	0.466	0	0	1

表 4-5 为假设 4 变量的相关系数表。如表 4-5 所示，变量

hhi 与变量 $divrt$ 的相关系数为 -0.039 且在 1% 统计水平上显著，与变量 $divyd$ 的相关系数为 -0.045 且在 1% 统计水平上显著，说明在未控制其他影响因素的条件下，家族成员持股集中度越高，家族企业的现金股利支付率与现金股利收益率减少；变量 $fdual$ 与变量 $divrt$ 的相关系数为 0.078 且在 1% 统计水平上显著，与变量 $divyd$ 的相关系数为 0.012，说明在未控制其他影响因素的条件下，若家族企业的董事长和总经理由同一名家族成员两职兼任时，家族企业的现金股利支付率与现金股利收益率提高；变量 $succession$ 与变量 $divrt$ 的相关系数为 -0.046 且在 1% 统计水平上显著，与变量 $divyd$ 的相关系数为 -0.021，说明在未控制其他影响因素的条件下，家族企业传承后的现金股利支付率与现金股利收益率减少；变量 $nguan$ 与变量 $divrt$ 的相关系数为 -0.045 且在 1% 统计水平上显著，与变量 $divyd$ 的相关系数为 0.026 且在 10% 统计水平上显著，说明在未控制其他影响因素的条件下，处于非管制行业家族企业的现金股利支付率较低，但现金股利收益率较高。从相关系数的结果来看，在不考虑其他因素的情况下，假设 4.2 和假设 4.3 得到支持，假设 4.1 和假设 4.4 并未得到支持。在控制变量中，除变量 $asset$ 与变量 $leverage$ 的相关系数为 0.533 以外，其余变量之间的相关系数均不超过 0.5，说明变量之间并不存在严重的多重共线性问题。

4.3.2 多元回归结果

表 4-6 是家族成员持股集中度与现金股利水平的检验结果，其中，列（1）到列（3）的被解释变量为现金股利支付率 $divrt$，列（4）到列（6）的被解释变量为现金股利收益率 $divyd$。在以变量 $divrt$ 为被解释变量时，列（1）单变量检验中变量 hhi 的系数为 -0.027 且显著性不足；但是加入家族总持股变量 $voting$

表 4-5 假设 4 的相关系数表

	变量	1	2	3	4	5	6	7	8	9
1	divrt	1								
2	divyd	0.696***	1							
3	hhi	−0.039***	−0.045***	1						
4	fdual	0.078***	0.012	−0.022	1					
5	succession	−0.046***	−0.021	−0.069***	−0.018	1				
6	nguan	−0.045***	0.026*	−0.037***	−0.107***	0.057***	1			
7	voting	0.148***	0.130***	−0.425***	0.168***	−0.051***	0.038**	1		
8	famdir	0.113***	0.074***	−0.482***	0.157***	0.112***	0.057***	0.455***	1	
9	inddir	−0.030**	−0.066***	−0.040***	0.148***	−0.003	−0.02	0.191***	0.171***	1
10	asset	−0.042***	0.186***	0.007	−0.119***	0.069***	0.143***	0.045***	−0.060***	−0.041***
11	leverage	−0.229***	−0.120***	0.036***	−0.163***	0.037***	0.215***	−0.138***	−0.154***	−0.059***
12	pb	−0.070***	−0.240***	0.075***	0.032**	−0.039***	−0.094***	0.028**	−0.080***	0.053***
13	roa	0.103***	0.340***	0.013	0.030*	−0.024	−0.077***	0.123***	0.017	0.01
14	opercf	0.104***	0.201***	−0.015	−0.024	0.021	−0.067***	−0.021	0.017	−0.028**
15	lnsale	−0.031***	0.060***	−0.015	−0.038***	−0.038***	−0.051***	0.062***	0.012	0.012
16	risk	−0.139***	−0.222***	0.062***	−0.033***	−0.047***	−0.052***	−0.098***	−0.121***	−0.030**
17	publicseo	0.004	0.019	0.002	−0.030**	0.036**	−0.027*	−0.051***	−0.007	−0.021
18	stockdiv	0.047***	0.039***	−0.021	0.075***	−0.047***	−0.040***	0.096***	0.057***	0.018

(续表)

	变量	10	11	12	13	14	15	16	17	18
1	divrt									
2	divyd									
3	hhi									
4	fdual									
5	succession									
6	nguan									
7	voting									
8	famdir									
9	inddir									
10	asset	1								
11	leverage	0.533***	1							
12	pb	−0.218***	−0.032**	1						
13	roa	0.02	−0.310***	0.372***	1					
14	opercf	0.034**	−0.088***	0.076***	0.263***	1				
15	lnsale	0.087***	0.060***	0.205***	0.328***	0.049***	1			
16	risk	−0.245***	0.078***	0.264***	−0.046***	−0.034**	0.061***	1		
17	publicseo	0.037**	0.015	0.012	0.030**	0.003	0.014	0.040***	1	
18	stockdiv	−0.044***	−0.124***	0.217***	0.278***	0.070***	0.223***	0.060***	0.065***	1

注：相关系数为 Pearson 相关系数。其中，***、**、* 分别表示在 1%、5% 和 10% 统计水平上显著。

后，列（2）中该变量的系数为 0.065 且在 1% 统计水平上显著，变量 $voting$ 的系数为 0.304 且也在 1% 统计水平上显著，说明在控制了家族总持股后，家族成员持股集中度与家族企业的现金股利支付率显著正相关；进一步加入其他控制变量后，列（3）中变量 hhi 的系数为 0.076 且在 1% 统计水平上显著，说明在控制了其他影响因素后，家族企业的现金股利水平随家族成员持股集中度的提高而提高。在以 $divyd$ 为被解释变量时，结果与以 $divrt$ 为被解释变量时基本一致。具体来说，虽然列（4）中变量 hhi 的系数为 -0.094，与假设相反，但是在加入家族总持股变量 $voting$ 后，列中（5）变量 hhi 的系数为 0.131 且在 5% 统计水平上显著，变量 $voting$ 的系数为 0.747 且在 1% 统计水平上显著；继续加入其他控制变量后，变量 hhi 在列（6）中的系数为 0.123 且在 5% 统计水平上显著，说明在控制了其他影响因素后，家族企业的现金股利收益率随家族成员持股集中度的提高而提高。

为了更进一步说明变量 hhi 与现金股利支付率与现金股利收益率之间的关系，本节还对模型的边际效应进行检验。从边际效应上来看，平均意义上家族成员持股集中程度高的家族企业的现金股利支付率在 1% 统计水平上显著比家族成员持股集中程度低的家族企业高 0.038，类似地，前者的股利收益率则在 5% 统计水平上显著比后者高 0.071。

在控制变量中，变量 $voting$ 在列（3）和列（6）中的系数分别为 0.241 和 0.551 且均在 1% 统计水平上显著，说明随家族企业中家族总持股的提高，家族企业的现金股利水平提高；变量 $famdir$ 在两组回归中的系数分别为 0.130 和 0.127，且仅在被解释变量为 $divrt$ 时在 5% 统计水平上显著，说明家族董事比例与家族企业的现金股利支付率之间有显著正相关关系，但是与现金股利收益率之间无显著关系；变量 $inddir$、变量 $leverage$、变量 pb、变量 $risk$ 在两组回归中均显著为负，说明随着独立董事比例、负债率、市净率和公司风险的提高，家族企业的现金股利水平降低；变量 $asset$、变量 roa 和变量 $opercf$ 在两组回归中均显著为正，说明家族企业的现金股利水平随家族企业的公司规模、总资产收益率、每股经营活动产生的现金流量净额的提高而提高；变量 $publicseo$ 的系数为正且在 10% 统计水平上显著，说明若当年有公开融资时，家族企业也会提高现金股利水平；变量 $stockdiv$ 的系数分别为 0.037 和 0.061，均显著，说明若当年利润分配方案中有股票股利，家族企业的现金股利支付率和现金股利收益率将提高。

表 4-6 的结果表明，首先，家族成员持股集中度是建立在家族总持股的基础上，讨论家族成员所有权集中度对企业影响时需要先考虑家族整体对企业的控制力，两者不能被割裂，这也解释了为什么表 4-5 中变量 hhi 与变量 $divrt$、$divyd$ 的相关系数为负；其次，相比较家族股份分散于不同家族成员中，若家族股份多集中于单个家族成员时，家族企业的现金股利分配更高，本章假设 4.1 得到验证。

表 4-6 家族成员所有权集中度与现金股利水平

变量	(1) $divrt$	(2) $divyd$	(3) $divrt$	(4) $divyd$	(5) $divrt$	(6) $divyd$
hhi	−0.027 (−1.28)	0.065*** (2.74)	0.076*** (3.05)	−0.094 (−1.58)	0.131** (1.96)	0.123** (2.08)
$voting$		0.304*** (8.68)	0.241*** (6.46)		0.747*** (7.77)	0.551*** (6.11)
$famdir$				0.130** (2.30)		0.127 (0.96)

(续表)

变量	(1) *divrt*	(2) *divyd*	(3) *divrt*	(4) *divyd*	(5) *divrt*	(6) *divyd*
inddir			−0.481*** (−4.85)			−1.303*** (−5.32)
asset			0.018** (2.20)			0.118*** (5.78)
leverage			−0.287*** (−6.68)			−0.226** (−2.26)
pb			−0.010*** (−3.03)			−0.141*** (−15.31)
roa			0.766*** (5.17)			9.105*** (22.66)
opercf			0.034*** (4.45)			0.124*** (5.94)
lnsale			0.003 (0.15)			0.063 (1.16)
risk			−2.970*** (−2.72)			−12.789*** (−4.85)
publicseo			0.085* (1.88)			0.226* (1.74)
stockdiv			0.037*** (3.57)			0.061** (2.39)
intercept	0.025 (0.45)	−0.132** (−2.20)	−0.139 (−0.74)	0.059 (0.39)	−0.327** (−2.06)	−1.663*** (−3.65)
Year	Yes	Yes	Yes	Yes	Yes	Yes
Industry	Yes	Yes	Yes	Yes	Yes	Yes
pseudo R^2	0.068	0.086	0.151	0.039	0.045	0.177
N	4 424	4 424	4 424	4 424	4 424	4 424

(续表)

变量	(1) divrt	(2) divyd	(3) divrt	(4) divyd	(5) divrt	(6) divyd
Marginal effect						
hhi			0.038*** (3.06)			0.071** (2.08)

注：使用模型（4-1）如下：
$tobit(divrt/divyd) = \alpha_0 + \alpha_1 hhi + ControlVariables + YEAR + INDUSTRY + \varepsilon$
其中，变量的定义详见表4-3。括号内报告的t值为经异方差调整后的稳健t值，*、**、***分别代表在10%、5%、1%统计水平上显著。报告的边际效应为平均边际效应。

表4-7是家族成员管理权集中度与现金股利水平的检验，其中，列（1）到列（3）的被解释变量为现金股利支付率 $divrt$，列（4）到列（6）的被解释变量为现金股利收益率 $divyd$。在以变量 $divrt$ 为被解释变量时，列（1）单变量检验中变量 $fdual$ 的系数为0.043且在1%统计水平上显著；加入控制变量时，列（2）中变量系数为0.032且在1%统计水平上显著，说明在控制了其他影响因素后，家族企业的现金股利水平随家族成员管理权集中度的提高而提高；进一步加入变量 hhi 后，列（3）中该变量的系数为0.029且仍在1%统计水平上显著，而变量 hhi 的系数为0.071且均在1%统计水平上显著，说明即使控制了家族成员持股集中度和其他影响因素后，列（2）中的结果并未发生实质性改变。在以 $divyd$ 为被解释变量时，列（4）单变量检验中变量 $fdual$ 的系数为0.062且在5%统计水平上显著；加入控制变量后，列（5）中该变量的系数为0.077且在1%统计水平上显著，在列（6）中的系数为0.073且仍在1%统计水平上显著且变量 hhi 的系数为0.109且在10%统计水平上显著。以上说明，在控制了家族成员持股集中度和其他影响因素后，相比较于

没有两职合一或不是同一名家族成员两职合一时,由同一个家族成员同时担任董事长和总经理的家族企业的现金股利收益率更高。其余控制变量结果与表 4-6 相似,未发现显著差异。

从边际效应上来看,平均意义上家族成员管理权集中程度高的家族企业的现金股利支付率在 1% 统计水平上显著比家族成员管理权集中程度低的家族企业高 0.014,类似地,前者的股利收益率则在 1% 统计水平上显著比后者高 0.042,而变量 hhi 的边际效应较表 4-6 相比略微有所下降,但系数仍显著为正。

因此,表 4-7 的结果表明,若企业的管理权集中于单个家族成员时,家族企业的现金股利支付率和现金股利收益率更高。故本章假设 4.2 得到支持。

表 4-7 家族成员管理权集中度与现金股利水平

变量	(1) $divrt$	(2) $divyd$	(3) $divrt$	(4) $divyd$	(5) $divrt$	(6) $divyd$
$fdual$	0.043*** (3.97)	0.032*** (2.93)	0.029*** (2.66)	0.062** (2.07)	0.077*** (3.00)	0.073*** (2.83)
hhi			0.071*** (2.82)			0.109* (1.84)
$voting$		0.199*** (5.67)	0.231*** (6.14)		0.477*** (5.57)	0.527*** (5.80)
$famdir$		0.067 (1.27)	0.120** (2.12)		0.020 (0.16)	0.102 (0.77)
$inddir$		−0.488*** (−4.92)	−0.506*** (−5.09)		−1.341*** (−5.49)	−1.367*** (−5.58)
$asset$		0.020** (2.43)	0.019** (2.32)		0.122*** (5.96)	0.120*** (5.89)

(续表)

变量	(1) divrt	(2) divyd	(3) divrt	(4) divyd	(5) divrt	(6) divyd
leverage		−0.290*** (−6.75)	−0.284*** (−6.60)		−0.227** (−2.27)	−0.218** (−2.17)
pb		−0.010*** (−2.91)	−0.011*** (−3.04)		−0.140*** (−15.27)	−0.141*** (−15.34)
roa		0.777*** (5.25)	0.770*** (5.20)		9.134*** (22.82)	9.126*** (22.76)
opercf		0.034*** (4.47)	0.034*** (4.50)		0.125*** (5.97)	0.125*** (5.98)
lnsale		0.001 (0.03)	0.002 (0.08)		0.057 (1.06)	0.059 (1.10)
risk		−2.925*** (−2.68)	−3.003*** (−2.75)		−12.759*** (−4.84)	−12.877*** (−4.89)
publicseo		0.086* (1.89)	0.089* (1.93)		0.231* (1.75)	0.235* (1.78)
stockdiv		0.036*** (3.46)	0.036*** (3.46)		0.058** (2.28)	0.058** (2.28)
intercept	−0.000 (−0.00)	−0.101 (−0.54)	−0.147 (−0.78)	−0.021 (−0.15)	−1.608*** (−3.55)	−1.680*** (−3.69)
Year	Yes	Yes	Yes	Yes	Yes	Yes
Industry	Yes	Yes	Yes	Yes	Yes	Yes
pseudo R^2	0.071	0.150	0.152	0.039	0.177	0.178
N	4 424	4 424	4 424	4 424	4 424	4 424

(续表)

变量	(1) divrt	(2) divyd	(3) divrt	(4) divyd	(5) divrt	(6) divyd
Marginal Effect						
			divrt		divyd	
hhi			0.035***	(2.82)	0.063*	(1.84)
fdual			0.014***	(2.67)	0.042***	(2.83)

注：使用模型（4-2）如下：
$$tobit(divrt/divyd) = \alpha_0 + \alpha_1 fdual + ControlVariables + YEAR + INDUSTRY + \varepsilon$$
其中，变量的定义详见表4-3。括号内报告的 t 值为经异方差调整后的稳健 t 值，*、**、*** 分别代表在10%、5%、1%统计水平上显著。报告的边际效应为平均边际效应。

表4-8是对家族企业代际传承与现金股利分配政策的检验结果，其中，列（1）到列（3）的被解释变量为现金股利支付率 $divrt$，列（4）到列（6）的被解释变量为现金股利收益率 $divyd$。在以变量 $divrt$ 为被解释变量时，列（1）单变量检验中变量 $succession$ 的系数为 -0.082 且在1%统计水平上显著；加入控制变量后，列（2）中该变量的系数为 -0.079 且在1%统计水平上显著；进一步加入家族成员所有权集中度与家族成员管理权集中度后，列（3）中变量 $succession$ 的系数为 -0.076 且在1%统计水平上显著，而变量 hhi 的系数为0.068且在1%统计水平上显著、变量 $fdual$ 的系数为0.029且在1%统计水平上显著，说明即便控制了家族成员所有权和管理权集中度以及其他影响因素后，相比代际传承前，家族第二代担任董事长后的企业现金股利支付率水平下降。在以变量 $divyd$ 为被解释变量时，列（4）单变量检验中变量 $succession$ 的系数为 -0.149 且在5%统计水平上显著；加入控制变量后，列

(5)中该变量的系数为-0.165且在5%统计水平上显著；进一步加入家族成员所有权集中度与家族成员管理权集中度后，列(6)中变量 succession 的系数为-0.159且在1%统计水平上显著，而变量 hhi 与变量 fdual 的系数方向与列(3)一致且均显著，说明在控制了其他影响因素后，完成代际传承的家族企业的现金股利收益率水平降低。其余控制变量与表4-6、表4-7基本一致，未发现显著差异。

从边际效应上来看，平均意义上完成代际传承的家族企业的现金股利支付率在1%统计水平上显著比仍由家族第一代成员掌控的家族企业低0.038，类似地，前者的股利收益率则在1%统计水平上显著比后者低0.093；其余影响因素的边际效应较表4-7略有下降。

总的来说，表4-8的结果表明，相比较由家族第一代掌控的家族企业，由家族第二代掌控的家族企业的现金股利水平降低，支持了假设4.3。

表4-8 代际传承与现金股利水平

变量	(1) $divrt$	(2) $divyd$	(3) $divrt$	(4) $divyd$	(5) $divrt$	(6) $divyd$
$succession$	-0.082*** (-3.70)	-0.079*** (-3.56)	-0.076*** (-3.42)	-0.149** (-2.25)	-0.165*** (-2.93)	-0.159*** (-2.82)
hhi			0.068*** (2.73)			0.105* (1.77)
$fdual$			0.029*** (2.63)			0.072*** (2.80)
$voting$		0.196*** (5.59)	0.219*** (5.82)		0.472*** (5.53)	0.501*** (5.51)

(续表)

变量	(1) $divrt$	(2) $divyd$	(3) $divrt$	(4) $divyd$	(5) $divrt$	(6) $divyd$
$famdir$		0.098* (1.84)	0.141** (2.47)		0.087 (0.69)	0.147 (1.11)
$inddir$		−0.462*** (−4.67)	−0.507*** (−5.11)		−1.274*** (−5.23)	−1.370*** (−5.60)
$asset$		0.020** (2.45)	0.021** (2.46)		0.122*** (5.97)	0.123*** (6.00)
$leverage$		−0.294*** (−6.87)	−0.285*** (−6.63)		−0.239** (−2.39)	−0.220** (−2.20)
pb		−0.010*** (−2.82)	−0.010*** (−2.97)		−0.139*** (−15.20)	−0.140*** (−15.31)
roa		0.771*** (5.21)	0.769*** (5.20)		9.106*** (22.77)	9.119*** (22.80)
$opercf$		0.034*** (4.50)	0.035*** (4.58)		0.125*** (6.00)	0.126*** (6.05)
$lnsale$		0.001 (0.03)	0.000 (0.02)		0.057 (1.06)	0.055 (1.03)
$risk$		−2.945*** (−2.70)	−3.060*** (−2.81)		−12.786*** (−4.86)	−13.004*** (−4.94)
$publicseo$		0.088** (2.03)	0.094** (2.13)		0.235* (1.83)	0.247* (1.91)
$stockdiv$		0.036*** (3.46)	0.035*** (3.34)		0.058** (2.29)	0.056** (2.17)
$intercept$	0.017 (0.31)	−0.099 (−0.53)	−0.155 (−0.83)	0.008 (0.06)	−1.601*** (−3.54)	−1.697*** (−3.73)
Year	Yes	Yes	Yes	Yes	Yes	Yes
Industry	Yes	Yes	Yes	Yes	Yes	Yes

(续表)

变量	(1) divrt	(2) divyd	(3) divrt	(4) divyd	(5) divrt	(6) divyd
pseudo R^2	0.070	0.151	0.154	0.039	0.177	0.178
N	4 424	4 424	4 424	4 424	4 424	4 424
Marginal Effect						
	divrt			divyd		
hhi	0.034***	(2.73)		0.061*	(1.77)	
fdual	0.014***	(2.64)		0.042***	(2.80)	
succession	−0.038***	(−3.43)		−0.093***	(−2.83)	

注：使用模型（4-3）如下：

$$tobit(divrt/divyd) = \alpha_0 + \alpha_1 succession + ControlVariables + YEAR + INDUSTRY + \varepsilon$$

其中，变量的定义详见表 4-3。括号内报告的 t 值为经异方差调整后的稳健 t 值，*、**、*** 分别代表在 10%、5%、1% 统计水平上显著。报告的边际效应为平均边际效应。

表 4-9 是非管制行业家族企业与现金股利水平的检验，其中，列（1）至列（3）的被解释变量为现金股利支付率 $divrt$，列（4）至列（6）的被解释变量为现金股利收益率 $divyd$。在以变量 $divrt$ 为被解释变量时，单变量检验时列（1）中变量 $nguan$ 的系数为 −0.147 且在 1% 统计水平上显著；加入控制变量后，列（2）中该变量的系数为 −0.130 且也在 1% 统计水平上显著；继续加入家族传承、家族成员所有权集中度和家族成员管理权集中度这三个因素后，列（3）中变量 $nguan$ 的系数为 −0.112 且在 5% 统计水平上显著，而变量 hhi、变量 $fdual$ 的系数显著为正、变量 $succession$ 的系数显著为负，这三个变量与表 4-6、表 4-7 和表 4-8 中一致。这说明即使控制了家族成员持

股集中度、家族成员管理权集中度、家族代际传承和其他影响因素后,相比较管制行业的家族企业,处于非管制行业的家族企业的现金股利水平更低。在以 divyd 为被解释变量时,单变量检验中变量 nguan 在列 (4) 中系数为 -0.343 且在 1% 统计水平上显著;加入控制变量后,列 (5) 中变量的系数为 -0.307 且在 1% 统计水平上显著;进一步加入家族成员持股集中度、家族成员管理权集中度和家族代际传承三个因素后,列 (6) 中变量 nguan 的系数为 -0.269 且仍在 1% 统计水平上显著,说明在控制了家族代际传承、家族成员持股集中度、家族成员管理权集中度和其他影响因素后,处于非管制行业的家族企业的现金股利收益率比处于管制行业的家族企业低。从边际效应上来看,平均意义上处于非管制行业的家族企业的现金股利支付率在 5% 统计水平上显著比处于管制行业的家族企业低 0.055,类似地,前者的股利收益率则在 1% 统计水平上显著比后者低 0.156,变量 hhi、变量 fdual 和变量 succession 的边际效应未受到变量 nguan 的影响而发生实质性改变。其余控制变量结果与表 4-6 相似,未发现显著差异。

因此,表 4-9 的结果表明,在控制了其他因素后,当家族企业所处行业开放度更高而非管制行业时,家族企业缺乏采用现金股利作为信息传递机制的动机,企业的现金股利支付率与现金股利收益率均更低,本章假设 4.4 得到验证。

表 4-9　非管制行业与现金股利水平

变量	(1)	(2)	(3)	(4)	(5)	(6)
	divrt	divyd	divrt	divyd	divrt	divyd
nguan	-0.147^{***}	-0.130^{***}	-0.112^{**}	-0.343^{***}	-0.307^{***}	-0.269^{***}
	(-3.19)	(-2.88)	(-2.46)	(-3.01)	(-3.01)	(-2.66)

(续表)

变量	(1) divrt	(2) divyd	(3) divrt	(4) divyd	(5) divrt	(6) divyd
hhi			0.068*** (2.73)			0.105* (1.77)
fdual			0.029*** (2.63)			0.072*** (2.80)
succession			−0.076*** (−3.42)			−0.159*** (−2.82)
voting		0.207*** (5.93)	0.219*** (5.82)		0.496*** (5.82)	0.501*** (5.51)
famdir		0.074 (1.40)	0.141** (2.47)		0.036 (0.29)	0.147 (1.11)
inddir		−0.460*** (−4.64)	−0.507*** (−5.11)		−1.269*** (−5.20)	−1.370*** (−5.60)
asset		0.019** (2.30)	0.021** (2.46)		0.119*** (5.85)	0.123*** (6.00)
leverage		−0.294*** (−6.85)	−0.285*** (−6.63)		−0.237** (−2.37)	−0.220** (−2.20)
pb		−0.010*** (−2.89)	−0.010*** (−2.97)		−0.140*** (−15.23)	−0.140*** (−15.31)
roa		0.773*** (5.22)	0.769*** (5.20)		9.113*** (22.72)	9.119*** (22.80)
opercf		0.034*** (4.42)	0.035*** (4.58)		0.124*** (5.93)	0.126*** (6.05)
lnsale		0.002 (0.10)	0.000 (0.02)		0.060 (1.13)	0.055 (1.03)
risk		−2.882*** (−2.64)	−3.060*** (−2.81)		−12.649*** (−4.80)	−13.004*** (−4.94)

(续表)

变量	(1) divrt	(2) divyd	(3) divrt	(4) divyd	(5) divrt	(6) divyd
publicseo		0.082* (1.82)	0.094** (2.13)		0.222* (1.70)	0.247* (1.91)
stockdiv		0.037*** (3.59)	0.035*** (3.34)		0.061** (2.40)	0.056** (2.17)
intercept	0.151*** (3.83)	0.042 (0.23)	−0.043 (−0.24)	0.328*** (2.98)	−1.272*** (−2.87)	−1.428*** (−3.20)
Year	Yes	Yes	Yes	Yes	Yes	Yes
Industry	Yes	Yes	Yes	Yes	Yes	Yes
pseudo R^2	0.067	0.148	0.154	0.039	0.177	0.178
N	4 424	4 424	4 424	4 424	4 424	4 424

Marginal Effect

	divrt		divyd	
hhi	0.034***	(2.73)	0.061*	(1.77)
fdual	0.014***	(2.64)	0.042***	(2.80)
succession	−0.038***	(−3.43)	−0.093***	(−2.83)
nguan	−0.055**	(−2.47)	−0.156***	(−2.67)

注：使用模型（4-4）如下：
$tobit(divrt/divyd) = \alpha_0 + \alpha_1 nguan + ControlVariables + YEAR + INDUSTRY + \varepsilon$
其中，变量的定义详见表4-3。括号内报告的 t 值为经异方差调整后的稳健 t 值，*、**、*** 分别代表在10%、5%、1%统计水平上显著。报告的边际效应为平均边际效应。

综合表4-6、表4-7、表4-8和表4-9的实证回归结果，本节发现家族企业的现金股利水平的确与家族企业对家族特殊资产依赖程度息息相关。具体来说，本节分别从家族成员所有权集中程度、家族成员管理权集中程度、家族企业是否完成传承与家族是否处于管制行业四个方面展开检验。当家族成员所有权和管理权集中于少数家族成员时，意味着家族企业更容易受到这名家族成员和他所拥有的特殊资产的影响，此时，企业对家族特殊资产的依赖度较高；在家族企业代际传承以前，家族企业由家族第一代掌权，但由于家族特殊资产的无形性和高转移成本，企业传承后家族第二代并不能全盘复制家族第一代的特殊资产，因此，传承以后的家族企业对特殊资产的依赖度降低；同理，若企业行业开放度高而且不是管制行业时，政府对行业的影响和干预程度有限，此时，家族企业对政治关系这种家族特殊资产的依赖度降低。当家族企业对家族特殊资产的依赖度和需求降低时，由此导致的信息不对称问题也被缓解，企业利用现金股利作为信号传递机制的动机也相应减小，反之亦然。本章从现金股利支付率与现金股利收益率两个角度衡量了企业的现金股利水平，通过实证检验支持了上述推理。即若个别家族成员集中持有家族股份或单个家族成员同时担任企业的董事长和总经理这两个重要岗位时，家族企业的现金股利分配水平提高；若家族企业已经完成代际传承，或家族企业处于非管制行业时，家族企业的现金股利分配水平降低。

4.4 稳健性检验

4.4.1 家族企业的定义

本小节将原有家族企业定义中"实质控制权"中的投票权临界点由原来的 10% 提高至 20%。通过提高"实质控制权"的定义标准，更有助于筛选出家族具有实质影响力的家族上市公司。表 4-10 是采用 20% 投票权临界点定义家族企业的假设 4 稳健性检验结果；其中，Panel A 中的被解释变量为 $divrt$，Panel B 中

的被解释变量为 $divyd$；在每个 Panel 中，列（1）到列（4）单独检验了各影响因素对现金股利水平的影响，列（5）则同时检验了 4 种影响因素。在该表的回归中，家族企业的定义变更为"实际控制人为自然人或家族，且实际控制人对上市公司拥有实质控制权（即实际控制人通过直接或间接的方式持有上市公司至少 20% 的投票权）"。

当被解释变量为 $divrt$ 时，列（1）中变量 hhi 在 1% 统计水平上显著且系数为 0.073，列（2）中变量 $fdual$ 在 1% 统计水平上显著且系数为 0.030，列（3）中变量 $succession$ 在 1% 统计水平上显著且系数为 −0.081，列（4）中变量 $nguan$ 在 1% 统计水平上显著且系数为 −0.136，在列（5）中以上四个变量均显著且系数方向与假设相符。类似地，当被解释变量为 $divyd$ 时，除变量 hhi 的显著性略有不足外，四个变量系数在 Panel B 的五列回归中均与假设相符。这表明，即使变更家族企业定义中有关实质控制权的标准，并不会对本章结论产生实质性影响。

表 4-10 变更家族企业定义的假设 4 稳健性检验

Panel A：被解释变量为 $divrt$

变量	(1)	(2)	(3)	(4)	(5)
hhi	0.073*** (2.80)				0.065** (2.50)
$fdual$		0.030*** (2.61)			0.027** (2.38)
$succession$			−0.081*** (−3.41)		−0.078*** (−3.30)
$nguan$				−0.136*** (−2.62)	−0.116** (−2.22)

(续表)

Panel A：被解释变量为 $divrt$					
变量	(1)	(2)	(3)	(4)	(5)
$voting$	0.210***	0.174***	0.167***	0.180***	0.190***
	(4.95)	(4.30)	(4.14)	(4.45)	(4.44)
$famdir$	0.127**	0.064	0.089	0.068	0.138**
	(2.13)	(1.17)	(1.62)	(1.24)	(2.31)
$inddir$	−0.436***	−0.444***	−0.417***	−0.415***	−0.462***
	(−4.14)	(−4.22)	(−3.98)	(−3.95)	(−4.39)
$asset$	0.013	0.015	0.016*	0.014	0.016*
	(1.45)	(1.64)	(1.75)	(1.53)	(1.77)
$leverage$	−0.287***	−0.289***	−0.294***	−0.292***	−0.286***
	(−6.20)	(−6.25)	(−6.38)	(−6.34)	(−6.17)
pb	−0.007**	−0.007*	−0.006*	−0.007*	−0.007*
	(−1.97)	(−1.84)	(−1.71)	(−1.81)	(−1.89)
roa	0.644***	0.652***	0.635***	0.643***	0.644***
	(3.86)	(3.90)	(3.81)	(3.85)	(3.87)
$opercf$	0.033***	0.033***	0.034***	0.033***	0.034***
	(4.15)	(4.14)	(4.22)	(4.12)	(4.27)
$lnsale$	−0.009	−0.012	−0.012	−0.011	−0.012
	(−0.34)	(−0.48)	(−0.49)	(−0.42)	(−0.47)
$risk$	−3.169***	−3.150***	−3.161***	−3.101***	−3.265***
	(−2.72)	(−2.70)	(−2.71)	(−2.66)	(−2.80)
$publicseo$	0.108*	0.110*	0.113**	0.107*	0.117**
	(1.93)	(1.95)	(2.09)	(1.91)	(2.14)

(续表)

Panel A：被解释变量为 $divrt$

变量	(1)	(2)	(3)	(4)	(5)
$stockdiv$	0.030*** (2.69)	0.029*** (2.64)	0.029*** (2.60)	0.030*** (2.71)	0.028** (2.52)
$intercept$	0.029 (0.14)	0.067 (0.33)	0.060 (0.30)	0.217 (1.11)	0.118 (0.61)
Year	Yes	Yes	Yes	Yes	Yes
Industry	Yes	Yes	Yes	Yes	Yes
$pseudo\ R^2$	0.139	0.139	0.140	0.137	0.144
N	3 650	3 650	3 650	3 650	3 650

Panel B：被解释变量为 $divyd$

变量	(1)	(2)	(3)	(4)	(5)
hhi	0.102 (1.60)				0.085 (1.34)
$fdual$		0.067** (2.50)			0.064** (2.37)
$succession$			−0.152** (−2.47)		−0.149** (−2.41)
$nguan$				−0.339*** (−2.92)	−0.299*** (−2.61)
$voting$	0.436*** (4.12)	0.380*** (3.74)	0.369*** (3.64)	0.393*** (3.88)	0.394*** (3.71)
$famdir$	0.097 (0.67)	0.007 (0.05)	0.055 (0.41)	0.014 (0.11)	0.117 (0.81)

(续表)

变量	(1)	(2)	(3)	(4)	(5)
Panel B: 被解释变量为 *divyd*					
inddir	−1.137***	−1.174***	−1.111***	−1.108***	−1.198***
	(−4.35)	(−4.51)	(−4.27)	(−4.25)	(−4.59)
asset	0.111***	0.114***	0.116***	0.112***	0.117***
	(5.02)	(5.17)	(5.21)	(5.07)	(5.26)
leverage	−0.205*	−0.205*	−0.217**	−0.213**	−0.201*
	(−1.89)	(−1.89)	(−2.00)	(−1.97)	(−1.85)
pb	−0.141***	−0.141***	−0.140***	−0.140***	−0.141***
	(−14.17)	(−14.13)	(−14.04)	(−14.10)	(−14.12)
roa	9.004***	9.029***	8.980***	8.998***	9.014***
	(20.12)	(20.22)	(20.15)	(20.15)	(20.20)
opercf	0.119***	0.119***	0.120***	0.119***	0.121***
	(5.35)	(5.36)	(5.41)	(5.34)	(5.44)
lnsale	0.046	0.040	0.040	0.043	0.039
	(0.79)	(0.68)	(0.69)	(0.74)	(0.67)
risk	−12.808***	−12.825***	−12.833***	−12.715***	−13.013***
	(−4.43)	(−4.44)	(−4.45)	(−4.40)	(−4.51)
publicseo	0.234	0.241	0.245	0.232	0.254
	(1.42)	(1.45)	(1.50)	(1.41)	(1.55)
stockdiv	0.048*	0.046*	0.046*	0.048*	0.044
	(1.75)	(1.70)	(1.67)	(1.76)	(1.61)
intercept	−1.431***	−1.387***	−1.395***	−1.018**	−1.185**
	(−2.89)	(−2.81)	(−2.83)	(−2.11)	(−2.44)
Year	Yes	Yes	Yes	Yes	Yes
Industry	Yes	Yes	Yes	Yes	Yes

(续表)

Panel B：被解释变量为 $divyd$					
变量	(1)	(2)	(3)	(4)	(5)
$pseudo\ R^2$	0.167	0.167	0.167	0.167	0.168
N	3 650	3 650	3 650	3 650	3 650

注：家族企业的定义为：实际控制人为自然人或家族，且实际控制人对上市公司拥有实质控制权（即实际控制人通过直接或间接的方式持有上市公司至少20%的投票权），变量的定义详见表4-3。括号内报告的 t 值为经异方差调整后的稳健 t 值，*、**、*** 分别代表在10%、5%、1%统计水平上显著。

4.4.2 家族所有权结构的内生性问题

股权结构的内生性问题一直受到学者们的关注，学者们也纷纷从理论层面和实证层面解决这个问题（Demsetz and Lehn，1985；Demsetz and Villalonga，2001；宋敏、张俊喜、李春涛，2004；李汉军、张俊喜，2006；曹廷求、杨秀丽、孙宇光，2007；Weiss and Hilger，2012）。虽然在本章的研究问题中，家族成员为了调整现金股利分配政策而将家族股份进行调整的可能性并不大，但是本小节还是采用学者们广泛使用的工具变量法对家族所有权结构的内生性问题进行检验。

具体来说，参考宋敏、张俊喜、李春涛（2004），本节选择"股东总人数的自然对数 nshld"作为工具变量，这是因为随着股东人数的增加，家族企业的股权结构也会更分散，家族内家族成员持股也可能更分散。利用这个工具变量，本节使用 ivtobit 模型进行检验。

表4-11是家族所有权结构内生性问题的稳健性检验，其中，列（1）的被解释变量为 $divrt$、列（2）的被解释变量为 $divyd$。在考虑了变量 hhi 的内生性问题后，列（1）和列（2）中 $wald$ 的外生性检验卡方值分别为5.355和4.238，拒绝了家族成员持

股集中度外生性的原假设,说明原模型中变量 hhi 存在内生性问题;考虑内生性问题后,列(1)中变量 hhi 的系数为 1.223 且在 5% 统计水平上显著,在列(2)中变量 hhi 的系数为 2.409 且在 5% 统计水平上显著。由此可见,在控制了其他影响因素和家族所有权结构的内生性问题后,家族企业的现金股利支付率和现金股利收益率随家族成员所有权集中度的提高而提高,即表 4-6 的结果并不受到家族所有权结构内生性问题的影响。

表 4-11 考虑家族所有权结构内生性问题的假设 4 稳健性检验

变量	(1)		(2)	
	$divrt$		$divrt$	
hhi	1.223**	(2.48)	2.409**	(2.17)
$voting$	0.745***	(3.39)	1.558***	(3.16)
$famdir$	0.982***	(2.63)	1.809**	(2.17)
$inddir$	−0.796***	(−4.29)	−1.904***	(−4.47)
$asset$	0.003	(0.27)	0.087***	(3.23)
$leverage$	−0.167**	(−2.36)	0.006	(0.04)
pb	−0.018***	(−3.45)	−0.156***	(−12.72)
roa	0.713***	(3.96)	9.004***	(19.34)
$opercf$	0.038***	(3.88)	0.131***	(5.33)
$lnsale$	0.020	(0.70)	0.091	(1.40)
$risk$	−4.218***	(−2.93)	−15.380***	(−4.60)
$publicseo$	0.129*	(1.86)	0.313*	(1.93)
$stockdiv$	0.036***	(2.75)	0.059*	(1.96)
$intercept$	1.223**	(2.48)	2.409**	(2.17)

(续表)

变量	(1)	(2)
	divrt	*divrt*
Year	Yes	Yes
Industry	Yes	Yes
Wald 外生性检验	5.355**	4.238**
Prob>chi2	0.020 7	0.039 5
N	4 362[1]	4 362

注：采用工具变量法和 ivtobit 回归，使用模型（4-2）如下：
$ivtobit(divrt/divyd) = \alpha_0 + \alpha_1 hhi + ControlVariables + YEAR + INDUSTRY + \varepsilon$
其中，工具变量 nshld 为家族企业的年末股东总人数的自然对数，其余变量的定义详见表4-3。Wald 外生性检验报告的是 Wald 检验 chi2 值，其原假设为变量是外生的。括号内报告的 t 值为经异方差调整后的稳健 t 值，*、**、*** 分别代表在 10%、5%、1%统计水平上显著。

4.4.3 剔除非理性分红的观测

假设 4 所用的研究样本中存在部分观测的股利支付率大于 1 的情况，即上市公司不仅使用当期净利润进行利润分配，还需支取以往年度留存的未分配利润。这表明假设 4 的研究发现可能受到非理性分红观测的影响。为了排除这部分观测的影响，本小节将这类观测从研究样本中删除，重新进行回归检验，以确保假设 4 的实证结果并不是由于家族企业有更多非理性分红导致。

参考邓建平和曾勇（2005）的做法，本小节从股利支付率和每股股利两个方面定义非理性分红，其中，每股股利的判断

---

[1] 表4-11中观测数减少的主要原因是工具变量"股东总人数"数据存在缺失。

标准分为绝对值水平和相对值水平。若当年股利支付率大于 1 且年度利润分配的每股股利水平高于 0.78、0.198 255[1]或每股股利水平高于每股经营活动产生的现金流量净额时,属于非理性分红。具体而言,非理性分红的标准 1 为"股利支付率大于 1 且每股股利大于 0.78";非理性分红标准 2 为"股利支付率大于 1 且每股股利大于 0.198 255";非理性分红标准 3 为"股利支付率大于 1 且每股股利大于每股经营活动产生的现金流量净额"。

表 4-12 是剔除了非理性分红观测后的假设 4 稳健性检验结果,其中,列(1)和列(2)中剔除满足非理性分红标准 1 的观测,列(3)和列(4)中剔除满足非理性分红标准 2 的观测,列(5)和列(6)中剔除满足非理性分红标准 3 的观测。在列(1)中,四个主要解释变量中变量 hhi 的系数为 0.062 且在 5% 统计水平上显著,变量 $fdual$ 的系数为 0.030 且在 1% 统计水平上显著,变量 $succession$ 的系数为 -0.074 且在 1% 统计水平上显著,而变量 $nguan$ 的系数为 -0.111 且在 5% 统计水平上显著。与前文相比,这四个解释变量的系数并没有实质性改变。类似地,在列(2)到列(6)中,除变量 hhi 的显著性不足外,主要变量系数也基本与主回归一致。由此可见,无论是采用哪种非理性分红标准剔除部分观测后,已完成代际传承和处于非管制行业的家族企业的现金股利水平降低,但是当家族成员所有权集中度和管理权集中度较高时,家族企业的现金股利水平提高。这表明,本章的实证结果并不受到非理性分红观测的影响。

---

[1] 选择 0.78、0.198 255 作为判断标准,是因为研究样本的年度利润分配每股股利 99% 分位数为 0.78,75% 分位数为 0.198 255。

表 4-12 剔除非理性分红观测的假设 4 稳健性检验

变量	股利支付率大于 1 且每股股利大于 0.78		股利支付率大于 1 且每股股利大于 0.198 255		股利支付率大于 1 且每股股利大于每股经营性现金净额	
	(1)	(2)	(3)	(4)	(5)	(6)
	divrt	*divyd*	*divrt*	*divyd*	*divrt*	*divyd*
hhi	0.062**	0.095	0.050**	0.075	0.054**	0.085
	(2.48)	(1.62)	(2.07)	(1.29)	(2.35)	(1.46)
fdual	0.030***	0.074***	0.027***	0.067***	0.029***	0.070***
	(2.76)	(2.88)	(2.59)	(2.66)	(2.77)	(2.76)
succession	−0.074***	−0.157***	−0.067***	−0.143**	−0.061***	−0.141**
	(−3.35)	(−2.79)	(−3.08)	(−2.55)	(−2.83)	(−2.50)
nguan	−0.111**	−0.268***	−0.109**	−0.264***	−0.106**	−0.264***
	(−2.46)	(−2.66)	(−2.47)	(−2.64)	(−2.41)	(−2.61)
voting	0.212***	0.487***	0.186***	0.437***	0.214***	0.486***
	(5.68)	(5.36)	(5.19)	(4.90)	(6.17)	(5.38)
famdir	0.137**	0.148	0.126**	0.129	0.100*	0.103
	(2.44)	(1.12)	(2.32)	(1.00)	(1.91)	(0.79)
inddir	−0.527***	−1.405***	−0.508***	−1.365***	−0.495***	−1.359***
	(−5.37)	(−5.76)	(−5.37)	(−5.67)	(−5.33)	(−5.60)
asset	0.021**	0.123***	0.022***	0.127***	0.020***	0.123***
	(2.54)	(6.02)	(2.70)	(6.30)	(2.61)	(6.04)
leverage	−0.289***	−0.239**	−0.274***	−0.216**	−0.262***	−0.209**
	(−6.88)	(−2.38)	(−6.80)	(−2.21)	(−6.63)	(−2.10)
pb	−0.010***	−0.139***	−0.009***	−0.138***	−0.011***	−0.143***
	(−2.85)	(−15.20)	(−2.65)	(−15.23)	(−3.57)	(−15.63)
roa	0.738***	9.060***	0.778***	9.158***	0.845***	9.249***
	(5.14)	(22.55)	(5.61)	(22.99)	(6.21)	(22.91)

(续表)

变量	股利支付率大于1 且每股股利大于 0.78		股利支付率大于1 且每股股利大于 0.198 255		股利支付率大于1 且每股股利大于每股 经营性现金净额	
	(1)	(2)	(3)	(4)	(5)	(6)
	divrt	*divyd*	*divrt*	*divyd*	*divrt*	*divyd*
opercf	0.035***	0.127***	0.030***	0.118***	0.042***	0.137***
	(4.60)	(6.07)	(4.19)	(5.75)	(5.94)	(6.62)
lnsale	0.009	0.075	0.003	0.070	0.023	0.093*
	(0.41)	(1.41)	(0.15)	(1.35)	(1.09)	(1.76)
risk	−3.125***	−13.193***	−2.939***	−12.575***	−3.199***	−12.744***
	(−2.90)	(−5.03)	(−2.82)	(−4.87)	(−3.16)	(−4.88)
publicseo	0.095**	0.247*	0.095**	0.249*	0.096**	0.249*
	(2.14)	(1.91)	(2.17)	(1.94)	(2.15)	(1.90)
stockdiv	0.033***	0.050**	0.030***	0.048**	0.032***	0.054**
	(3.24)	(1.99)	(3.07)	(1.94)	(3.29)	(2.14)
intercept	−0.027	−1.404***	−0.053	−1.519***	−0.030	−1.445***
	(−0.15)	(−3.15)	(−0.31)	(−3.47)	(−0.18)	(−3.27)
Year	Yes	Yes	Yes	Yes	Yes	Yes
Industry	Yes	Yes	Yes	Yes	Yes	Yes
pseudo R^2	0.160	0.179	0.174	0.187	0.202	0.188
N	4 414	4 414	4 375	4 375	4 361	4 361

注：研究样本为剔除非理性分红后剩余的观测对象。其中，列(1)和(2)中剔除的非理性分红标准为股利支付率大于1且每股股利大于0.78；列(3)和列(4)中剔除的非理性分红标准为股利支付率大于1且每股股利大于0.198 255；列(5)和列(6)中剔除的非理性分红标准为股利支付率大于1且每股股利大于每股经营活动产生的现金流量净额。括号内报告的 t 值为经异方差调整后的稳健 t 值，*、**、*** 分别代表在10%、5%、1%统计水平上显著。

4.4.4 解释变量的稳健性检验

本小节使用替代解释变量分别对家族成员所有权集中度与家族传承两个因素进行稳健性检验。

除了直接度量家族成员持股赫芬达尔指数外,持股家族成员的人数也能一定程度上反映家族成员持股的集中水平。当持股家族成员人数越多时,意味着家族总持股被更多地分散在不同的家族成员手中,降低了家族内大股东对企业的影响力和控制力。因此,本小节使用持股家族成员人数 $number$ 作为家族成员持股集中度的替代变量,构建模型(4-5)进行稳健性检验。模型(4-5)具体如下:

$$tobit(divrt/divyd) = \alpha_0 + \alpha_1 number + ControlVariables + YEAR + INDUSTRY + \varepsilon$$

其中,变量 $number$ 为家族中持有家族企业股份的人数,其余变量的定义详见表 4-3;若变量 $number$ 的系数 α_1 显著为负,则说明持有家族股份的家族成员人数越多,企业的现金股利水平越低。

表 4-13 报告了持股家族成员人数与现金股利分配的检验结果,其中,列(1)和列(2)的被解释变量为 $divrt$,列(3)和列(4)的被解释变量为 $divyd$。在以 $divrt$ 为被解释变量时,列(1)中变量 $number$ 的系数为 -0.009 且在 5% 统计水平上显著;进一步加入其他影响因素后,列(2)中该变量的系数仍然显著为负,具体为 -0.008 且在 5% 统计水平上显著,而变量 $fdual$ 的系数显著为正、变量 $succession$ 和变量 $nguan$ 的系数显著为负。当以 $divyd$ 为被解释变量时,变量 $number$ 在列(3)中的系数为 -0.016 且在 10% 统计水平上显著,在列(4)中的系数为 -0.014 但显著性水平略低于 10% 统计水平,其余变量并未发

现实质性改变。表 4-13 的结果说明，在控制了其他影响因素的条件下，家族企业现金股利支付率和现金股利收益率随着持股家族成员人数的提高而减少，与表 4-6 的结果一致。

表 4-13　家族成员持股集中度变量的假设 4 稳健性检验

变量	(1) $divrt$	(2) $divrt$	(3) $divyd$	(4) $divyd$
$number$	−0.009** (−2.41)	−0.008** (−2.18)	−0.016* (−1.80)	−0.014 (−1.57)
$fdual$		0.030*** (2.73)		0.073*** (2.86)
$succession$		−0.078*** (−3.51)		−0.162*** (−2.88)
$nguan$		−0.112** (−2.48)		−0.269*** (−2.68)
$voting$	0.232*** (6.19)	0.211*** (5.59)	0.539*** (5.94)	0.492*** (5.39)
$famdir$	0.116** (2.06)	0.130** (2.27)	0.112 (0.84)	0.137 (1.03)
$inddir$	−0.482*** (−4.83)	−0.510*** (−5.10)	−1.309*** (−5.32)	−1.377*** (−5.61)
$asset$	0.019** (2.33)	0.022*** (2.59)	0.119*** (5.87)	0.124*** (6.09)
$leverage$	−0.293*** (−6.85)	−0.290*** (−6.78)	−0.237** (−2.36)	−0.229** (−2.29)
pb	−0.010*** (−2.94)	−0.010*** (−2.89)	−0.140*** (−15.25)	−0.140*** (−15.26)

(续表)

变量	(1) *divrt*	(2) *divrt*	(3) *divyd*	(4) *divyd*
roa	0.760*** (5.12)	0.763*** (5.15)	9.090*** (22.64)	9.106*** (22.79)
opercf	0.034*** (4.43)	0.035*** (4.56)	0.124*** (5.94)	0.126*** (6.04)
lnsale	0.003 (0.12)	−0.000 (−0.02)	0.061 (1.14)	0.054 (1.01)
risk	−3.007*** (−2.75)	−3.097*** (−2.84)	−12.875*** (−4.88)	−13.087*** (−4.97)
publicseo	0.082* (1.82)	0.092** (2.08)	0.222* (1.70)	0.243* (1.88)
stockdiv	0.037*** (3.58)	0.035*** (3.34)	0.061** (2.39)	0.056** (2.17)
intercept	−0.074 (−0.40)	0.014 (0.08)	−1.555*** (−3.44)	−1.337*** (−3.02)
Year	Yes	Yes	Yes	Yes
Industry	Yes	Yes	Yes	Yes
pseudo R^2	0.150	0.154	0.177	0.178
N	4 424	4 424	4 424	4 424

注：使用模型（4-5）如下：
$tobit(divrt/divyd) = \alpha_0 + \alpha_1 number + ControlVariables + YEAR + INDUSTRY + \varepsilon$
其中，变量 *number* 为家族企业中持股家族成员人数，其余变量的定义详见表 4-3。括号内报告的 t 值为经异方差调整后的稳健 t 值，*、**、*** 分别代表在 10%、5%、1%统计水平上显著。

在本章 4.3 的实证检验中，定义家族企业的传承为家族第二代成员开始担任家族企业董事长。在本小节稳健性检验中，将家族第二代成员开始担任家族企业的总经理作为替代变量。变量 $succession1$ 为哑变量，若由家族第二代成员开始担任总经理时，取1；否则，为0。表4-14报告了家族传承替代变量的稳健性检验结果，其中，列（1）和列（2）的被解释变量为 $divrt$、列（3）和列（4）的被解释变量为 $divyd$。列（1）中变量 $succession1$ 的系数为 -0.055 且在1%统计水平上显著；进一步加入家族成员所有权集中度、家族成员管理权集中度和非管制行业哑变量三个因素后，列（2）中变量 $succession1$ 的系数为 -0.050 且在5%统计水平上显著；列（3）和列（4）的系数与列（1）和列（2）无实质性差异。由此可见，表4-8的结果并不受到家族传承定义的影响。

表4-14 家族传承变量的假设4稳健性检验

变量	(1) $divrt$	(2) $divrt$	(3) $divyd$	(4) $divyd$
$succession1$	-0.055*** (-2.60)	-0.050** (-2.35)	-0.125** (-2.44)	-0.115** (-2.24)
hhi		0.068*** (2.73)		0.104* (1.75)
$fdual$		0.028*** (2.59)		0.071*** (2.74)
$nguan$		-0.113** (-2.48)		-0.269*** (-2.63)
$voting$	0.196*** (5.57)	0.220*** (5.82)	0.471*** (5.50)	0.501*** (5.49)
$famdir$	0.096* (1.80)	0.138** (2.42)	0.087 (0.69)	0.145 (1.09)

(续表)

变量	(1)	(2)	(3)	(4)
	divrt	divrt	divyd	divyd
inddir	−0.462***	−0.507***	−1.275***	−1.369***
	(−4.67)	(−5.10)	(−5.23)	(−5.60)
asset	0.021**	0.021**	0.122***	0.123***
	(2.47)	(2.47)	(5.98)	(6.02)
leverage	−0.295***	−0.286***	−0.242**	−0.223**
	(−6.90)	(−6.65)	(−2.41)	(−2.22)
pb	−0.010***	−0.010***	−0.140***	−0.141***
	(−2.87)	(−3.02)	(−15.24)	(−15.34)
roa	0.768***	0.766***	9.100***	9.113***
	(5.19)	(5.18)	(22.75)	(22.78)
opercf	0.034***	0.035***	0.126***	0.127***
	(4.52)	(4.59)	(6.01)	(6.06)
lnsale	0.001	0.001	0.058	0.056
	(0.04)	(0.04)	(1.07)	(1.04)
risk	−2.928***	−3.041***	−12.759***	−12.969***
	(−2.68)	(−2.79)	(−4.85)	(−4.93)
publicseo	0.087**	0.092**	0.232*	0.244*
	(1.97)	(2.06)	(1.80)	(1.88)
stockdiv	0.036***	0.035***	0.058**	0.056**
	(3.46)	(3.35)	(2.28)	(2.17)
intercept	−0.100	−0.043	−1.606***	−1.431***
	(−0.54)	(−0.24)	(−3.55)	(−3.21)
Year	Yes	Yes	Yes	Yes
Industry	Yes	Yes	Yes	Yes

(续表)

变量	(1)	(2)	(3)	(4)
	$divrt$	$divrt$	$divyd$	$divyd$
$pseudo\ R^2$	0.150	0.153	0.177	0.178
N	4 424	4 424	4 424	4 424

注：使用模型（4-3）如下：
$$tobit(divrt/divyd) = \alpha_0 + \alpha_1 succession1 + ControlVaribles + YEAR + INDUSTRY + \varepsilon$$
其中，$succession1$ 为家族传承哑变量，当家族第二代成员开始担任上市公司总经理时，取 1；否则，为 0；其余变量的定义详见表 4-3。括号内报告的 t 值为经异方差调整后的稳健 t 值，*、**、*** 分别代表在 10%、5%、1% 统计水平上显著。报告的边际效应为平均边际效应。

4.4.5 模型的稳健性检验

考虑被解释变量 $divrt$ 与 $divyd$ 为连续型的非负数值，且存在部分观测取值为 0，因此，在前文的实证检验中采用 tobit 模型进行回归。为了检验本章实证结果不受到检验模型的影响，本小节对变量 $divrt$ 与 $divyd$ 加上非常小的正数并取对数后采用 OLS 模型进行稳健性检验。

表 4-15 报告了 OLS 模型的假设 4 稳健性检验结果，其中，Panel A 的被解释变量为 $lndivrt$，Panel B 的被解释变量为 $lndivyd$。如表 4-15 所示，在 Panel A 中，除变量 $nguan$ 的系数为负但显著性水平略低于 10% 外，变量 hhi 与变量 $fdual$ 的系数显著为正，变量 $succession$ 的系数显著为负，与主回归结果基本一致。Panel B 中的结果与 Panel A 基本一致。由此可见，本章主要实证结果不受到回归模型的影响。

表 4-15　OLS 模型的假设 4 稳健性检验

Panel A：被解释变量为 $lndivrt$

变量	(1)	(2)	(3)	(4)	(5)
hhi	0.321* (1.96)				0.254 (1.54)
$fdual$		0.297*** (4.07)			0.286*** (3.90)
$succession$			−0.422** (−2.46)		−0.409** (−2.38)
$nguan$				−0.660 (−1.21)	−0.716 (−1.29)
$voting$	1.091*** (4.45)	0.878*** (3.76)	0.885*** (3.80)	0.952*** (4.10)	0.926*** (3.74)
$famdir$	1.099*** (2.99)	0.790** (2.30)	0.998*** (2.87)	0.865** (2.51)	1.107*** (3.00)
$inddir$	−3.053*** (−4.66)	−3.218*** (−4.89)	−2.977*** (−4.56)	−2.970*** (−4.55)	−3.281*** (−4.99)
$asset$	0.225*** (4.05)	0.239*** (4.29)	0.236*** (4.24)	0.229*** (4.12)	0.242*** (4.34)
$leverage$	−1.613*** (−5.82)	−1.612*** (−5.84)	−1.644*** (−5.94)	−1.641*** (−5.94)	−1.594*** (−5.75)
pb	−0.107*** (−4.67)	−0.105*** (−4.61)	−0.104*** (−4.54)	−0.105*** (−4.58)	−0.106*** (−4.64)
roa	14.218*** (15.20)	14.264*** (15.35)	14.244*** (15.26)	14.245*** (15.25)	14.240*** (15.30)
$opercf$	0.173*** (3.22)	0.176*** (3.28)	0.175*** (3.26)	0.172*** (3.21)	0.179*** (3.34)

(续表)

Panel A：被解释变量为 $lndivrt$

变量	(1)	(2)	(3)	(4)	(5)
$lnsale$	0.643***	0.625***	0.631***	0.639***	0.621***
	(4.31)	(4.19)	(4.22)	(4.28)	(4.15)
$risk$	−12.410*	−12.387*	−12.352*	−12.036	−12.976*
	(−1.69)	(−1.69)	(−1.68)	(−1.64)	(−1.77)
$publicseo$	0.628*	0.650*	0.652**	0.616*	0.693**
	(1.85)	(1.88)	(2.00)	(1.82)	(2.09)
$stockdiv$	0.492***	0.481***	0.486***	0.492***	0.474***
	(7.14)	(6.99)	(7.06)	(7.14)	(6.90)
$intercept$	−8.259***	−8.154***	−8.105***	−7.378***	−7.675***
	(−6.65)	(−6.62)	(−6.59)	(−5.91)	(−6.11)
Year	Yes	Yes	Yes	Yes	Yes
Industry	Yes	Yes	Yes	Yes	Yes
$adj.\ R^2$	0.242	0.244	0.242	0.241	0.245
N	4 424	4 424	4 424	4 424	4 424

Panel B：被解释变量为 $lndivyd$

变量	(1)	(2)	(3)	(4)	(5)
hhi	0.285				0.214
	(1.58)				(1.18)
$fdual$		0.307***			0.297***
		(3.84)			(3.71)
$succession$			−0.461**		−0.449**
			(−2.42)		(−2.35)
$nguan$				−0.849	−0.909
				(−1.42)	(−1.50)

(续表)

Panel B：被解释变量为 $lndivyd$

变量	(1)	(2)	(3)	(4)	(5)
$voting$	1.097***	0.898***	0.901***	0.974***	0.922***
	(4.01)	(3.44)	(3.47)	(3.75)	(3.35)
$famdir$	1.130***	0.846**	1.068***	0.922**	1.146***
	(2.78)	(2.22)	(2.79)	(2.41)	(2.81)
$inddir$	−3.525***	−3.707***	−3.460***	−3.452***	−3.762***
	(−4.87)	(−5.10)	(−4.80)	(−4.78)	(−5.17)
$asset$	0.341***	0.354***	0.351***	0.344***	0.359***
	(5.47)	(5.68)	(5.64)	(5.53)	(5.74)
$leverage$	−1.212***	−1.208***	−1.241***	−1.237***	−1.193***
	(−3.97)	(−3.97)	(−4.07)	(−4.06)	(−3.91)
pb	−0.253***	−0.252***	−0.250***	−0.251***	−0.252***
	(−10.10)	(−10.06)	(−9.99)	(−10.02)	(−10.08)
roa	23.933***	23.977***	23.956***	23.957***	23.956***
	(23.25)	(23.43)	(23.33)	(23.31)	(23.39)
$opercf$	0.220***	0.224***	0.222***	0.219***	0.227***
	(3.53)	(3.59)	(3.57)	(3.52)	(3.64)
$lnsale$	0.820***	0.802***	0.807***	0.817***	0.796***
	(5.05)	(4.94)	(4.97)	(5.03)	(4.90)
$risk$	−19.904**	−19.935**	−19.918**	−19.573**	−20.508**
	(−2.48)	(−2.49)	(−2.48)	(−2.44)	(−2.56)
$publicseo$	0.733*	0.757*	0.761**	0.722*	0.802**
	(1.86)	(1.89)	(2.00)	(1.83)	(2.09)
$stockdiv$	0.569***	0.557***	0.562***	0.569***	0.550***
	(7.46)	(7.31)	(7.38)	(7.47)	(7.22)

(续表)

Panel B: 被解释变量为 $lndivyd$

变量	(1)	(2)	(3)	(4)	(5)
$intercept$	−9.914***	−9.838***	−9.792***	−8.870***	−9.145***
	(−7.15)	(−7.15)	(−7.12)	(−6.36)	(−6.52)
Year	Yes	Yes	Yes	Yes	Yes
Industry	Yes	Yes	Yes	Yes	Yes
$adj. R^2$	0.324	0.325	0.324	0.323	0.326
N	4 424	4 424	4 424	4 424	4 424

注：对被解释变量 $divrt$、$divyd$ 分别取对数后采用OLS模型进行检验，变量的定义详见表4-3。括号内报告的 t 值为经异方差调整后的稳健 t 值，*、**、*** 分别代表在10%、5%、1%统计水平上显著。

4.5 本章小结

本章在我国家族企业内部检验了家族特殊资产依赖度对现金股利政策的影响。在家族企业中，由于家族特殊资产的存在，企业信息披露透明度不足，因此，家族企业具有将现金股利作为信号传递机制的动机。但是，这个动机会随家族企业对家族特殊资产依赖程度的不同而存在差异吗？这是本章主要研究的问题。

由于家族特殊资产的多维度特征，本章从家族成员所有权结构、家族成员管理权结构、家族企业是否传承和家族所在行业特征四个方面间接度量了家族企业对家族特殊资产的依赖水平，进而检验了家族特殊资产依赖度对股利政策的影响。

通过利用2006—2014年我国家族上市公司的研究样本，从现金股利支付率和现金股利收益率两个方面度量现金股利分配力度，本章的实证结果发现，当家族特殊资产依赖度较高时，即传统会计信息传递机制受到的限制更严重、信息不对称程度更大时，家族企业对股利信号传递作用的需求更高；反之亦然。具体来说，当个别家族成员持有大部分家族股份时，或当个别家族成员同时担任家族企业的董事长和总经理时，家族企业的现金股利水平提高；相比较由创业者掌管的家族企业，由第二代家族成员掌管的家族企业的现金股利水平降低；相较于管制行业的家族企业，处于非管制行业的家族企业的现金股利水平降低。本章最后还对家族企业的定义、家族所有权结构的内生性问题、非理性现金分红等问题进行了稳健性检验，保证了本章主要研究结果不受到研究样本、内生性问题、研究变量或模型的影响。

本章的主要贡献有两点：第一，本章进一步验证了家族特殊资产对家族企业现金股利政策的影响。本章发现，随着企业对家族特殊资产依赖程度的提高，家族企业的现金股利水平也会提高，以减缓由家族特殊资产带来的企业信息披露不足的问题。第二，在 Fan、Wong 和 Zhang（2012）从家族代际传承的角度研究家族特殊资产的基础上，本章首次从家族内部的所有权结构、管理权结构以及家族所处行业特征三个方面研究家族特殊资产对企业股利政策的影响，进一步验证了家族特殊资产的重要地位，丰富了家族企业的相关研究。

第 5 章
CHAPTER 5

结 论

5.1　本书主要研究结论

与西方成熟资本市场中上市公司相对稳定的股利分配活动不同，我国上市公司的股利分配乱象频出。诸如"铁公鸡"现象、融资分红、高送转分红等现象构成了中国特色的"股利之谜"。虽然相关监管部门不断出台旨在帮助上市公司树立合理股利分红意识的相关规范制度，但由于未能深入分析和识别上市公司的股利分配动机，部分政策并未真正发挥效应。与此同时，在我国众多的经济主体中，起步较晚的家族企业后来居上，不仅创造了大量经济价值，也承担了重要的社会责任。然而，关于我国家族企业股利分配的研究不仅数量有限，而且未得到一致性的结论。究其原因，主要是因为仅有的文献多直接套用大样本研究范式，从股利与代理问题的角度展开分析。这种现成的研究框架不仅没有考虑到我国家族企业面临的独特制度背景，也未体现出家族企业的本质特征。鉴于以上现实和理论背景，本书尝试将家族特征纳入研究范畴，重新建立关于家族企业股利政策的研究框架，从家族特殊资产的视角对我国家族上市公司的现金股利政策进行深入的剖析和解读。

家族企业与非家族企业的最本质区别在于家族的涉入和随之而来的家族特殊资产。这种特殊资产是一种具有多维度特征的专业性资产。它不仅包括单个家族成员所具有的个人兴趣、品牌声誉、人格魅力、专业技能和管理经验、所持有的产品秘方等，还包括家族成员之间以及家族与外部利益相关者之间的各种关系网络。不过，家族特殊资产是一把双刃剑。它虽然能够为企业带来积极效应，提高公司价值，也造成家族企业的信息披露度较非家族企业不足的问题，加剧了公司内外信息不对称的程度。因此,以"基业长青"为最终经营目标的家族企业有动机寻求新的信号传递媒介,通过向外部投资者传递增量信息的方式解决家族特殊资产对信息披露的负面效应,维持企业经营活力和竞争力。

现金股利分配决策是上市公司在综合公司内外各方面因素后作出的重要决策。将公司利润以现金的方式直接分配给股东,虽然满足了股东对投资回报的需求,但直接减少了内部留存资金,提高了未来对外融资的可能性。因此,上市公司的股利分配是一种高成本行为。同时,投资者可以根据所分配的股利水平判断公司经营现状和未来发展前景,避免了会计数字容易受到管理层盈余管理活动影响的问题。因此,根据股利信号理论,股利政策具有信号传递的作用。

基于此,家族企业是否会利用现金股利的信号传递机制向外部投资者传递更多公司信息,以弥补由家族特殊资产带来的信息不对称问题呢?这是本书检验的第一个研究问题。当家族特殊资产对信息披露的影响程度发生变化时,家族企业的股利政策是否也会相应调整呢?这是本书检验的第二个研究问题。本书以2006—2014年我国A股民营上市公司为研究样本,分别从家族企业与非家族企业的对比、家族企业内部的对比两个层面,实证检验了上述两个研究问题。

在家族企业与非家族企业的比较中,通过比较两类企业在股利政策市场反应、股利平稳度和股利水平的差异,本书发现:首先,家族企业的现金股利预案公告披露导致的市场反应显著高于非家族企业;其次,家族企业的现金股利政策比非家族企业更加稳定;再有,家族企业的现金股利支付率与股利收益率显著高于非家族企业。同时,通过进一步检验家族企业现金股利政策与外部信息不对称性、当期盈余和未来公司价值的关系,发现:①当公司外部信息不对称程度减小时,如分析师对上市公司的关注度越高、所在地区市场化程度越高以及信息披露考核等级越高时,家族企业利用股利信号作用的动机会减小,家族企业的现金股利水平降低;②家族企业的股利政策不仅包含公司当期盈余信息,还包含其他增量信息;③家族企业未来公司价值会随现金股利水平的提高而提高。通过与非家族企业的对比,上述结果支持了家族企业的股利政策的确具有信号传递作用。此外,结合现有关于股利政策的主要研究成果,还对自由现金流假说、利益侵占假说和监管政策影响三个竞争性假说进行分析和排除。

在家族企业内部的比较中,本书提出,随企业对家族特殊资产依赖度的提高,会计信息披露受到的限制程度也更高,提高了家族企业利用股利政策信号作用的动机,表现出高股利的特征;反之亦然。家族特殊资产的多维度特征导致无法直接对家族特殊资产进行度量。因此,本书除了从Fan等(2012)提出的代际传承视角,还从家族成员所有权集中度、管理权集中度、所在行业是否属于管制行业的视角间接度量了家族特殊资产的影响力。实证结果表明,当少数家族成员控制大部分家族股份,或同一个家族成员同时担任上市公司董事长和总经理时,企业对该家族成员拥有的特殊资产依赖度提高,现金股利水平提高;由于第二代家族成员无法全部继承创始人的家族特殊资产,传承后的家族企业对家族特殊资产的依赖度降低,现金股利水平降低;由于非管制行业对政治关系这种家族特殊资产的需求度不高,当企业所处行业为非管制行业时,家族企业对它的依赖度降低,现金股利水平降低。

综上所述,本书基于家族特殊资产的角度,为我国家族企业的现金股利政策提供了新的解释。本书的研究结果表明,我国家族企业为了弥补家族特殊资产对企业信息披露的负面效应，有动机将积极的股利分配政策作为信号，以缩小公司内外信息不对称程度。

5.2 研究不足与未来研究方向

5.2.1 研究不足

第一，本书未直接度量家族特殊资产，且未针对家族特殊资产某一组成部分进行讨论和检验。由于多维度特征，本书并未直接度量家族特殊资产。但是本书尝试从家族成员所有权结构、家族成员管理权结构、家族企业是否代际传承与家族所处行业的管制度四个方面间接度量了家族特殊资产在企业中的影响力。此外，本书没有直接检验某一类家族特殊资产，也没有比较不同类型的家族特殊资产对股利政策的影响。

第二，本书未明确指出家族企业用股利作为信号时所传递的增量信息的具体内涵。虽然在第三章中通过实证检验发现，除了公司盈余水平外，家族企业的股利政策还向外部投资者传递了公司内部其他信息，本书并没有分析和检验这部分增量信息的具体内涵。

第三，本书虽然在第三章对目前股利研究中主要的三种竞争性假说进行检验和排除，但并不能排除其他可能会加剧家族内外信息不对称程度的因素、或者其他影响家族企业股利政策的因素。

5.2.2 未来研究方向

本书可在以下方面进一步拓展：

第一，后续研究可以尝试进一步检验特定家族特殊资产对企业股利政策的影响，并且比较不同类型家族特殊资产对股利政策的影响是否存在差异。

第二，本书从家族特殊资产的角度为家族企业的股利政策动机提供了新的解释，未来可尝试从家族特殊资产的角度对企业的投融资活动、研发活动等重要事项进行研究。

参 考 文 献

[1] 曹廷求,杨秀丽,孙宇光. 股权结构与公司绩效:度量方法和内生性[J]. 经济研究. 2007(10):126—137.

[2] 曾亚敏,张俊生. 股利所得税削减对权益资产价格的影响——以财税〔2005〕102 为背景的事件研究[J]. 经济科学. 2005(06):84—94.

[3] 曾颖,陆正飞. 信息披露质量与股权融资成本[J]. 经济研究. 2006(2):69—79,91.

[4] 陈浪南,姚正春. 我国股利政策信号传递作用的实证研究[J]. 金融研究. 2000(10):69—77.

[5] 陈晓,陈小悦,倪凡. 我国上市公司首次股利信号传递效应的实证研究[J]. 经济科学. 1998(5):33—44.

[6] 陈信元,陈冬华,时旭. 公司治理与现金股利:基于佛山照明的案例研究[J]. 管理世界. 2003(8):118—126.

[7] 陈艳,李鑫,李孟顺. 现金股利迎合、再融资需求与企业投资——投资效率视角下的半强制分红政策有效性研究[J]. 会计研究. 2015(11):69—75.

[8] 程子健,张俊瑞. 交叉上市、股权性质与企业现金股利政策——基于倾向得分匹配法(PSM)的分析[J]. 会计研究. 2015(7):34—41.

[9] 邓建平,曾勇. 上市公司家族控制与股利决策研究[J]. 管理世界. 2005(7):139—147.

[10] 邓建平,曾勇. 政治关联能改善民营企业的经营绩效吗[J]. 中国工业经济. 2009(2):98—108.

[11] 邓建平,曾勇,何佳. 利益获取:股利共享还是资金独占?[J]. 经济研

究.2007(4):112—123.

[12] 范博宏.关键世代:走出华人家族企业传承之困[M].东方出版社,2012:300.

[13] 冯旭南,李心愉,陈工孟.家族控制、治理环境和公司价值[J].金融研究.2011(3):149—164.

[14] 何涛,陈晓.现金股利能否提高企业的市场价值——1997—1999年上市公司会计年度报告期间的实证分析[J].金融研究.2002(8):26—38.

[15] 胡旭阳,史晋川.民营企业的政治资源与民营企业多元化投资——以中国民营企业500强为例[J].中国工业经济.2008(4):5—14.

[16] 胡旭阳,吴一平.中国家族企业政治资本代际转移研究——基于民营企业家参政议政的实证分析[J].中国工业经济.2016(1):146—160.

[17] 黄海杰,吕长江,丁慧.独立董事声誉与盈余质量——会计专业独董的视角[J].管理世界.2016(3):128—143.

[18] 黄娟娟,沈艺峰.上市公司的股利政策究竟迎合了谁的需要——来自中国上市公司的经验数据[J].会计研究.2007(8):36—43.

[19] 贾凡胜,吴昱,廉柯赟.股利税差别化、现金分红与代理问题——基于财税〔2012〕85号文件的研究[J].南开管理评论.2016(1):142—154.

[20] 姜英兵,严婷.制度环境对会计准则执行的影响研究[J].会计研究.2012(4):69—78.

[21] 靳庆鲁,宣扬,李刚等.社保基金持股与公司股利政策[J].会计研究.2016(5):34—39.

[22] 孔小文,于笑坤.上市公司股利政策信号传递效应的实证分析[J].管理世界.2003(6):114—118.

[23] 雷光勇,李帆,金鑫.股权分置改革、经理薪酬与会计业绩敏感度[J].中国会计评论.2010(1):17—30.

[24] 雷光勇,刘慧龙.市场化进程、最终控制人性质与现金股利行为——来自中国A股公司的经验证据[J].管理世界.2007(7):120—128.

[25] 李常青.我国上市公司股利政策现状及其成因[J].中国工业经济.1999(9):22—26.

[26] 李常青,魏志华,吴世农.半强制分红政策的市场反应研究[J].经济研

究. 2010(3)：144—155.

[27] 李汉军,张俊喜.上市企业治理与绩效间的内生性程度[J].管理世界. 2006(5)：121—127.

[28] 李心丹,俞红海,陆蓉等.中国股票市场"高送转"现象研究[J].管理世界. 2014(11)：133—145.

[29] 李延喜,陈克兢,姚宏等.基于地区差异视角的外部治理环境与盈余管理关系研究——兼论公司治理的替代保护作用[J].南开管理评论. 2012(4)：89—100.

[30] 李卓,宋玉.股利政策、盈余持续性与信号显示[J].南开管理评论. 2007(1)：70—80.

[31] 连燕玲,贺小刚,张远飞.家族权威配置机理与功效——来自我国家族上市公司的经验证据[J].管理世界. 2011(11)：105—117.

[32] 廖理,方芳.股利政策代理理论的实证检验[J].南开管理评论. 2005(5)：57—64.

[33] 廖理,沈红波,郦金梁.股权分置改革与上市公司治理的实证研究[J]. 中国工业经济. 2008(5)：99—108.

[34] 廖理,张学勇.全流通纠正终极控制者利益取向的有效性——来自中国家族上市公司的证据[J].经济研究. 2008(8)：77—89.

[35] 刘白璐,吕长江.中国家族企业家族所有权配置效应研究[J].经济研究. 2016(11)：140—152.

[36] 刘峰,贺建刚.股权结构与大股东利益实现方式的选择——中国资本市场利益输送的初步研究[J].中国会计评论,2004(1)：141—158.

[37] 刘孟晖.内部人终极控制及其现金股利行为研究——来自中国上市公司的经验证据[J].中国工业经济. 2011(12)：122—132.

[38] 刘星,谭伟荣,李宁.半强制分红政策、公司治理与现金股利政策[J]. 南开管理评论. 2016,19(5)：104—114.

[39] 刘银国,焦健,张琛.股利政策、自由现金流与过度投资——基于公司治理机制的考察[J].南开管理评论. 2015(4)：139—150.

[40] 娄芳,李玉博,原红旗.新会计准则对现金股利和会计盈余关系影响的研究[J].管理世界. 2010(1)：122—132.

[41] 逯东,万丽梅,杨丹. 创业板公司上市后为何业绩变脸?[J]. 经济研究. 2015(2):132—144.

[42] 罗党论,刘晓龙. 政治关系、进入壁垒与企业绩效——来自中国民营上市公司的经验证据[J]. 管理世界. 2009(5):97—106.

[43] 罗党论,唐清泉. 中国民营上市公司制度环境与绩效问题研究[J]. 经济研究. 2009(2):106—118.

[44] 罗党论,赵聪. 什么影响了企业对行业壁垒的突破——基于中国上市公司的经验证据[J]. 南开管理评论. 2013(6):95—105.

[45] 罗宏,黄文华. 国企分红、在职消费与公司业绩[J]. 管理世界. 2008(9):139—148.

[46] 吕长江,邵帅. 股利管制保护投资者利益了吗[J]. 重大管理评论. 2014(1):25—49.

[47] 吕长江,王克敏. 上市公司股利政策的实证分析[J]. 经济研究. 1999(12):31—39.

[48] 吕长江,许静静. 基于股利变更公告的股利信号效应研究[J]. 南开管理评论. 2010(2):90—96.

[49] 吕长江,张海平. 上市公司股权激励计划对股利分配政策的影响[J]. 管理世界. 2012(11):133—143.

[50] 吕长江,周县华. 公司治理结构与股利分配动机——基于代理成本和利益侵占的分析[J]. 南开管理评论. 2005(3):9—17.

[51] 马曙光,黄志忠,薛云奎. 股权分置、资金侵占与上市公司现金股利政策[J]. 会计研究. 2005(9):44—50.

[52] 强国令. 半强制分红政策、逆向选择与股利掏空[J]. 投资研究. 2014(10):118—131.

[53] 屈文洲,谢雅璐,叶玉妹. 信息不对称、融资约束与投资——现金流敏感性——基于市场微观结构理论的实证研究[J]. 经济研究. 2011(6):105—117.

[54] 全怡,梁上坤,付宇翔. 货币政策、融资约束与现金股利[J]. 金融研究. 2016(11):63—79.

[55] 邵帅,吕长江. 实际控制人直接持股可以提升公司价值吗?——来自中

国民营上市公司的证据[J]. 管理世界. 2015(5): 134—146.

[56] 宋敏, 张俊喜, 李春涛. 股权结构的陷阱[J]. 南开管理评论. 2004(1): 9—23.

[57] 汪昌云, 孙艳梅, 郑志刚等. 股权分置改革是否改善了上市公司治理机制的有效性[J]. 金融研究. 2010(12): 131—145.

[58] 汪伟, 史晋川. 进入壁垒与民营企业的成长——吉利集团案例研究[J]. 管理世界. 2005(4): 132—140.

[59] 汪炜, 蒋高峰. 信息披露、透明度与资本成本[J]. 经济研究. 2004(7): 107—114.

[60] 王化成, 李春玲, 卢闯. 控股股东对上市公司现金股利政策影响的实证研究[J]. 管理世界. 2007(1): 122—127,136.

[61] 王会娟, 张然, 胡诗阳. 私募股权投资与现金股利政策[J]. 会计研究. 2014(10): 51—58.

[62] 王茂林, 何玉润, 林慧婷. 管理层权力、现金股利与企业投资效率[J]. 南开管理评论. 2014(2): 13—22.

[63] 王明琳, 徐萌娜, 王河森. 利他行为能够降低代理成本吗?——基于家族企业中亲缘利他行为的实证研究[J]. 经济研究. 2014(3): 144—157.

[64] 王信. 从代理理论看上市公司的派现行为[J]. 金融研究. 2002(9): 44—52.

[65] 魏春燕, 陈磊. 家族企业 CEO 更换过程中的利他主义行为——基于资产减值的研究[J]. 管理世界. 2015(3): 137—150.

[66] 魏刚. 我国上市公司股利分配的实证研究[J]. 经济研究. 1998(6): 32—38.

[67] 魏明海, 柳建华. 国企分红、治理因素与过度投资[J]. 管理世界. 2007(4): 88—95.

[68] 魏志华, 李茂良, 李常青. 半强制分红政策与中国上市公司分红行为[J]. 经济研究. 2014(6): 100—114.

[69] 魏志华, 吴育辉, 李常青. 家族控制、双重委托代理冲突与现金股利政策——基于中国上市公司的实证研究[J]. 金融研究. 2012(7): 168—181.

[70] 翁洪波,吴世农. 机构投资者、公司治理与上市公司股利政策[J]. 中国会计评论. 2007(3):367—380.

[71] 吴文锋,吴冲锋,刘晓薇. 中国民营上市公司高管的政府背景与公司价值[J]. 经济研究. 2008(7):130—141.

[72] 夏立军,陈信元. 市场化进程、国企改革策略与公司治理结构的内生决定[J]. 经济研究. 2007(7):82—95.

[73] 夏立军,郭建展,陆铭. 企业家的"政由己出"——民营IPO公司创始人管理、市场环境与公司业绩[J]. 管理世界. 2012(9):132—141,155.

[74] 夏立军,鹿小楠. 上市公司盈余管理与信息披露质量相关性研究[J]. 当代经济管理. 2005(5):145—150,158.

[75] 肖珉. 现金股利、内部现金流与投资效率[J]. 金融研究. 2010(10):117—134.

[76] 肖珉. 自由现金流量、利益输送与现金股利[J]. 经济科学. 2005(2):67—76.

[77] 谢军. 股利政策、第一大股东和公司成长性:自由现金流理论还是掏空理论[J]. 会计研究. 2006(4):51—57.

[78] 徐欣,唐清泉. 财务分析师跟踪与企业R&D活动——来自中国证券市场的研究[J]. 金融研究. 2010(12):173—189.

[79] 许静静,吕长江. 家族企业高管性质与盈余质量——来自中国上市公司的证据[J]. 管理世界. 2011(1):112—120.

[80] 许文彬,刘猛. 我国上市公司股权结构对现金股利政策的影响——基于股权分置改革前后的实证研究[J]. 中国工业经济. 2009(12):128—138.

[81] 杨宝,袁天荣. 股利税"减半"的市场反应研究——基于财税〔2005〕102的事件研究[J]. 税务与经济. 2013(6):85—92.

[82] 杨继伟. 股价信息含量与资本投资效率——基于投资现金流敏感度的视角[J]. 南开管理评论. 2011,14(5):99—108.

[83] 杨兴全,张丽平,陈旭东. 市场化进程与现金股利政策:治理效应抑或缓解融资约束?[J]. 经济与管理研究. 2014(5):76—84.

[84] 杨熠,沈艺峰. 现金股利传递盈利信号还是起监督治理作用[J]. 中国会

计评论. 2004, 2(1): 61—76.

[85] 易阳, 宋顺林, 谢新敏等. 创始人专用性资产、堑壕效应与公司控制权配置——基于雷士照明的案例分析[J]. 会计研究. 2016(1): 63—70.

[86] 俞乔, 程滢. 我国公司红利政策与股市波动[J]. 经济研究. 2001(4): 32—40.

[87] 原红旗. 中国上市公司股利政策分析[J]. 财经研究. 2001, 27(3): 33—41.

[88] 张纯, 吕伟. 信息环境、融资约束与现金股利[J]. 金融研究. 2009(7): 81—94.

[89] 张海燕, 陈晓. 从现金红利看第一大股东对高级管理层的监督[J]. 南开管理评论. 2008(2): 15—21.

[90] 张俭, 石本仁. 制度环境、两权分离与家族企业现金股利行为——基于2007—2012年中国家族上市公司的经验证据[J]. 当代财经. 2014(5): 119—128.

[91] 张建君, 张志学. 中国民营企业家的政治战略[J]. 管理世界. 2005(7): 94—105.

[92] 张玮婷, 王志强. 地域因素如何影响公司股利政策:"替代模型"还是"结果模型"?[J]. 经济研究. 2015(5): 76—88.

[93] 张学勇, 廖理. 股权分置改革、自愿性信息披露与公司治理[J]. 经济研究. 2010(4): 28—39,53.

[94] 赵宜一, 吕长江. 亲缘还是利益?——家族企业亲缘关系对薪酬契约的影响[J]. 会计研究. 2015(8): 32—40.

[95] 支晓强, 胡聪慧, 童盼等. 股权分置改革与上市公司现金股利政策研究——基于迎合理论的证据[J]. 管理世界. 2014(3): 139—147.

[96] 支晓强, 胡聪慧, 吴偎立等. 现金分红迎合了投资者吗——来自交易行为的证据[J]. 金融研究. 2014(5): 143—161.

[97] 周中胜, 陈汉文. 会计信息透明度与资源配置效率[J]. 会计研究. 2008(12): 56—62.

[98] 祝继高, 王春飞. 金融危机对公司现金股利政策的影响研究——基于股权结构的视角[J]. 会计研究. 2013(2): 38—44.

[99] Agrawal A, Jayaraman N. The Dividend Policies of All-equity Firms: A Direct Test of the Free Cash Flow Theory[J]. *Managerial and Decision Economics*. 1994, 15(2): 139-148.

[100] Aharony J, Swary I. Quarterly Dividend and Earnings Announcements and Stockholders' Returns: An Empirical Analysis[J]. *The Journal of Finance*. 1980, 35(1): 1-12.

[101] Akerlof G A. The Market for "Lemons": Quality Uncertainty and the Market Mechanism[J]. *The Quarterly Journal of Economics*. 1970, 84(3): 488-500.

[102] Amihud Y, Murgia M. Dividends, Taxes, and Signaling: Evidence from Germany[J]. *The Journal of Finance*. 1997, 52(1): 397-408.

[103] Amit R, Ding Y, Villalonga B, *et al*. The Role of Institutional Development in the Prevalence and Performance of Entrepreneur and Family-controlled Firms[J]. *Journal of Corporate Finance*. 2015, 31: 284-305.

[104] Anderson R C, Reeb D M. Founding-family Ownership and Firm Performance: Evidence from the S & P 500 [J]. *The Journal of Finance*. 2003, 58(3): 1301-1328.

[105] Asquith P, Mullins D W. The Impact of Initiating Dividend Payments on Shareholders' Wealth[J]. *The Journal of Business*. 1983, 56(1): 77-96.

[106] Attig N, Boubakri N, El Ghoul S, *et al*. The Global Financial Crisis, Family Control, and Dividend Policy [J]. *Financial Management*. 2016, 45(2): 291-313.

[107] Baker M, Wurgler J. Appearing and Disappearing Dividends: The Link to Catering Incentives[J]. *Journal of Financial Economics*. 2004b, 73(2): 271-288.

[108] Baker M, Wurgler J. A Catering Theory of Dividends[J]. *The Journal of Finance*. 2004a, 59(3): 1125-1165.

[109] Ball R, Shivakumar L. Earnings Quality in UK Private Firms:

Comparative Loss Recognition Timeliness[J]. *Journal of Accounting and Economics*. 2005, 39(1): 83-128.

[110] Barth M E, Beaver W H, Landsman W R. The Relevance of the Value Relevance Literature for Financial Accounting Standard Setting: Another View[J]. *Journal of Accounting and Economics*. 2001, 31(1): 77-104.

[111] Benartzi S, Michaely R, Thaler R. Do Changes in Dividends Signal the Future or the Past[J]. *The Journal of Finance*. 1997, 52(3): 1007-1034.

[112] Bennedsen M, Fan J P H, Jian M, et al. The Family Business Map: Framework, Selective Survey, and Evidence from Chinese Family Firm Succession[J]. *Journal of Corporate Finance*. 2015, 33: 212-226.

[113] Berle A, Means G. *The Modem Corporation and Private Property*[M]. New York: Macmillan, 1932: 182.

[114] Bertrand M, Schoar A. The Role of Family in Family Firms[J]. *Journal of Economic Perspectives*. 2006, 20(2): 73-96.

[115] Bhattacharya U, Daouk H, Welker M. The World Price of Earnings Opacity[J]. *The Accounting Review*. 2003, 78(3): 641-678.

[116] Black F, Scholes M. The Effects of Dividend Yield and Dividend Policy on Common Stock Prices and Returns[J]. *Journal of Financial Economics*. 1974, 1(1): 1-22.

[117] Blouin J L, Raedy J S, Shackelford D A. Did Dividends Increase Immediately After the 2003 Reduction in Tax Rates? [R]. NBER Working Paper, No. w10301. 2004.

[118] Botosan C A. Disclosure Level and the Cost of Equity Capital[J]. *The Accounting Review*. 1997, 72(3): 323-349.

[119] [11] Botosan C A, Plumlee M A. A Re-Examination of Disclosure Level and the Expected Cost of Equity Capital[J]. 2002, 40(1): 21-40.

[120] Brav A, Graham J R, Harvey C R, et al. Payout Policy in the 21st

Century[J]. *Journal of Financial Economics*. 2005, 77(3): 483-527.

[121] Brennan M J. Taxes, Market Valuation and Corporate Financial Policy [J]. *National Tax Journal*. 1970, 23(4): 417-427.

[122] Brockman P, Tresl J, Unlu E. The Impact of Insider Trading Laws on Dividend Payout Policy[J]. *Journal of Corporate Finance*. 2014, 29: 263-287.

[123] Brockman P, Unlu E. Dividend Policy, Creditor Rights, and the Agency Costs of Debt[J]. *Journal of Financial Economics*. 2009, 92(2): 276-299.

[124] Brown J R, Liang N, Weisbenner S. Executive Financial Incentives and Payout Policy: Firm Responses to the 2003 Dividend Tax Cut[J]. *The Journal of Finance*. 2007, 62(4): 1935-1965.

[125] Buchanan B G, Cao C X, Liljeblom E, et al. Uncertainty and Firm Dividend Policy—A Natural Experiment[J]. *Journal of Corporate Finance*. 2017, 42: 179-197.

[126] Bunkanwanicha P, Fan J P H, Wiwattanakantang Y. The Value of Marriage to Family Firms[J]. *Journal of Financial and Quantitative Analysis*. 2013, 48(2): 611-636.

[127] Burgstahler D C, Hail L, Leuz C. The Importance of Reporting Incentives: Earnings Management in European Private and Public Firms[J]. *The Accounting Review*. 2006, 81(5): 983-1016.

[128] Cai H, Li H, Park A, et al. Family Ties and Organizational Design: Evidence from Chinese Private Firms[J]. *Review of Economics and Statistics*. 2013, 95(3): 850-867.

[129] Caskey J, Hanlon M. Dividend Policy at Firms Accused of Accounting Fraud [J]. *Contemporary Accounting Research*. 2013, 30 (2): 818-850.

[130] Chan K, Hameed A. Stock Price Synchronicity and Analyst Coverage in Emerging Markets[J]. *Journal of Financial Economics*. 2006, 80(1): 115-147.

[131] Chang X, Dasgupta S, Hilary G. Analyst Coverage and Financing Decisions[J]. *The Journal of Finance*. 2006, 61(6): 3009-3048.

[132] Chay J B, Suh J. Payout Policy and Cash-flow Uncertainty[J]. *Journal of Financial Economics*. 2009, 93(1): 88-107.

[133] Chen J, Leung W S, Goergen M. The Impact of Board Gender Composition on Dividend Payouts[J]. *Journal of Corporate Finance*. 2017, 43(1): 86-105.

[134] Chen K C W, Chen Z, Wei K C J. Agency Costs of Free Cash Flow and the Effect of Shareholder Rights on the Implied Cost of Equity Capital[J]. *Journal of Financial and Quantitative Analysis*. 2011, 46(1): 171-207.

[135] Chen Z, Cheung Y, Stouraitis A, et al. Ownership Concentration, Firm Performance, and Dividend Policy in Hong Kong[J]. *Pacific-Basin Finance Journal*. 2005, 13(4): 431-449.

[136] Chetty R, Saez E. Dividend Taxes and Corporate Behavior: Evidence from the 2003 Dividend Tax Cut[J]. *The Quarterly Journal of Economics*. 2005, 120(3): 791-833.

[137] Christie A A, Joye M P, Watts R L. Decentralization of the Firm: Theory and Evidence[J]. *Journal of Corporate Finance*. 2003, 9(1): 3-36.

[138] Claessens S, Djankov S, Lang L H P. The Separation of Ownership and Control in East Asian Corporations[J]. *Journal of Financial Economics*. 2000, 58(1-2): 81-112.

[139] D'Aurizio L, Oliviero T, Romano L. Family Firms, Soft Information and Bank Lending in a Financial Crisis[J]. *Journal of Corporate Finance*. 2015, 33: 279-292.

[140] David T, Ginglinger E. When Cutting Dividends is Not Bad News: The Case of Optional Stock Dividends[J]. *Journal of Corporate Finance*. 2016, 40: 174-191.

[141] De Cesari A. Expropriation of Minority Shareholders and Payout Policy

[J]. *The British Accounting Review*. 2012, 44(4): 207-220.

[142] Deangelo H, Deangelo L, Skinner D J. Reversal of Fortune Dividend Signaling and the Disappearance of Sustained Earnings Growth[J]. *Journal of Financial Economics*. 1996, 40(3): 341-371.

[143] Deangelo H, Deangelo L, Skinner D J. Special Dividends and the Evolution of Dividend Signaling[J]. *Journal of Financial Economics*. 2000, 57(3): 309-354.

[144] Demsetz H, Lehn K. The Structure of Corporate Ownership: Causes and Consequences[J]. *Journal of Political Economy*. 1985, 93(6): 1155-1177.

[145] Demsetz H, Villalonga B. Ownership Structure and Corporate Performance [J]. *Journal of Corporate Finance*. 2001, 7(3): 209-233.

[146] Denis D J, Denis D K, Sarin A. The Information Content of Dividend Changes: Cash Flow Signaling, Overinvestment, and Dividend Clienteles[J]. *Journal of Financial and Quantitative Analysis*. 1994, 29(4): 567-587.

[147] Denis D J, Osobov I. Why Do Firms Pay Dividends? International Evidence on the Determinants of Dividend Policy[J]. *Journal of Financial Economics*. 2008, 89(1): 62-82.

[148] Dewenter K L, Warther V A. Dividends, Asymmetric Information, and Agency Conflicts: Evidence from a Comparison of the Dividend Policies of Japanese and U. S. Firms[J]. *The Journal of Finance*. 1998, 53(3): 879-904.

[149] Ding Y, Zhang H, Zhang J. Private vs State Ownership and Earnings Management: evidence from Chinese listed companies[J]. *Corporate Governance: An International Review*. 2007, 15(2): 223-238.

[150] Easterbrook F H. Two Agency-Cost Explanations of Dividends[J]. *The American Economic Review*. 1984, 74(4): 650-659.

[151] Eije H V, Megginson W L. Dividends and Share Repurchases in the European Union[J]. *Journal of Financial Economics*. 2008, 89(2):

347-374.

[152] Elton E, Gruber M. Marginal Stockholder Tax Rates and the Clientele Effect[J]. *Review of Economics and Statistics*. 1970, 52(1): 68-74.

[153] Faccio M. Politically Connected Firms[J]. *The American Economic Review*. 2006, 96(1): 369-386.

[154] Faccio M, Lang L H P, Young L. Dividends and Expropriation[J]. *The American Economic Review*. 2001, 91(1): 54-78.

[155] Fama E F, Babiak H. Dividend Policy: An Empirical Analysis[J]. *Journal of the American Statistical Association*. 1968, 63(324): 1132-1161.

[156] Fama E F, French K R. Disappearing Dividends: Changing Firm Characteristics or Lower Propensity to Pay? [J]. *Journal of Financial Economics*. 2001, 60(1): 3-43.

[157] Fan J P H, Jian M, Yeh Y. Family Firm Succession: The Roles of Specialized Assets and Transfer Costs[R]. Working Paper. 2008.

[158] Fan J P H, Wong T J. Corporate Ownership Structure and the Informativeness of Accounting Earnings in East Asia[J]. *Journal of Accounting and Economics*. 2002, 33(3): 401-425.

[159] Fan J P H, Wong T J, Zhang T. Founder Succession and Accounting Properties[J]. *Contemporary Accounting Research*. 2012, 29(1): 283-311.

[160] Farrar D E, Selwyn L L. Taxes, Corporate Financial Policy and Return to Investors[J]. *National Tax Journal*. 1967, 20(4): 444-454.

[161] Fenn G W, Liang N. Corporate Payout Policy and Managerial Stock Incentives[J]. *Journal of Financial Economics*. 2001, 60(1): 45-72.

[162] Ferris S P, Jayaraman N, Sabherwal S. Catering Effects in Corporate Dividend Policy: The international Evidence [J]. *Journal of Banking & Finance*. 2009, 33(9): 1730-1738.

[163] Ferris S P, Sen N, Yui H P. God Save the Queen and Her Dividends: Corporate Payouts in the United Kingdom [J]. *The Journal of*

Business. 2006, 79(3): 1149-1173.

[164] Firth M, Gao J, Shen J, et al. Institutional Stock Ownership and Firms' Cash Dividend Policies: Evidence from China[J]. *Journal of Banking & Finance*. 2016, 65: 91-107.

[165] Floyd E, Li N, Skinner D J. Payout Policy through the Financial Crisis: The Growth of Repurchases and the Resilience of Dividends[J]. *Journal of Financial Economics*. 2015, 118(2): 299-316.

[166] Frankel R, Li X. Characteristics of a Firm's Information Environment and the Information Asymmetry between Insiders and Outsiders[J]. *Journal of Accounting and Economics*. 2004, 37(2): 229-259.

[167] Gallo M A, Vilaseca A. Finance in Family Business[J]. *Family Business Review*. 1996, 9(4): 387-401.

[168] González M, Guzmán A, Pombo C, et al. Family Involvement and Dividend Policy in Closely Held Firms[J]. *Family Business Review*. 2014, 27(4): 365-385.

[169] Gotti G, Han S, Higgs J L, et al. Managerial Stock Ownership, Analyst Coverage, and Audit Fee[J]. *Journal of Accounting, Auditing & Finance*. 2012, 27(3): 412-437.

[170] Grossman S J, Hart O D. Takeover Bids, the Free-Rider Problem, and the Theory of the Corporation[J]. *The Bell Journal of Economics*. 1980, 11(1): 42-64.

[171] Grullon G, Michaely R, Swaminathan B, Are Dividend Changes a Sign of Firm Maturity[J]. *The Journal of Business*. 2002, 75(3): 387-424.

[172] Gugler K. Corporate Governance, Dividend Payout Policy, and the Interrelation between Dividends, R & D, and Capital Investment[J]. *Journal of Banking & Finance*. 2003, 27(7): 1297-1321.

[173] Hail L, Tahoun A, Wang C. Dividend Payouts and Information Shocks [J]. *Journal of Accounting Research*. 2014, 52(2): 403-456.

[174] Hanlon M, Hoopes J L. What do Firms do When Dividend Tax Rates Change? An Examination of Alternative Payout Responses[J]. *Journal*

of Financial Economics. 2014, 114(1): 105-124.
[175] He L. Do Founders Matter? A Study of Executive Compensation, Governance Structure and Firm Performance[J]. *Journal of Business Venturing*. 2008, 23(3): 257-279.
[176] He T T, Li W X B, Tang G Y N. Dividends Behavior in State-Versus Family-Controlled Firms: Evidence from Hong Kong[J]. *Journal of Business Ethics*. 2012, 110(1): 97-112.
[177] He W, Ng L, Nataliya Z, et al. Dividend Policy and Earnings Management Across Countries[J]. *Journal of Corporate Finance*. 2017, 42: 267-286.
[178] Healy P M, Hutton A P, Palepu K G. Stock Performance and Intermediation Changes Surrounding Sustained Increases in Disclosure [J]. *Contemporary Accounting Research*. 1999, 16(3): 485-520.
[179] Healy P M, Palepu K G. Earnings Information Conveyed by Dividend Initiations and Omissions[J]. *Journal of Financial Economics*. 1988, 21(2): 149-175.
[180] Healy P M, Palepu K G. Information Asymmetry, Corporate Disclosure, and the Capital Markets: A Review of the Empirical Disclosure Literature[J]. *Journal of Accounting and Economics*. 2001, 31(1): 405-440.
[181] Heckman J J. Sample Selection Bias as a Specification Error[J]. *Econometrica*. 1979, 47(1): 153-161.
[182] Heflin F L, Shaw K W, Wild J J. Disclosure Policy and Market Liquidity: Impact of Depth Quotes and Order Sizes[J]. *Contemporary Accounting Research*. 2005, 22(4): 829-865.
[183] Huang W, Pau D L. Institutional Holdings, Investment Opportunities and Dividend Policy[J]. *The Quarterly Review of Economics and Finance*. 2017. Forthcoming.
[184] Isakov D, Weisskopf J. Pay-out Policies in Founding Family Firms[J]. *Journal of Corporate Finance*. 2015, 33: 330-344.

[185] Jensen G R, Solberg D P, Zorn T S. Simultaneous Determination of Insider Ownership, Debt, and Dividend Policies [J]. *Journal of Financial and Quantitative Analysis*. 1992, 27(2): 247-263.

[186] Jensen M C. Agency Cost of Free Cash Flow, Corporate Finance, and Takeovers[J]. *The American Economic Review*. 1986, 76(1): 323-329.

[187] Jensen M C, Meckling W H. Theory of the Firm: Managerial Behavior, Agency Costs and Ownership Structure [J]. *Journal of Financial Economics*. 1976, 3: 305-360.

[188] John K, Knyazeva A, Knyazeva D. Governance and Payout Precommitment [J]. *Journal of Corporate Finance*. 2015, 33: 101-117.

[189] John K, Knyazeva A, Knyazeva D. Does geography matter ? Firm location and corporate payout policy [J]. *Journal of Financial Economics*. 2011, 101(3): 533-551.

[190] John K, Williams J. Dividends, Dilution, and Taxes: A Signalling Equilibrium[J]. *The Journal of Finance*. 1985, 40(4): 1053-1070.

[191] Kalay A, Loewenstein U. The Informational Content of the Timing of Dividend Announcements[J]. *Journal of Financial Economics*. 1986, 16(3): 373-388.

[192] Kallapur S. Dividend Payout Ratios as Determinants of Earnings Response Coefficients: A Test of the Free Cash Flow Theory[J]. *Journal of Accounting and Economics*. 1994, 17(3): 359-375.

[193] Khang K, King T D. Does Dividend Policy Relate to Cross-Sectional Variation in Information Asymmetry? [J]. *Financial Management*. 2006, 35(4): 71-94.

[194] Kimbrough M D. The Influences of Financial Statement Recognition and Analyst Coverage on the Market's Valuation of R & D Capital[J]. *The Accounting Review*. 2007, 82(5): 1195-1225.

[195] Kouki M. Stock Options and Firm Dividend Policy: Evidence from Toronto Stock Exchange [J]. *International Research Journal of Finance & Economics*. 2009, 25: 97-113.

[196] La Porta R, Lopez-De-Silanes F, Shleifer A. Corporate Ownership around the World[J]. *The Journal of Finance*. 1999, 54(2): 471-517.

[197] La Porta R, Lopez-De-Silanes F, Shleifer A, et al. Investor Protection and Corporate Valuation[J]. *The Journal of Finance*. 2002, 57(3): 1147-1170.

[198] La Porta R, Lopez-De-Silanes F, Shleifer A, et al. Law and Finance [J]. *Journal of Political Economy*. 1998, 106(6): 1113-1155.

[199] La Porta R, Lopez-De-Silanes F, Shleifer A, et al. Agency Problems and Dividend Policies around the World[J]. *The Journal of Finance*. 2000, 55(1): 1-33.

[200] Lambert R A, Lanen W N, Larcker D F. Executive Stock Option Plans and Corporate Dividend Policy [J]. *Journal of Financial and Quantitative Analysis*. 1989, 24(4): 409-425.

[201] Lang L H P, Litzenberger R H. Dividend Announcements: Cash Flow Signalling vs. Free Cash Flow Hypothesis? [J]. *Journal of Financial Economics*. 1989, 24(1): 181-191.

[202] Larkin Y, Leary M T, Michaely R. Do Investors Value Dividend-Smoothing Stocks Differently? [J]. *Management Science*. 2016. Forthcoming.

[203] Lee C J, Xiao X. Cash Dividends and Large Shareholder Expropriation in China[R]. Working Paper. 2002.

[204] Leuz C, Nanda D, Wysocki P D. Earnings Management and Investor Protection: an International Comparison[J]. *Journal of Financial Economics*. 2003, 69(3): 505-527.

[205] Li K, Zhao X. Asymmetric Information and Dividend Policy[J]. *Financial Management*. 2008, 37(4): 673-694.

[206] Li W, Lie E. Dividend Changes and Catering Incentives[J]. *Journal of Financial Economics*. 2006, 80(2): 293-308.

[207] Lintner J. Distribution of Incomes of Corporations Among Dividends, Retained Earnings, and Taxes[J]. *The American Economic Review*.

1956, 46(2): 97-113.

[208] Livnat J, Zhang Y. Information Interpretation or Information Discovery: Which Role of Analysts do Investors Value more? [J]. Review of Accounting Studies. 2012, 17(3): 612-641.

[209] Lobo G J, Zhou J. Disclosure Quality and Earnings Management[J]. Asia-Pacific Journal of Accounting and Economics. 2001, 8(1): 1-20.

[210] Long J B. The Market Valuation of Cash Dividends: A Case to Consider[J]. Journal of Financial Economics. 1978, 6(2): 235-264.

[211] Luypaert M, Van Caneghem T. Financial Analyst Coverage, Method of Payment and Wealth Effects in M & As[R]. Working Paper. 2013.

[212] Mancinelli L, Ozkan A. Ownership Structure and Dividend Policy: Evidence from Italian Firms[J]. The European Journal of Finance. 2006, 12(3): 265-282.

[213] Maury C B, Pajuste A. Controlling Shareholders, Agency Problems, and Dividend Policy in Finland[J]. Liiketaloudellinen Aikakauskirja. 2002, 51(1): 15-45.

[214] Michaely R, Thaler R H, Womack K L. Price Reactions to Dividend Initiations and Omissions: Overreaction or Drift[J]. The Journal of Finance. 1995, 50(2): 573-608.

[215] Miller D, Le Breton-Miller I, Lester R H, et al. Are Family Firms Really Superior Performers? [J]. Journal of Corporate Finance. 2007, 13(5): 829-858.

[216] Miller M H, Rock K. Dividend Policy under Asymmetric Information [J]. The Journal of Finance. 1985, 40(4): 1031-1051.

[217] Miller M, Modigliani F. Dividend Policy, Growth, and the Valuation of Shares[J]. The Journal of Business. 1961, 34(4): 411-433.

[218] Morck R, Shleifer A, Vishny R W. Management Ownership and Market Valuation: An Empirical Analysis[J]. Journal of Financial Economics. 1988, 20(1/2): 293-315.

[219] Murphy K J. Corporate Performance and Managerial Remuneration: An Empirical Analysis[J]. *Journal of Accounting and Economics*. 1985, 7(1): 11-42.

[220] Officer M S. Overinvestment, Corporate Governance, and Dividend Initiations[J]. *Journal of Corporate Finance*. 2011, 17(3): 710-724.

[221] Pettit R R. Dividend Announcements, Security Performance, and Capital Market Efficiency[J]. *The Journal of Business*. 1972, 27(5): 993-1007.

[222] Ramalingegowda S, Wang C, Yu Y. The Role of Financial Reporting Quality in Mitigating the Constraining Effect of Dividend Policy on Investment Decisions[J]. *The Accounting Review*. 2013, 88(3): 1007-1039.

[223] Raman K, Shahrur H K. Relationship-Specific Investments and Earnings Management: Evidence on Corporate Suppliers and Customers[J]. *The Accounting Review*. 2011, 83(4): 1041-1081.

[224] Rasheed A A, Yoshikawa T. Family Control and Ownership Monitoring in Family-Controlled Firms in Japan[J]. *Journal of Management Studies*. 2010, 47(2): 274-295.

[225] Richardson S. Over-investment of Free Cash Flow[J]. *Review of Accounting Studies*. 2006, 11(2-3): 159-189.

[226] Richardson V J. Information Asymmetry and Earnings Management: Some Evidence[J]. *Review of Quantitative Finance and Accounting*. 2000, 15(4): 325-347.

[227] Roulstone D T. Analyst Following and Market Liquidity[J]. *Contemporary Accounting Research*. 2010, 20(3): 552-578.

[228] Rozeff M S. Growth, Beta And Agency Costs As Determinants of Dividend Payout Ratios[J]. *Journal of Financial Research*. 1982, 5(3): 249-259.

[229] Schulze W S, Lubatkin M H, Dino R N. Exploring the Agency Consequences of Ownership Dispersion among the Director of Private

Family Firms[J]. *Academy of Management Journal*. 2003, 46(2): 179-194.

[230] Schulze W S, Lubatkin M H, Dino R N, et al. Agency Relationships in Family Firms: Theory and Evidence[J]. *Organization Science*. 2001, 12(2): 99-116.

[231] Setia-Atmaja L, Tanewski G A, Skully M. The Role of Dividends, Debt and Board Structure in the Governance of Family Controlled Firms[J]. *Journal of Business Finance & Accounting*. 2009, 36 (7-8): 863-898.

[232] Shleifer A, Vishny R W. Large Shareholders and Corporate Control [J]. *Journal of Political Economy*. 1986, 3(1): 461-488.

[233] Shleifer A, Vishny R W. A Survey of Corporate Governance[J]. *The Journal of Finance*. 1997, 52(2): 737-783.

[234] Skinner D J. The Evolving Relation between Earnings, Dividends, and Stock Repurchases[J]. *Journal of Financial Economics*. 2008, 87 (3): 582-609.

[235] Spence M. Job Market Signaling[J]. *The Quarterly Journal of Economics*. 1973, 87(3): 355-374.

[236] Stacchini M, Degasperi P. Trust, Family Businesses and Financial Intermediation[J]. *Journal of Corporate Finance*. 2015, 33: 293-316.

[237] Vandemaele S, Vancauteren M. Nonfinancial Goals, Governance, and Dividend Payout in Private Family Firms[J]. *Journal of Small Business Management*. 2015, 53(1): 166-182.

[238] Venkatesh P C. The Impact of Dividend Initiation on the Information Content of Earnings[J]. *The Journal of Business*. 1989, 62(2): 175-197.

[239] Villalonga B, Amit R. Family Control of Firms and Industries[J]. *Financial Management*. 2010, 39(3): 863-904.

[240] Villalonga B, Amit R. How Do Family Ownership, Control and Management Affect Firm Value? [J]. *Journal of Financial*

Economics. 2006, 80(2): 385-417.
[241] Villalonga B, Amit R. How Are U. S. Family Firms Controlled? [J]. *The Review of Financial Studies*. 2009, 22(8): 3047-3091.
[242] Watts R. The Information Content of Dividends[J]. *The Journal of Business*. 1973, 46(2): 191-211.
[243] Wei Z, Wu S, Li C, et al. Family Control, Institutional Environment and Cash Dividend Policy: Evidence from China[J]. *China Journal of Accounting Research*. 2011, 4(1-2): 29-46.
[244] Weiss C, Hilger S. Ownership Concentration beyond Good and Evil: Is There an Effect on Corporate Performance? [J]. *Journal of Management & Governance*. 2012, 16(4): 727-752.
[245] White L F. Executive Compensation and Dividend Policy[J]. *Journal of Corporate Finance*. 1996, 2(4): 335-358.
[246] Woolridge J R. Dividend Changes and Security Prices[J]. *The Journal of Finance*. 1983, 38(5): 1607-1615.
[247] Wurgler J. Financial markets and the allocation of capital[J]. *Journal of Financial Economics*. 2000, 58(1-2): 187-214.
[248] Xin K R, Pearce J. Guanxi: Connections as Substitutes for Formal Institutional Support[J]. *Academy of Management Journal*. 1996, 39(6): 1641-1658.
[249] Xu N, Xu X, Yuan Q. Political Connections, Financing Friction, and Corporate Investment: Evidence from Chinese Listed Family Firms[J]. *European Financial Management*. 2013, 19(4): 675-702.
[250] Xu N, Yuan Q, Jiang X, et al. Founder's Political Connections, Second Generation Involvement, and Family Firm Performance: Evidence from China[J]. *Journal of Corporate Finance*. 2015, 33: 243-259.
[251] Yoon P S, Starks L T. Signaling, Investment Opportunities, and Dividend Announcements[J]. *The Review of Financial Studies*. 1995, 8(4): 995-1018.

图书在版编目(CIP)数据

中国家族上市企业股利政策研究:基于家族特殊资产的视角/刘白璐著. —上海:复旦大学出版社,2020.6
ISBN 978-7-309-14670-7

Ⅰ.①中… Ⅱ.①刘… Ⅲ.①家族-私营企业-上市公司-股利政策-研究-中国 Ⅳ.①F279.245

中国版本图书馆 CIP 数据核字(2019)第 225943 号

中国家族上市企业股利政策研究:基于家族特殊资产的视角
刘白璐 著
责任编辑/谢同君

复旦大学出版社有限公司出版发行
上海市国权路 579 号　邮编:200433
网址:fupnet@fudanpress.com　http://www.fudanpress.com
门市零售:86-21-65102580　团体订购:86-21-65104505
外埠邮购:86-21-65642846　出版部电话:86-21-65642845
江苏凤凰数码印务有限公司

开本 890×1240　1/32　印张 8.625　字数 208 千
2020 年 6 月第 1 版第 1 次印刷

ISBN 978-7-309-14670-7/F・2633
定价:40.00 元

如有印装质量问题,请向复旦大学出版社有限公司出版部调换。
版权所有　侵权必究